Handbuch Vorstellungsgespräch

JÜRGEN HESSE, HANS CHRISTIAN SCHRADER

Handbuch Vorstellungs- gespräch

Eichborn.

Die Autoren

Jürgen Hesse, Jg. 1951, Diplompsychologe im Büro für Berufsstrategie, Geschäftsführer der Telefonseelsorge Berlin e.V.
Hans Christian Schrader, Jg. 1952, Diplompsychologe am Klinikum »Am Urban« in Berlin.

Diverse gemeinsame Veröffentlichungen von Hesse/Schrader, u.a. Das Hesse/Schrader Bewerbungshandbuch, *Die überzeugende schriftliche Bewerbung; Die perfekte Bewerbungsmappe; Optimale Bewerbungsunterlagen; Strategien für die Karriere; Testtraining 2000plus; Assessment Center; Verdienen Sie soviel, wie Sie verdienen?; Marketing in eigener Sache; Neue Bewerbungsstrategien für Führungskräfte* (alle im Eichborn Verlag).

Anschrift der Autoren

Hesse/Schrader
Büro für Berufsstrategie
Oranienburger Straße 4–5
10178 Berlin
Tel. (030) 28 88 57-0
Fax (030) 28 88 57-36
www.berufsstrategie.de

Wir danken der Journalistin und Kommunikationstrainerin *Meike Müller* (M. A.), Berlin, für ihre Mitarbeit.

2   3   4   06   05   04

Aktualisierte Ausgabe, April 2004
© Eichborn AG, Frankfurt am Main, April 2001
Umschlaggestaltung: Christina Hucke
Lektorat: Nele Dinslage
Satz: Offizin Götz Gorissen, Berlin
Druck und Bindung: Fuldaer Verlagsagentur, Fulda
ISBN 3-8218-1665-1

Verlagsverzeichnis schickt gern:
Eichborn Verlag, Kaiserstraße 66, D-60329 Frankfurt am Main
www.eichborn.de

Inhaltsübersicht

Inhaltsverzeichnis

Fast Reader

Haben Sie ihn schon – den Termin zum Vorstellungsgespräch? Oder stehen Sie noch am Anfang Ihrer Bewerbung und wollen sich rechtzeitig auf das Interview vorbereiten? In beiden Fällen wird Ihnen dieses Buch helfen, sich optimal zu präparieren. In diesem umfangreichen Ratgeber finden Sie alle Aspekte zum Thema Vorstellungsgespräch. Es geht nicht nur um das Interview selbst, sondern um die mindestens genauso wichtige Phase der Vorbereitung und um die Faktoren, die auf das Gespräch Einfluss haben. Lesen Sie, wie Sie im Vorfeld schon Wesentliches zum Gelingen des Vorstellungsgesprächs beitragen können, wie Sie Pluspunkte sammeln, um sich gegenüber der Konkurrenz einen Vorsprung zu verschaffen.

Ausführlich stellen wir in diesem Ratgeber die einzelnen Phasen des Interviews dar und sämtliche Fragen, mit denen Sie rechnen müssen. Wir helfen Ihnen dabei, überzeugende Antworten zu finden. Anhand des kompletten Fragenkatalogs, mit dem die Arbeitgeberseite Bewerber und Bewerberinnen* unter die Lupe nimmt, können Sie sich optimal auf die Prüfung Vorstellungsgespräch einstellen. Außerdem finden Sie in Extrakapiteln Spezialfragen und entsprechende Orientierungs- und Bewältigungshilfen für Azubis, Arbeitslose, Frauen, Führungskräfte und ältere Arbeitssuchende.

Mithilfe dieses Ratgebers entlarven Sie die Tricks der Personalentscheider und lernen, wie Sie sich mit gekonnten Antworttechniken geschickt aus der Affäre ziehen und trotzdem überzeugen.

Die zentralen Themen:

- Die richtige Einstellung
- Wie Sie Ihre Botschaft rüberbringen
- Wie Sie Ihre Stärken präsentieren und Ihre Schwächen gut verpacken
- Wie Sie Ihre Marketingkampagne in eigener Sache entwickeln
- Alle Phasen des Vorstellungsgesprächs

* Wenn wir im Folgenden überwiegend die männliche Form (Mitarbeiter, Kollege, Vorgesetzter, Arbeitnehmer etc.) verwenden, soll das keine Diskriminierung der Leserinnen darstellen, sondern geschieht allein deshalb, um den Sprachfluss nicht zu stören.

- Mit welchen Fragen Sie rechnen müssen
- Was hinter den Fragen steckt und wie Sie Antworten darauf finden
- Die wichtigsten Aspekte zu Antworttechniken und zur Psychologie der Gesprächsführung
- Alles über…
    - die Gehaltsverhandlung
    - das Gruppengespräch
    - das Stressinterview
    - die Präsentation
    - die Case Study
    - die Bedeutung der Körpersprache

Orientierung

Was Sie unbedingt wissen müssen – Bevor Sie zum Vorstellungsgespräch gehen

Sie haben es in der Hand, das Vorstellungsgespräch zu Ihren Gunsten ausgehen zu lassen. Vielleicht nicht immer hundertprozentig, auch nicht bei jedem Mal, aber viel stärker, als Sie je zu hoffen gewagt hatten. Unbedingt notwendig dafür ist eine exzellente Vorbereitung. Um sich jedoch bestens präparieren zu können, braucht man Orientierung.

Hier ist Sie, Ihre Orientierung und alles, was Sie wissen müssen über Weichensteller, die mentale Einstimmung auf Ihren Überzeugungssieg, die richtigen Marketingstrategien in eigener Sache, alle Grundlagen und die Zauberformel, die Ihnen wirklich hilft, sowie alles über Networking und die immer entscheidender werdende soziale Kompetenz.

Die richtige, die erfolgreiche Strategie, um im Vorstellungsgespräch zu überzeugen, ist erlernbar. Dabei geht es zunächst um die folgenden vier grundlegenden Essentials:

- Fähigkeiten erkennen
- Selbstvertrauen entwickeln
- Bewusstsein bilden
- Unterstützung erhalten

Fur die überzeugende Präsentation Ihres Mitarbeitsangebots im persönlichen Gespräch sind schließlich noch folgende Weichensteller richtig zu setzen: Ihre aussagekräftigen Argumente in eigener Sache zu den Themen

- Kompetenz
- Leistungsmotivation
- Persönlichkeit

Die Essentials

Fähigkeiten erkennen

Sie müssen den Arbeitgeber von Ihrer Leistungsfähigkeit überzeugen. Mehr als alles andere interessiert ihn, welchen Gewinn es *ihm* bringen wird, wenn er Sie einstellt. Seien Sie also besonders gut auf die Frage »Was können Sie für mich, für das Unternehmen tun?« vorbereitet. Ziehen Sie eine Bilanz Ihrer Fähigkeiten und Stärken und fragen Sie sich, welche Eigenschaften Sie wirklich für die angestrebte Stelle qualifizieren.

Wenn Sie mehrere Jahre erfolgreich in einem Unternehmen gearbeitet haben, sollte es einfach für Sie sein, Ihr Können in Worte – oder besser noch in Zahlen – zu fassen. Beeindruckender als Vokabeln wie »leistungsfähig«, »motiviert« und »belastbar«, die zwar überzeugend klingen, aber wenig aussagen, sind konkrete Ergebnisse. Ist es Ihnen beispielsweise gelungen, den Umsatz Ihrer Abteilung im Laufe von fünf Jahren um 30 Prozent zu steigern, wird das den Arbeitgeber, für den Sie in Zukunft arbeiten wollen, sehr interessieren.

Falls Sie keine Berufserfahrung mitbringen, weil Sie gerade erst Ihr Studium oder eine Ausbildung beendet haben, fällt es Ihnen womöglich schwerer, Erfolge anzuführen, die den Arbeitgeber neugierig auf Sie machen. Natürlich ist ein guter Abschluss eine großartige Leistung, die Sie nur durch Zielstrebigkeit und Leistungswillen erreicht haben. Der Personalchef will jedoch nicht nur wissen, was Sie *gelernt* haben, sondern vor allem, was Sie *können*.

Sie sollten jetzt Antworten auf genau diese Frage finden, damit Sie im Gespräch mit dem Arbeitgeber nicht ins Stottern geraten. Wenn Sie Ihre Schlüsselqualifikationen, Ihre spezifischen Fähigkeiten nicht spontan benennen können – so geht es übrigens den meisten Leuten –, müssen Sie sich jetzt die Antworten »erarbeiten«. In diesem Buch finden Sie Übungen, die Ihnen dabei helfen.

Selbstvertrauen entwickeln

Bewerbungen machen Sinn, wenn Sie dem Arbeitgeber selbstbewusst gegenübertreten können, wobei diese Sicherheit durch das Bewusstsein der eigenen Fähigkeiten und Motivation einfach viel eher und besser zustande kommt. Weder übersteigertes Selbstwertgefühl noch übertriebene Bescheidenheit sind auf dem Arbeitsmarkt gefragt.

Sie werden im Verlauf des Buches immer wieder darauf stoßen, dass nur derjenige erfolgreich ist, der weiß, was er will und was er kann. Wenn Sie mit Entscheidungsträgern sprechen, sollten Sie ihnen etwas zu bieten haben, denn kein

Arbeitgeber hat Lust, seine Zeit zu vergeuden. Sie müssen ihm das Gefühl geben, dass er von einem Gespräch mit Ihnen profitiert. Stellen Sie dabei nicht so sehr Ihre Person, sondern Ihre Leistungen in den Vordergrund. Das hat nichts mit Bescheidenheit, aber sehr viel mit Intelligenz zu tun. Sagen Sie beispielsweise nicht: »Ich habe ein Jahr in Cambridge studiert«, sondern: »An der Universität in Cambridge lernt man viel über neue Controllinginstrumentarien. Davon habe ich sehr profitiert.«

Bewusstsein bilden

Entwickeln Sie Ehrgeiz, den Erfolg potenzieller Arbeitgeber zu steigern. Verabschieden Sie sich vom reinen Anspruchsdenken (»Ich will mindestens 2000 Euro netto, ein 13. Monatsgehalt, abends pünktlich um 17 Uhr gehen, ein modernes Büro …«). Um ein berühmtes Zitat von John F. Kennedy abzuwandeln: Fragen Sie nicht, was das Unternehmen für Sie tun kann, sondern was *Sie* für das Unternehmen tun können. Und kommunizieren Sie das.

Denken Sie nicht (länger): »Arbeit ist das, was ich von neun bis um fünf mache, damit ich genug verdiene. Das Leben findet nach fünf und an den Wochenenden statt.« Die Vorstellung von Arbeit als Zwang und Freizeit als Vergnügen ist immer noch weit verbreitet und geht Hand in Hand mit dem naiven Wunsch, für wenig Arbeit möglichst viel Geld zu bekommen. Dass man mit dieser Einstellung im Berufsalltag weder glücklich noch erfolgreich wird, liegt auf der Hand.

Und noch etwas ist sehr wichtig: Sie benötigen jetzt eine Art Bewusstseinstraining und mentale Vorbereitung auf das von Ihnen angestrebte Berufsziel. Sie müssen Ihr Wissen um besondere Spezialkenntnisse erweitern, die Ihnen bei der Realisierung Ihres Vorhabens entscheidend helfen werden. Dazu ist eine intensive Auseinandersetzung mit Ihren Vorstellungen, inneren Werteinstellungen und realistischen wie unrealistischen Wünschen unbedingt notwendig. Allzu häufig werden gerade an diesem wichtigen Vorbereitungspunkt leichtfertige Fehler gemacht, die ein Bewerbungsvorhaben unsäglich be- und manchmal sogar verhindern.

Unterstützung erhalten

Für das Projekt Vorstellungsgespräch brauchen Sie vor allem moralische Unterstützung. Vielleicht kennen Sie Ihre Stärken bereits; Sie wissen, dass Sie leistungsfähig und qualifiziert sind. Es hilft aber enorm, dies auch von anderen zu hören. Sie brauchen Freunde, die sagen: »Du kannst das!«, die Sie aber auch kritisch beobachten und mit Ihnen im Vorfeld ein Vorstellungsgespräch einmal durchspielen und Ihnen Feedback geben.

Halten Sie sich dabei lieber an diejenigen in Ihrem Bekanntenkreis, die genau wie Sie gerade erfolgversprechend am eigenen beruflichen Ein- oder Aufstieg arbeiten, denn nur hier können Sie mit konstruktiver Hilfe rechnen. Wenn die meisten Ihrer Schul- oder Studienfreunde schon seit Jahren in ihren Wunschberufen arbeiten und Topkarrieren machen, ist das wunderbar – vor allem für sie. Natürlich können diese Freunde Ihnen auch als Vorbilder dienen; Ihnen zeigen, was möglich ist und wie es geht. Manchmal aber sind es gerade diese Personen, die wenig hilfreich, bisweilen sogar demotivierend sind. Also, aufgepasst!

Neben diesen vier Ausgangsvoraussetzungen (Fähigkeiten, Selbstvertrauen, Bewusstsein und Unterstützung) geht es im Vorstellungsgespräch aber noch um die drei eingangs vorgestellten elementaren Weichensteller. Ihr Gesprächspartner auf der Entscheiderseite wird Ihre Performance, Ihren Auftritt und das, was Sie zu sagen haben, an genau diesen drei Schlüsselbegriffen überprüfen. Worum geht es dabei?

Die Weichensteller

Kompetenz

Das wissen Sie längst: Wer etwas weiß, wer etwas kann, der kommt weiter, kann sich gute Chancen bei der Jobvergabe ausrechnen. Wichtig ist es, dass Sie sich darüber klar werden, worin Ihre besondere Kompetenz, Ihr Können besteht. Und damit Sie bei diesem Thema nicht ins Stocken geraten, ist hier eine gründliche Vorbereitung absolut notwendig.

Selbst gestandene und nachweislich erfolgreiche Manager sollen schon peinlich ins Stottern gekommen sein bei der einfachen Frage und Nachfrage, was an Kompetenz sie denn besonders auszeichnen würde. Im Verlauf dieses Buches kommen wir ausführlich auf dieses Thema zu sprechen.

Leistungsmotivation

Keine Frage: Sie wissen, was darunter zu verstehen ist. Und natürlich können Sie von sich behaupten, hoch leistungsmotiviert zu sein. Dass es aber auf das richtige Maß an Motivation ankommt, nicht zu viel und keinesfalls zu wenig, ist gar nicht so einfach zu vermitteln. Gut zu wissen, was die andere Seite hier hören will und wie Sie am überzeugendsten argumentieren.

Persönlichkeit

Ohne Zweifel: Sie sind wer, haben Charakter, ein unverwechselbares Persönlichkeitsprofil. Dass gerade die Persönlichkeit des Bewerbers ausschlaggebend ist beim Arbeitsplatzangebot (oder dem freundlichen, aber absoluten Rückzug auf Anbieterseite), wissen nur wenige Bewerbungskandidaten.

Welche Persönlichkeitsmerkmale werden auf der Entscheiderseite gewünscht, bringen Sie ans Ziel, nämlich den von Ihnen favorisierten Arbeitsplatz? Wir werden uns intensiv damit auseinander setzen.

Auf Ihre Einstellung kommt es an

Durch gezielte Vorbereitung auf das Vorstellungsgespräch können Sie Ihre Erfolgschancen gewaltig verbessern – und besonders durch Ihre eigene Einstellung.

Ja: Genau darauf kommt es an. Es geht um Ihre Einstellung – im doppelten Sinne. Wenn Sie wirklich überzeugt sind, in dem Vorstellungsgespräch gut abzuschneiden, sind Sie Ihrem Ziel ganz sicher schon ein Stück näher. Worum geht es? Es bedarf einer geistigen Einstimmung und Vorbereitung auf das Vorhaben Vorstellungsgespräch. Einmal angenommen, ein Bewerber geht voller Zweifel zum Vorstellungsgespräch, ob er wirklich den angebotenen Arbeitsplatz haben möchte, oder gar mit großer Verunsicherung hinsichtlich der eigenen Kompetenz. Die Wahrscheinlichkeit, dass diesem Bewerber ein Arbeitsplatz angeboten wird, ist sehr gering. Die mangelnde Motivation und seine Misserfolgserwartung wird auf die eine oder andere Art »rüberkommen« und dem Arbeitsplatzanbieter auffallen. Logisch, dass dieser sich dann für einen anderen Bewerber entscheidet, der mehr Zutrauen in die eigenen Fähigkeiten hat.

Falsch wäre aber auch jetzt der Umkehrschluss, ein Bewerber sei allein schon deshalb erfolgreich, weil er fest daran glaubt, genau der Richtige und kompetenter als jeder andere zu sein. Womöglich erklärt unser Beispiel-Bewerber gleich zu Anfang des Vorstellungsgesprächs seinem Gegenüber, es gebe keine Zweifel daran, dass er der einzig richtige Kandidat sei. Natürlich ist auch dies ein relativ sicherer Weg, sich alle Chancen auf einen Arbeitsplatz zu verbauen.

Und trotzdem: Sie als Bewerber müssen von sich, von Ihren Qualitäten und Qualifikationsmerkmalen überzeugt sein.

Überzeugungsarbeit leisten

Ein Vorstellungsgespräch ist immer auch ein gutes Stück Überzeugungsarbeit. Wer überzeugen will, braucht Kraft – nämlich Überzeugungskraft. Diese muss man zunächst aus sich selbst schöpfen können. Dazu muss sie aber erst mal vorhanden sein. Und es bedarf dazu immer auch der Unterstützung durch Ihre Umgebung.

Wer als Kind ständig gesagt bekam: »Lass das, Finger weg, das kannst du nicht, du bist ein Tollpatsch, Dummkopf« usw., wird später auf seinem »Selbstvertrauens-(Bank-)Konto« eher ein Minus, also ein deutliches Defizit verzeichnen und sich folglich schwer tun, darauf zurückzugreifen bzw. es vielleicht nur kurzfristig zu »überziehen«.

Anders in dem Fall, wo glückliche Umstände und/oder Personen im rechten Augenblick und Maß bereits in der Kindheit wiederholt signalisierten: »Das schaffst du schon, auch wenn es schwierig ist, wir glauben an dich, du bist o.k., nur weiter so ...« Wenn das so war, wird ein gut gefülltes »Selbstvertrauens-(Bank-)Konto« im Erwachsenenleben (und damit auch bei beruflichen Dingen) zur Verfügung stehen.

Mit diesen Anregungen möchten wir Ihnen, liebe Leserin, lieber Leser, einen Augenblick des »Insichkehrens« empfehlen. Wir wünschen Ihnen für diese erste Vorbereitungsphase eine gute und konstruktive Auseinandersetzung mit sich selbst, aber auch mit Ihnen nahe stehenden Menschen in Ihrer unmittelbaren Umgebung. Nehmen Sie sich diese Zeit, und seien Sie geduldig, sowohl mit sich als auch mit Ihrer Umwelt. Eine intensive Auseinandersetzung mit Ihrer inneren Einstellung zu der vor Ihnen liegenden Aufgabe Vorstellungsgespräch wird Ihnen bei diesem wichtigen Vorhaben helfen.

Angst vor Ablehnung

Warum ist man beim Vorstellungsgespräch häufig sehr aufgeregt, verspürt starkes Herzklopfen oder sogar Schweißausbrüche? Weil es sich hierbei um eine ganz spezielle Erfahrung handelt, die uns bewusst oder unbewusst an viele andere Bewerbungssituationen in unserem Leben erinnert. Wir haben den Wunsch, willkommen geheißen und angenommen zu werden. Diese Thematik begleitet uns ein Leben lang.

Es wird Sie erstaunen, aber bereits im embryonalen Stadium unserer Existenz befinden wir uns in einer ersten Bewerbungssituation. Schon hier geht es um die Frage: Werde ich von den Eltern angenommen? Entspreche ich ihren Wünschen – Junge oder Mädchen, angehende Eiskunstläuferin oder ein Doktor der Medizin in spe? Derlei Herausforderungen begleiten uns durch die Kindheit. Die Art und Weise, wie wir vor der Autoritätsfigur Weihnachtsmann ein Gedicht aufsagen, scheint sich auf die Verteilung der Geschenke auszuwirken, und die ersten Tage in Kindergarten und Schule sind klassische Bewerbungssituationen für den Neuankömmling.

Später im Berufsleben setzen sich die Prüfungssituationen fort und münden etwa in der Frage: Bin ich der ideale Kandidat für den neuen Aufgabenbereich?

Auch das Alltagsleben steckt voller Bewerbungssituationen: Da bewirbt man sich um eine Wohnung und muss sich vor dem Vermieter mehr oder weniger entblößen (»Sind Sie verheiratet? Haben Sie Kinder, Hunde oder Katzen? Was verdienen Sie?«). Und auch das Kreditgespräch am Bankschalter hat den Charakter einer Bewerbung. Selbst wer eine fremde Person auf der Straße nach der Uhrzeit oder einer bestimmten Adresse fragt, bekommt nur dann eine brauchbare Antwort, wenn er sein Anliegen entsprechend formuliert vorträgt.

Wer von anderen etwas haben will, setzt sich immer der Möglichkeit aus, abgewiesen zu werden. Auch bei der Partnersuche und -auswahl geht es ja um nichts anderes als um ein typisches Bewerbungsritual (Kleidung, Auftreten, Wortwahl).

Das bewusste Reflektieren der Gefahr einer narzisstischen Kränkung hilft, das Unbehagen vor und bei einer Bewerbungssituation weitgehend in den Griff zu bekommen und sich auf die Chancen zu konzentrieren.

Marketing in eigener Sache

BewerberInnen erleben sich meist in der Rolle eines bemühten Antragstellers, der versucht, einen Arbeitgeber davon zu überzeugen, der richtige Kandidat, die richtige Kandidatin für eine bestimmte Position zu sein. Finden Sie sich in dieser Beschreibung wieder?

Sollten Sie aber nicht. Machen Sie Schluss mit dieser einseitigen Bittsteller-Haltung, erarbeiten Sie sich ein neues (Selbst-)Bewusstsein als Basis Ihrer erfolgreichen Strategie. Aus der richtigen Perspektive betrachtet, sind Sie Unternehmer. Am Markt müssen Sie mit Ihrem Produkt Ihre potenziellen Kunden überzeugen. Um Ihr Produkt erfolgreich an den Käufer zu bringen, sollten Sie deshalb Marktforschung betreiben.

Nun ist Ihr Produkt kein Gegenstand, sondern eine Dienstleistung. Es handelt sich um Ihr Know-how, Ihr spezielles Fachwissen, Ihre Arbeitskraft. Warum soll ein Kunde (in dem Fall der Arbeitgeber) ausgerechnet Ihr Produkt kaufen?

Diese Frage stellt sich jeder Personalauswähler und damit Einkäufer angesichts der Vielzahl der BewerberInnen. Es geht um Produkt- und Käuferanalyse und die Marktchancen, die sich aus den Bedürfnissen der Käufer und den Möglichkeiten der Anbieter ableiten lassen.

Mit anderen Worten: Auf welchem Gebiet liegen Ihre Fähigkeiten und Stärken und wo sind die Arbeitsplatzanbieter, die genau diese Eigenschaften, Ihre Fähigkeiten und Stärken »einkaufen« möchten, Ihnen einen ordentlich bezahlten Arbeitsplatz anbieten können? Warum soll ein Kunde (Arbeitgeber) sich für Ihr Produkt (Ihr Know-how, Ihre Fähigkeiten) interessieren und bereit sein, 50 000 Euro plus aller Nebenkosten pro Jahr zu bezahlen?

Verkaufsargumente sammeln

Was sind Ihre Argumente? Womit wollen Sie überzeugen? Wer diese Fragen nicht sorgfältig beantwortet, wer nicht sehr ausgiebig einzelne »Verkaufsargumente« sammelt, abwägt, formuliert und diese dann gezielt als Verkaufsbotschaft vermittelt, wird kaum einen interessanten Arbeitsplatz erobern. Worum es geht: eine Herausforderung besonderer Art – Marketing in eigener Sache (s. S. 32).

Wenn Ihnen dies alles zu abstrakt klingt, werden Sie gleich erkennen, dass Sie durch intensive Vorbereitung Ihre eigenen Vorstellungen und Ihre Persönlichkeit in das Vorstellungsgespräch einbringen können.

Die Selbstanalyse

Welche Fragen bringen Sie bei der Herausforderung, ein Marketing in eigener Sache zu entwickeln, voran? Was kann Ihnen helfen, die Essentials Ihrer persönlichen »Verkaufsbotschaft« zu formulieren?

Zunächst einmal sollten Sie eine Art »Bestandsaufnahme« vornehmen. Sie wird Ihnen helfen, sich selbst richtig einzuschätzen und Ihren individuellen Standort zu bestimmen. Es ist wichtig, dass Sie sich dafür Zeit nehmen und die angebotenen Übungen sorgfältig durchführen. Besser über sich Bescheid zu wissen und die eigenen Stärken und Schwächen zu erkennen, zahlt sich aus.

Sie kommen also nicht darum herum, sich im Vorfeld eines Vorstellungsgesprächs intensive Gedanken darüber zu machen, wer und wie Sie sind – vor allem aber, wie Sie Ihrem Gegenüber etwas von sich vermitteln wollen.

Persönliche Stärken

Sie müssen Ihre persönlichen Qualitäten, die für potenzielle Arbeitgeber interessant sind, zunächst für sich herausfinden, um sie dann im Bewerbungsverfahren besonders herausstellen zu können. Von Ihren Charaktereigenschaften hängt es vor allem ab, wie engagiert Sie an Aufgaben herangehen.

Persönliche *Stärken* sind – im Gegensatz zu *Fähigkeiten* – Auslegungssache. Da es schwierig ist, sie in Worte zu fassen, sollten Sie genau überlegen, bevor Sie in Ihrem Lebenslauf oder im Vorstellungsgespräch auf persönliche Eigenschaften eingehen. Sprechen Sie von Ihren Stärken – allerdings niemals in Form einer Liste wie »Ich betrachte mich als leistungsfähig, innovativ, engagiert ...«, sondern immer nur in Verbindung mit Leistungen, z. B.: »In der Marketingabteilung war ich an der erfolgreichen Entwicklung innovativer Verpackungen maßgeblich beteiligt.«

Positive Eigenschaften allein machen Sie nicht gleich zur Führungskraft. Dennoch sind es meist diejenigen, die bereit sind, über sich und ihre Stärken zu sprechen, die uns und andere inspirieren. Eigenschaften, auf die es sich immer hinzuweisen lohnt, sind etwa *Mut, Kreativität, Ausdauer, Anpassungsfähigkeit, Motivationskraft und Durchsetzungsvermögen.*

Die Art und Weise, wie Sie an Aufgaben herangehen, ist für Arbeitgeber ebenfalls stets interessant. Man kann in diesem Zusammenhang auch von Temperament oder Charakterzügen sprechen. Arbeitgeber suchen BewerberInnen, die *voller Energie* sind, *auf Details achten, sich gut mit Kollegen verstehen, Entschlossenheit zeigen, gut unter Druck arbeiten können, sympathisch, intuitiv, beharrlich, dynamisch und verlässlich* sind.

Entdecken Sie Ihre Einzigartigkeit

Das Problem bei vielen Bewerbungen ist nicht die Form – obwohl die häufig verbesserungswürdig ist –, sondern der Inhalt. Wer sich bewirbt, kennt sich häufig selbst nicht gut genug und weiß nicht bzw. viel zu wenig, was er anzubieten hat. Deshalb ist es enorm wichtig zu überlegen, was man richtig gut kann und was die Interessen und Bedürfnisse des Arbeitgebers sind.

In Ihrer besonderen Mischung aus Fähigkeiten, Anlagen, Interessen, Neigungen, Energie, Hingabe, Inspiration, Bereitschaft und Zielstrebigkeit sind Sie einzigartig.

Vielleicht wissen Sie das bloß noch nicht. Leider sind sich die wenigsten darüber im Klaren. Eher herrscht doch bei den meisten das Gefühl vor: »Das kann ich nicht. Andere sind besser als ich.« Viel zu viele werden von ihren Schwächen kontrolliert, statt stolz auf sich und ihre Fähigkeiten zu sein.

Einzigartigkeit hat viele Formen und braucht keine Bestätigung von außen. Sie müssen nur bereit sein, sich selbst intensiv zu erforschen und das Ergebnis selbstsicher und stolz zu präsentieren.

Keine falsche Bescheidenheit

Schämen Sie sich nicht dafür, dass Sie etwas können. Weg mit falscher (anerzogener?) Bescheidenheit und Schüchternheit. Auch wenn Sie sich überhaupt nicht so fühlen: Tun Sie so, als ob Sie aus einer Position der Stärke heraus auftreten. Sie werden für viel stärker und fähiger gehalten, als Sie es sich je erträumt haben. Lernen Sie so, über das Bild hinauszuwachsen, das Sie von sich selbst haben, und nähern Sie sich den Eigenschaften, die Sie für andere wichtig, ja sogar wertvoll machen. Diese Selbstanalyse ist zwar ein schwieriger Teil Ihrer Arbeitsuche, aber durchaus zu bewältigen. Und sie bringt Sie wirklich voran!

Persönliche Schwächen

Denken Sie ruhig auch über Ihre Schwächen nach, damit Sie erkennen, wo Sie noch an sich arbeiten müssen: Selbstkontrolle, Weiterbildung, Hilfe von außen zulassen können ..., aber verheddern Sie sich nicht. Nobody is perfect, und viel wichtiger als Ihre Schwächen sind Ihre Stärken. Trotzdem: Es kann nichts schaden, sich gelegentlich mit seinen Schwächen auseinander zu setzen, um sich vielleicht sogar mit ihnen zu versöhnen.

Was in Ihrem tiefsten Inneren los ist, geht den Arbeitgeber jedoch nichts an. Vielleicht kommen Sie bei der Selbstanalyse zu dem Ergebnis, dass Sie Kritik an Ihrer Person nicht ertragen können. Diese Selbsterkenntnis wäre mit Sicherheit ein erster Schritt zur Besserung, ist aber wirklich nicht dazu angetan, in einem Vorstellungsgespräch ausgebreitet zu werden.

Überlegen Sie sich also vorher, welche eher harmlose Schwäche Sie bei einer entsprechenden Frage Ihres Gegenübers anbringen könnten. Wenn es nicht gerade um einen Arbeitsplatz in einer ausgesprochen technischen Branche geht, könnten Sie z. B. unter der Rubrik »Schwächen« anführen, dass Sie bedauerlicherweise nicht dazu in der Lage sind, Ihr Auto allein zu reparieren. Oder dass

Sie Mühe haben, Kompositionen von Bach und Händel immer auf Anhieb richtig zuzuordnen. Auch sind Sie vielleicht noch immer mit Ihren Spanischkenntnissen unzufrieden, obwohl Sie schon das dritte Mal dort Urlaub gemacht haben. Vielleicht kocht Ihr bester Freund besser als Sie, was Sie beschämt.

Diese Beispiele sollen lediglich der Verdeutlichung dienen und Anregung sein, in entsprechend relativ harmloser Richtung nachzudenken.

Lassen Sie sich also von Ihren Schwächen nicht entmutigen. Es gibt niemanden ohne Schwächen. Wer sich seine Unvollkommenheit eingesteht, ist auf dem richtigen Wege. Vielleicht werden Sie sogar feststellen können, dass die eine oder andere vermeintliche Schwäche häufig nichts anderes als eine übertriebene Stärke ist:

Stärken	Schwächen
Strebt nach guter Leistung	Verlangt Perfektion
Bescheiden	Licht unter den Scheffel stellen
Führungsqualitäten	Kommandiert herum
Schnell	Impulsiv
Geht Risiken ein	Ist ein Spieler
Sparsam	Geizig
Beharrlich	Anmaßend
Gut im Verhandeln	Kompromisse eingehen
Auf Details achten	Zwanghaftes Verhalten

Denken Sie über Ihre Schwächen nach und wandeln Sie sie nach Möglichkeit in Stärken um.

Wer bin ich?

Nennen Sie zum Einstieg in diesen Fragenkomplex jetzt innerhalb einer Minute ganz spontan drei Adjektive, die wichtige Merkmale Ihrer Persönlichkeit charakterisieren.

Ich bin:

1. _____

2. _____

3. _____

Sind Sie mit Ihrer Wahl zufrieden? Beschreiben diese Adjektive wirklich zentrale Eigenschaften Ihrer Persönlichkeit? Können Sie diese spontane Auswahl einer anderen Person überzeugend vermitteln?

Um Ihnen den Einstieg in diese Thematik zu erleichtern, haben wir eine umfangreiche Liste von Persönlichkeitsmerkmalen zur Selbsteinschätzung zusammengestellt. Wenn Sie über die Frage »Was für ein Mensch bin ich?« rechtzeitig nachdenken, festigen Sie Ihre psychische Ausgangsposition und damit Ihr Selbstbewusstsein für die konkrete Bewerbungssituation.

Denken Sie daran: Sie müssen bei dieser Selbstbeurteilungsliste nicht um jeden Preis »gut abschneiden« wollen, sich niemandem gegenüber rechtfertigen. Es geht allein um Ihre persönliche Einschätzung.

In einem zweiten Schritt können Sie dann eine (oder besser mehrere) Person(en) Ihres Vertrauens bitten, die (zuvor kopierte) Adjektivliste ebenfalls auszufüllen. Auf diese Weise erhalten Sie wertvolle Hinweise darauf, wie andere Sie einschätzen. Der Vergleich beider Ergebnisse (Selbst- und Fremdbild) sollte Sie zum Nachdenken und Diskutieren anregen.

Vielleicht wirken Sie viel furchtloser, als Sie sich fühlen. Oder Sie halten sich nicht für besonders ordentlich, werden aber durchaus als gut organisiert wahrgenommen. Für eine realistische Einschätzung bilden Sie hinterher einen Mittelwert.

Um die Ausprägung einzelner Persönlichkeitseigenschaften besser einschätzen zu können, gibt es für jedes Adjektiv eine Skala von +3 (sehr stark ausgeprägt) bis –3 (sehr schwach ausgeprägt).

Wie schätzen Sie sich ein? Kreuzen Sie bei jeder der folgenden Eigenschaften an, wie ausgeprägt diese Ihrer Meinung nach bei Ihnen ist:

+3 = sehr stark ausgeprägt
+2 = deutlich ausgeprägt
+1 = ausgeprägt
 0 = teils/teils
–1 = weniger ausgeprägt
–2 = schwach ausgeprägt
–3 = sehr schwach ausgeprägt

sympathisch	+3 +2 +1 0 -1 -2 -3	loyal	+3 +2 +1 0 -1 -2 -3
vertrauenswürdig	+3 +2 +1 0 -1 -2 -3	schwermütig	+3 +2 +1 0 -1 -2 -3
vorsichtig	+3 +2 +1 0 -1 -2 -3	begeisterungsfähig	+3 +2 +1 0 -1 -2 -3
lernbereit	+3 +2 +1 0 -1 -2 -3	intrigant	+3 +2 +1 0 -1 +2 -3
lernfähig	+3 +2 +1 0 -1 -2 -3	ordentlich	+3 +2 +1 0 -1 -2 -3
vertrauensvoll	+3 +2 +1 0 -1 -2 -3	wählerisch	+3 +2 +1 0 -1 -2 -3
leistungsorientiert	+3 +2 +1 0 -1 -2 -3	hartnäckig	+3 +2 +1 0 -1 -2 -3
sorgfältig	+3 +2 +1 0 -1 -2 -3	entscheidungsfreudig	+3 +2 +1 0 -1 -2 -3
aufgeschlossen	+3 +2 +1 0 -1 -2 -3	spontan	+3 +2 +1 0 -1 -2 -3
belastbar	+3 +2 +1 0 -1 -2 -3	praktisch	+3 +2 +1 0 -1 -2 -3
ausdauernd	+3 +2 +1 0 -1 -2 -3	beherrscht	+3 +2 +1 0 -1 -2 -3
zufrieden	+3 +2 +1 0 -1 -2 -3	risikobereit	+3 +2 +1 0 -1 -2 -3
aggressiv	+3 +2 +1 0 -1 -2 -3	selbstsicher	+3 +2 +1 0 -1 -2 -3
konformistisch	+3 +2 +1 0 -1 -2 -3	sensibel	+3 +2 +1 0 -1 -2 -3
dominant	+3 +2 +1 0 -1 -2 -3	selbständig	+3 +2 +1 0 -1 -2 -3
gerecht	+3 +2 +1 0 -1 -2 -3	offen	+3 +2 +1 0 -1 -2 -3
verlässlich	+3 +2 +1 0 -1 -2 -3	willensstark	+3 +2 +1 0 -1 -2 -3
wankelmütig	+3 +2 +1 0 -1 -2 -3	zurückgezogen	+3 +2 +1 0 -1 -2 -3
zielstrebig	+3 +2 +1 0 -1 -2 -3	misstrauisch	+3 +2 +1 0 -1 -2 -3
geduldig	+3 +2 +1 0 -1 -2 -3	leidenschaftlich	+3 +2 +1 0 -1 -2 -3
gehemmt	+3 +2 +1 0 -1 -2 -3	unkompliziert	+3 +2 +1 0 -1 -2 -3
vital	+3 +2 +1 0 -1 -2 -3	fortschrittlich	+3 +2 +1 0 -1 -2 -3
zweifelnd	+3 +2 +1 0 -1 -2 -3	überzeugungsstark	+3 +2 +1 0 -1 -2 -3
kompetent	+3 +2 +1 0 -1 -2 -3	zwanghaft	+3 +2 +1 0 -1 -2 -3
flexibel	+3 +2 +1 0 -1 -2 -3	verständnisvoll	+3 +2 +1 0 -1 -2 -3
aktiv	+3 +2 +1 0 -1 -2 -3	kontaktfähig	+3 +2 +1 0 -1 -2 -3
wagemutig	+3 +2 +1 0 -1 -2 -3	schlagfertig	+3 +2 +1 0 -1 -2 -3
gefühlsbetont	+3 +2 +1 0 -1 -2 -3	gründlich	+3 +2 +1 0 -1 -2 -3
anspruchsvoll	+3 +2 +1 0 -1 -2 -3	ausgeglichen	+3 +2 +1 0 -1 -2 -3
passiv	+3 +2 +1 0 -1 +2 -3	kreativ	+3 +2 +1 0 -1 -2 -3
liebenswert	+3 +2 +1 0 -1 -2 -3	erfinderisch	+3 +2 +1 0 -1 -2 -3
gefühlsorientiert	+3 +2 +1 0 -1 -2 -3	selbstbewusst	+3 +2 +1 0 -1 -2 -3
impulsiv	+3 +2 +1 0 -1 -2 -3	introvertiert	+3 +2 +1 0 -1 -2 -3
durchsetzungsfähig	+3 +2 +1 0 -1 -2 -3	extrovertiert	+3 +2 +1 0 -1 -2 -3
furchtsam	+3 +2 +1 0 -1 -2 -3	anpassungsfähig	+3 +2 +1 0 -1 -2 -3
sachorientiert	+3 +2 +1 0 -1 -2 -3	humorvoll	+3 +2 +1 0 -1 -2 -3
fordernd	+3 +2 +1 0 -1 -2 -3	konservativ	+3 +2 +1 0 -1 +2 -3
höflich	+3 +2 +1 0 -1 -2 -3	präzise	+3 +2 +1 0 -1 -2 -3
autoritär	+3 +2 +1 0 -1 +2 -3	besorgt	+3 +2 +1 0 -1 -2 -3
pflichtbewusst	+3 +2 +1 0 -1 -2 -3	nachdenklich	+3 +2 +1 0 -1 -2 -3
verantwortungsbewusst	+3 +2 +1 0 -1 -2 -3	kooperativ	+3 +2 +1 0 -1 -2 -3
zuverlässig	+3 +2 +1 0 -1 -2 -3	unerschütterlich	+3 +2 +1 0 -1 -2 -3
freundlich	+3 +2 +1 0 -1 -2 -3	problembewusst	+3 +2 +1 0 -1 -2 -3
glücklich	+3 +2 +1 0 -1 -2 -3	beliebt	+3 +2 +1 0 -1 -2 -3
nervös	+3 +2 +1 0 -1 -2 -3	vernünftig	+3 +2 +1 0 -1 -2 -3
rechthaberisch	+3 +2 +1 0 -1 -2 -3	teamfähig	+3 +2 +1 0 -1 -2 -3
ordnungsliebend	+3 +2 +1 0 -1 -2 -3	ausgeglichen	+3 +2 +1 0 -1 -2 -3
ehrlich	+3 +2 +1 0 -1 -2 -3	kommunikationsfähig	+3 +2 +1 0 -1 -2 -3

integrationsfähig	+3 +2 +1 0 –1 –2 –3	gelassen	+3 +2 +1 0 –1 –2 –3
herzlich	+3 +2 +1 0 –1 –2 –3	unparteiisch	+3 +2 +1 0 –1 –2 –3
ruhig	+3 +2 +1 0 –1 –2 –3	gütig	+3 +2 +1 0 –1 –2 –3
kompromissbereit	+3 +2 +1 0 –1 –2 –3	willensstark	+3 +2 +1 0 –1 –2 –3
tolerant	+3 +2 +1 0 –1 –2 –3	unberechenbar	+3 +2 +1 0 –1 –2 –3
zuhörbereit	+3 +2 +1 0 –1 –2 –3	präzise	+3 +2 +1 0 –1 –2 –3
selbstkritisch	+3 +2 +1 0 –1 –2 –3	_____	+3 +2 +1 0 –1 –2 –3
kränkbar	+3 +2 +1 0 –1 –2 –3	_____	+3 +2 +1 0 –1 –2 –3
hilfsbereit	+3 +2 +1 0 –1 –2 –3	_____	+3 +2 +1 0 –1 –2 –3
einfühlsam	+3 +2 +1 0 –1 –2 –3	_____	+3 +2 +1 0 –1 –2 –3

Ihnen ist sicherlich aufgefallen, dass positive und negative Eigenschaften aufgeführt worden sind.

Sympathisch und aktiv möchte jeder sein; rechthaberisch und aggressiv sicherlich niemand. Bei anderen Adjektiven ist die Beurteilung schwieriger. Für einen Leuchtturmwärter ist »sehr stark zurückgezogen« sicherlich kein Berufshindernis, ein Reporter dagegen läge mit der gleichen Eigenschaft bei seiner Bewerbung ziemlich daneben.

Falls Sie in der Liste bestimmte Adjektive vermisst haben, schreiben Sie diese einfach in die dafür vorgesehenen freien Zeilen.

Schauen Sie sich alle Adjektive an, die eine deutlich herausgehobene Bewertung bekommen haben (bei dem einen ist es +3 bzw. –3, andere neigen dazu, die Ränder zu meiden und selten mehr als +2 bzw. –2 anzukreuzen). Auf wie viele Adjektive trifft eine deutlich herausgehobene Bewertung zu? Sind es 5 oder 15 oder vielleicht sogar 25? In jedem Fall ist es sehr wahrscheinlich, dass sie sowohl im Plus- als auch im Minusbereich anzutreffen sind.

Bilden Sie nun Adjektivgruppen nach Ihren Bewertungen, beispielsweise für fünf Adjektive mit +3-Markierung, für drei mit –3. Anschließend versuchen Sie, inhaltliche Zusammenhänge zwischen den einzelnen Adjektiven herzustellen. Finden Sie dafür Überschriften.

Angenommen, Sie haben sich für die folgenden »+3-Markierungen« entschieden: sorgfältig, verlässlich, pflichtbewusst, verantwortungsbewusst, ordentlich – dann passen diese fünf Adjektive gut unter die Überschrift »preußische Tugenden«. Lauten Ihre »–3-Markierungen« unordentlich, spontan, fortschrittlich, werden hiermit Ihre preußischen Tugenden ergänzt, kontrastiert oder bestätigt.

Ziel dieser Übung war es vor allem, ein präziseres Selbstbild in der Vorbereitungsphase auf ein Vorstellungsgespräch zu entwickeln. Wer die Ergebnisse anschließend mit dem Partner, mit Freunden oder Bekannten durchspricht, entwickelt eine neue verbale Kompetenz und (im doppelten Sinn) neues Selbstbewusstsein, wenn es darum geht, sich im Interview erfolgreich zu präsentieren.

In einem weiteren Schritt sollten Sie sich nun mit folgenden Fragen auseinandersetzen: Welche Eigenschaften sind wichtig für den Arbeitsplatz, um den ich mich bewerbe? Wonach werden mich Firmenchefs fragen, und wie stellen diese sich den idealen Stelleninhaber vor? Gehen Sie die Liste jetzt nur unter diesem Aspekt ein zweites Mal durch und kreuzen Sie (mit einem andersfarbigen Stift) die Eigenschaften an, die für den von Ihnen angestrebten Arbeitsplatz aus Arbeitgebersicht vermutlich besonders wichtig sind.

Ein Vergleich von Selbstbild, Fremdbeurteilung und Anforderungsprofil gibt weitere Aufschlüsse und Hinweise, auch im Hinblick auf die nötige Anpassung, die in jeder Bewerbungssituation erbracht werden muss.

Was kann ich?

Die folgende Selbstbeurteilungsaufgabe wird Ihnen dabei helfen, Ihren persönlichen Standort detailliert zu bestimmen. Auf den nächsten Seiten finden Sie eine umfangreiche Liste von Kompetenzmerkmalen. Wie schätzen Sie sich selbst bezüglich der aufgeführten Fähigkeiten ein? Wie ist es z.B. um Ihre Leistungsbereitschaft bestellt? Es geht allein um Ihre persönliche Einschätzung. Diese brauchen Sie mit niemandem zu diskutieren. Sie müssen sich also für Ihre Einschätzung nicht rechtfertigen.

Um die einzelnen Merkmale einschätzen zu können, gibt es wieder eine Skala von +3 bis –3:

+3 = sehr stark ausgeprägt
+2 = deutlich ausgeprägt
+1 = ausgeprägt
  0 = teils/teils
–1 = weniger ausgeprägt
–2 = schwach ausgeprägt
–3 = sehr schwach ausgeprägt

Wie schätzen Sie sich ein? Bitte kreuzen Sie bei jeder Eigenschaft an, wie ausgeprägt diese Ihrer Meinung nach bei Ihnen ist:

Merkmalsgruppe 1

Sensibilität   +3 +2 +1 0 −1 −2 −3
Zuhörfähigkeit   +3 +2 +1 0 −1 −2 −3
Kontaktfähigkeit   +3 +2 +1 0 −1 −2 −3
Aufgeschlossenheit   +3 +2 +1 0 −1 −2 −3
Teamorientierung   +3 +2 +1 0 −1 −2 −3
Kooperationsfähigkeit   +3 +2 +1 0 −1 −2 −3
Anpassungsfähigkeit   +3 +2 +1 0 −1 −2 −3
Kompromissbereitschaft   +3 +2 +1 0 −1 −2 −3
Diplomatie   +3 +2 +1 0 −1 −2 −3
Verhandlungsgeschick   +3 +2 +1 0 −1 −2 −3
Integrationsvermögen   +3 +2 +1 0 −1 −2 −3
Überzeugungspotenzial   +3 +2 +1 0 −1 −2 −3
Begeisterungsfähigkeit   +3 +2 +1 0 −1 −2 −3
Durchsetzungsfähigkeit   +3 +2 +1 0 −1 −2 −3
Motivationsfähigkeit   +3 +2 +1 0 −1 −2 −3
sprachliches Ausdrucksvermögen   +3 +2 +1 0 −1 −2 −3
schriftliches Ausdrucksvermögen   +3 +2 +1 0 −1 −2 −3
rhetorische Fähigkeiten   +3 +2 +1 0 −1 −2 −3
Teamfähigkeit   +3 +2 +1 0 −1 −2 −3
Anpassungsbereitschaft   +3 +2 +1 0 −1 −2 −3
soziale Kompetenz   +3 +2 +1 0 −1 −2 −3
Kommunikationsfähigkeit   +3 +2 +1 0 −1 −2 −3

Merkmalsgruppe 2

Zielstrebigkeit   +3 +2 +1 0 −1 −2 −3
Selbstbewusstsein   +3 +2 +1 0 −1 −2 −3
Verantwortungsbewusstsein   +3 +2 +1 0 −1 −2 −3
Kritikfähigkeit   +3 +2 +1 0 −1 −2 −3
Selbstbeherrschung   +3 +2 +1 0 −1 −2 −3
Zuverlässigkeit   +3 +2 +1 0 −1 −2 −3
Toleranzfähigkeit   +3 +2 +1 0 −1 −2 −3
Unerschrockenheit   +3 +2 +1 0 −1 −2 −3
Bereitschaft zur Verantwortungsübernahme   +3 +2 +1 0 −1 −2 −3

Merkmalsgruppe 3

Risikobereitschaft   +3 +2 +1 0 −1 −2 −3
Entscheidungsfähigkeit   +3 +2 +1 0 −1 −2 −3

Sicherheitsdenken   +3 +2 +1 0 −1 −2 −3
Delegationsbereitschaft   +3 +2 +1 0 −1 −2 −3
Delegationsfähigkeit   +3 +2 +1 0 −1 −2 −3
Belastbarkeit   +3 +2 +1 0 −1 −2 −3
Stresstoleranz   +3 +2 +1 0 −1 −2 −3
Lebensfreude   +3 +2 +1 0 −1 −2 −3
Flexibilität   +3 +2 +1 0 −1 −2 −3
Repräsentationsvermögen   +3 +2 +1 0 −1 −2 −3

Merkmalsgruppe 4
Arbeitsmotivation/-wille   +3 +2 +1 0 −1 −2 −3
Tatkraft   +3 +2 +1 0 −1 −2 −3
Führungsmotivation/-wille/-fähigkeit   +3 +2 +1 0 −1 −2 −3
Eigeninitiative   +3 +2 +1 0 −1 −2 −3
Autonomie   +3 +2 +1 0 −1 −2 −3
Durchsetzungsvermögen   +3 +2 +1 0 −1 −2 −3
Selbstvertrauen   +3 +2 +1 0 −1 −2 −3
Ehrgeiz   +3 +2 +1 0 −1 −2 −3
Zielstrebigkeit   +3 +2 +1 0 −1 −2 −3
Durchhaltevermögen   +3 +2 +1 0 −1 −2 −3
Durchsetzungsvermögen   +3 +2 +1 0 −1 −2 −3
Frustrationstoleranz   +3 +2 +1 0 −1 −2 −3
Erfolgsorientierung   +3 +2 +1 0 −1 −2 −3
Vitalität   +3 +2 +1 0 −1 −2 −3
Leistungsbereitschaft   +3 +2 +1 0 −1 −2 −3
Idealismus   +3 +2 +1 0 −1 −2 −3
Identifikationsbereitschaft mit   +3 +2 +1 0 −1 −2 −3
    Unternehmen/Institution

Merkmalsgruppe 5
Autonomie   +3 +2 +1 0 −1 −2 −3
Selbständigkeit   +3 +2 +1 0 −1 −2 −3
Verantwortungsbewusstsein   +3 +2 +1 0 −1 −2 −3
Unabhängigkeit   +3 +2 +1 0 −1 −2 −3
Zuverlässigkeit   +3 +2 +1 0 −1 −2 −3
Selbstdisziplin   +3 +2 +1 0 −1 −2 −3
Stresstoleranz   +3 +2 +1 0 −1 −2 −3
Ausdauer   +3 +2 +1 0 −1 −2 −3

Belastbarkeit   +3 +2 +1 0 -1 -2 -3
Geduld   +3 +2 +1 0 -1 -2 -3
Pflichtbewusstsein   +3 +2 +1 0 -1 -2 -3
Loyalität   +3 +2 +1 0 -1 -2 -3

Merkmalsgruppe 6

analytisches Denken   +3 +2 +1 0 -1 -2 -3
konzeptionelles Planen   +3 +2 +1 0 -1 -2 -3
planvolles Vorgehen   +3 +2 +1 0 -1 -2 -3
kombinatorisches Denken   +3 +2 +1 0 -1 -2 -3
effiziente Arbeitsorganisation   +3 +2 +1 0 -1 -2 -3
Entscheidungsvermögen   +3 +2 +1 0 -1 -2 -3

Merkmalsgruppe 7

Kosten-Nutzen-Bewusstsein   +3 +2 +1 0 -1 -2 -3
unternehmerisches Denken   +3 +2 +1 0 -1 -2 -3
systematische Arbeitsorganisation   +3 +2 +1 0 -1 -2 -3
Zieldefinitionsfähigkeit   +3 +2 +1 0 -1 -2 -3
Arbeitseffizienz   +3 +2 +1 0 -1 -2 -3
gesunder Materialismus   +3 +2 +1 0 -1 -2 -3
physische Fitness   +3 +2 +1 0 -1 -2 -3
gesundheitliches Wohlbefinden   +3 +2 +1 0 -1 -2 -3
psychische Konstitution   +3 +2 +1 0 -1 -2 -3
Selbstkontrollfähigkeiten   +3 +2 +1 0 -1 -2 -3

Auswertung

Welche +3- oder ggf. +2-Ankreuzungen, welche –3- ggf. –2- haben Sie in den folgenden Merkmalsgruppen (bitte eintragen):

In Merkmalsgruppe 1: *Persönlichkeit/Kommunikationsfähigkeit/ soziale Kompetenz* _____

In Merkmalsgruppe 2: *Selbständigkeit* _____

In Merkmalsgruppe 3: *Entscheidungsverhalten* _____

In Merkmalsgruppe 4: *Leistungsmotivation* _____

In Merkmalsgruppe 5: *Selbstkontrollfähigkeit/ Aktivitätspotenzial* _____

In Merkmalsgruppe 6: *systematisch-zielorientiertes Denken und Handeln* _____

In Merkmalsgruppe 7: *wichtige globale Merkmale* _____

Nachdem Sie diese Liste bearbeitet haben: Gibt es Merkmale, die Sie vermisst haben und um die Sie die Liste erweitern möchten? Würden diese neuen, von Ihnen beigesteuerten Fähigkeiten eher die Bewertung +3 oder −3 bekommen?

Was fällt Ihnen zu einzelnen Merkmalen, was zu den Merkmalsgruppen insgesamt ein? Wo liegen Ihre Stärken, wo Ihre Schwächen? Welche Botschaft lässt sich aus Ihren positiven Fähigkeiten für Ihren »Kunden«, den potenziellen Arbeitgeber, formulieren? Mit welchen Defiziten müssen Sie sich ernsthaft auseinander setzen, wenn Sie Ihre Dienstleistung erfolgreich vermarkten wollen? Welche Schwächen können Sie getrost vernachlässigen?

In einem weiteren Schritt sollten Sie jetzt mit einem andersfarbigen Stift jeweils die Qualifikationsmerkmale markieren, von denen Sie glauben, dass sie von Arbeitgebern Ihres Wunschbereichs erwartet und für wichtig gehalten werden. Der Vergleich dieser beiden Profile wird Sie wiederum zum Nachdenken anregen.

Sie sollten auch Kopien der Listen erstellen. Bitten Sie dann ausgewählte Personen Ihrer Umgebung, Sie einzuschätzen. Der Vergleich wird Ihnen weitere Denkanstöße geben.

Noch ein Hinweis: Sollten Sie die Extrempositionen (+3, −3) in Ihren Ankreuzungen vermieden haben (weniger als fünf Mal), müssen Sie zwangsläufig die +2- bzw. −2-Ankreuzwerte verwenden.

Der Vorteil der Bearbeitung dieser Qualifikations-Merkmalliste besteht wie bei der ersten Adjektivliste in einem verbesserten Selbstbewusstsein über die eigenen Fähigkeiten. Nutzen Sie die Gelegenheit, an den im Selbst- oder Fremdbild sichtbar gewordenen Defiziten zu arbeiten.

Nach dieser Übung sind Sie sicher in der Lage, etwa fünf positive, aber auch möglicherweise drei bis fünf defizitäre Merkmale zu benennen, die Ihre Fähigkeiten, Ihr Können und Nichtkönnen zutreffend beschreiben.

Das Ziel dieser Vorbereitung ist klar: Sie sollten dem potenziellen neuen Arbeitgeber Ihre persönlichen und fachlichen Qualitäten so prägnant, so eindrucksvoll wie möglich in einer zusammenfassenden Botschaft vermitteln.

Diese Form der Eigenwerbung fällt uns oft nicht leicht. Das Erziehungsmotto »Eigenlob stinkt«, eine uns mit teilweise brachialer elterlicher Gewalt antrainierte Bescheidenheit, die uns stets auferlegte Zurückhaltung, kulminiert jetzt im Vorstellungsgespräch oder in der Vorbereitung darauf häufig in Form eines mangelnden Selbstwertgefühls, eines defizitären narzisstischen Gleichgewichts.

Wir alle kennen das Phänomen: Für eine fremde Sache oder andere Personen können wir uns viel besser engagieren, deren Interessen deutlich erfolgreicher vertreten als unsere eigenen Belange. So versagen oft auch nachweislich erfolgreiche Topführungskräfte, wenn es darum geht, die eigenen Qualitäten und Leistungen in der Prüfungssituation Bewerbung auf den Punkt zu bringen und überzeugend darzustellen.

Sie kommen aber nicht darum herum, eine neue Form der Selbstdarstellung zu erlernen. Für das Vorstellungsgespräch gelten spezielle Spielregeln und Kommunikationsformen. Gerade in dieser Situation ist es jetzt besonders notwendig, sich selbst gut zu »managen«, das heißt, sich erfolgreich zu vermarkten – Werbung in eigener Sache zu machen. Wie das geht, zeigen wir Ihnen im folgenden Kapitel.

Marketingstrategien

Außergewöhnliche Erfolge, so die Erklärung des Systemforschers Wolfgang Mewes, haben ihren Ursprung in der Konzentration der wirksamsten Kräfte, zum Beispiel in einer klaren, eindeutigen Spezialisierung, in der bewussten Ausrichtung auf ein ganz bestimmtes berufliches Ziel. Wer in allem besonders gut sein will, der kann sehr wahrscheinlich lediglich Durchschnittliches erreichen.

Man sollte erst gar nicht versuchen, es allen Menschen recht zu machen, sich selbst und gleichzeitig allen anderen. Besser ist es, Prioritäten zu setzen, auch bei beruflichen Zielen. Das setzt jedoch eine gezielte Vorgehensweise voraus, eine gut geplante und konsequent umgesetzte Strategie. Für Wolfgang Mewes ist Erfolg einzig und allein eine Frage der richtigen Strategie. Da in unserer Leistungsgesellschaft die einzige verlässliche Konstante die Veränderung ist, gewinnt die richtige berufliche Strategie immer mehr an Bedeutung. Wer sich erfolgreich den Herausforderungen stellen will, muss strategisch vorgehen.

Wenn die Starken über die Schwächeren triumphieren, die Großen die Kleinen dominieren, die Schnellen die Langsameren überholen, dann kann sich beruflich nur derjenige mit der besseren Strategie durchsetzen.

Machen Sie sich Folgendes bewusst: Auf dem heutigen Arbeitsmarkt sind Sie nicht mehr wirklich in der Position eines klassischen Arbeitnehmers, selbst wenn Sie mit der Lohnsteuerkarte in der Hand einen klassischen Arbeitgeber suchen. Abgesehen davon, dass ja eigentlich Sie Ihre Arbeitskraft geben und der klassische Unternehmer als Arbeitsplatzanbieter Ihre Arbeitsleistung entgegennimmt, damit also zum wirklichen »Arbeitnehmer« wird, ist dieses Denkmodell absolut überholt.

Stellen Sie sich um: Verstehen Sie sich ab sofort als Unternehmer, als ein modernes Ein-Mann-/Ein-Frau-Dienstleistungsunternehmen, und lernen Sie, konsequent unternehmerisch zu denken und zu handeln. Es geht um ein gezieltes Marketing Ihrer Dienstleistung. Da Ihre Kunden, die Käufer Ihrer Fähigkeiten, sich nach den Marktgesetzen verhalten, sollten Sie sich darüber im Klaren sein, dass gute Marketing- und Verkaufsstrategien über Ihren beruflichen Erfolg entscheiden.

Von dieser einfachen Erkenntnis geht Wolfgang Mewes aus. Das oberste Gebot seiner EKS-Strategie lautet:

»Volle Konzentration aller verfügbaren Kräfte auf die Lösung eines speziellen Problems.«

Die Abkürzung EKS steht übrigens für »Engpass-konzentrierte Strategie«.

Die vier Prinzipien der EKS-Strategie

Das EKS-System, das häufig auch »Erfolgsstrategie« genannt wird, basiert auf folgenden Prinzipien:

- Konzentration ist besser als Verzettelung.
- Es geht immer um den wirkungsvollsten Ansatz.
- Ein Engpass muss erkannt werden.
- Nutzenorientierung ist reiner Gewinnmaximierung vorzuziehen.

Konzentration ist besser als Verzettelung

Ein Hund, der verschiedenen Hasen nachjagt, fängt am Ende keinen einzigen. Wer zu viele Eisen im Feuer hat oder auf zu viele Kochtöpfe gleichzeitig aufpassen muss, bleibt erfolglos – und hungrig.

Kaum einem Sportler wird es gelingen, Spitzenleistungen in so verschiedenen Sportarten wie Tennis, Schwimmen, Ski- und Radfahren zu erbringen. Echte Multitalente sind nicht nur im Sport äußerst selten. Ein großartiger Maler wäre als Sänger oder Schauspieler vermutlich nicht erfolgreich.

Genauso verhält es sich auch in der Arbeitswelt: Die »Eier legende Wollmilchsau« ist eben doch nur ein Fabelwesen. Wer sich in seinen Vorhaben verzettelt, bleibt in seinen Ergebnissen lediglich durchschnittlich. Es kommt also darauf an, sich mit aller zur Verfügung stehenden Kraft und Macht auf ein lohnendes Ziel zu konzentrieren. Sie kennen den Spruch: Nicht kleckern, sondern klotzen! Voraussetzung dafür ist, dass Sie Ihre Kräfte ganz auf das konzentrieren, was Sie am besten können. Natürlich muss Ihr Angebot auch für den Arbeitgeber attraktiv sein.

Statt also von allem (nur) ein bisschen zu können, leider aber nichts so richtig gut, ist es viel sinnvoller und damit erfolgversprechender, sich auf seine wesentlichen Stärken zu beschränken und diese kontinuierlich auszubauen, weiterzuentwickeln, zu perfektionieren. Zwar »ist noch kein Meister vom Himmel gefallen«, dafür gilt aber: »Übung macht den Meister.« Diese Sprüche sind nicht gerade neu, treffen aber den Nagel auf den Kopf. Wenn Sie sich auf das konzentrieren, was Sie gern und somit sehr wahrscheinlich auch viel besser machen können als andere, werden Sie einen enormen Lernzuwachs erzielen. Sie bauen Ihre Stärken weiter aus und werden noch erfolgreicher.

Ein Beispiel: Ein Bäcker hat ein besonderes Talent für Vollkornbrotsorten. Er schafft mühelos eine exzellente Qualität, die bei vielen Kunden begehrt ist. Wenn er vom Ehrgeiz getrieben nun aber versuchte, seine Brötchen, Torten und Kuchen auf ein ebenso hohes Qualitätsniveau zu bringen, bestünde die Gefahr, dass er sich verzettelte. Die vielleicht enttäuschenden Backergebnisse könnten ihn frustrieren. Vermutlich ginge ihm der Spaß an der Arbeit aus. Am schlimmsten aber: Er würde manchen Kunden verlieren, wenn er sein eigentliches Spezialkönnen, die Vollkornbäckerei, vernachlässigte.

Für den Bäcker ist es das Beste, sich auf seine Stärken zu konzentrieren und seine Schwächen dabei ruhig zu vernachlässigen. Vielleicht könnte er neben den bereits erfolgreichen Vollkornbroten weitere Vollkornprodukte entwickeln und erfolgreich anbieten. Sein guter Ruf für diese exzellenten Backwaren würde sich weiter ausdehnen und eine besondere Klientel auch aus der weiteren Umgebung anziehen, die nach seinen speziellen Qualitäts-Vollkornbrotsorten verlangt.

Wenn dieser Bäcker von seiner besonderen Brotqualität wirklich überzeugt ist, kann er seine Werbung auf spezielle Kundengruppen ausrichten und sich durch sein besonderes Qualitätsprofil von der Konkurrenz abheben. Dies würde gleichzeitig seinen Marktwert steigern. Zu guter Letzt könnte er sein hervorragendes Brot auch in Filialbetrieben verkaufen und dadurch geschäftlich immer stärker expandieren.

Um erfolgreich zu sein, dürfen Sie nicht andere kopieren und deren vermeintlichen Erfolgsrezepten hinterherlaufen, sondern müssen Ihre eigenen Stärken erkennen und ausbauen. Erarbeiten Sie sich eine sichtbare Kompetenz, die Sie dann im Vorstellungsgespräch deutlich machen, um mit diesem Image und Leistungsprofil Ihre konkrete Zielgruppe (= den potenziellen Arbeitgeber) zu erobern. Zeigen Sie, dass Sie seine Problemlösungsbedürfnisse besser bedienen können als andere.

Ein »Feld-, Wald- und Wiesen«-Anwalt, der mal Verkehrs-, mal Miet-, mal Steuerrechtsfälle bearbeitet, wird auf Dauer weniger Erfolg haben als sein Kollege, der sich nach reiflicher Überlegung zur Frage »Was kann ich?« darauf spezialisiert hat, vor allem Steuerrechtssachen zu übernehmen.

Mit jedem neuen Steuerrechtsfall erweitert er seine Kompetenz, und wenn er die Probleme seiner Mandanten erfolgreich löst, weil er qualifiziert und hoch motiviert arbeitet, gewinnt er an Image und damit an Anziehungskraft für neue Mandanten. Bald wird er in seiner Umgebung »der« Fachanwalt für Steuerrecht sein und damit besonders interessant für Unternehmen oder einzelne Mandanten sein, die auf diesem Sektor juristische Unterstützung wünschen.

In der Schule mussten Sie sich mit Sprachen, Mathematik, den Naturwissenschaften, mit Kunst und Musik auseinander setzen. In dem einen Fach waren Sie möglicherweise eine absolute Niete, in anderen Fächern vielleicht durchschnittlich begabt und in einem speziellen Fach – Ihrem Lieblingsfach – außerordentlich gut. Auf dieses Sachgebiet bereiteten Sie sich gern vor, und was für andere mit Mühen verbunden war, machte Ihnen Vergnügen.

In der Schule war es nur bedingt möglich, ungeliebte Fächer abzuwählen. Bei der Wahl Ihres Studien- oder Ausbildungsplatzes konnten Sie sich bereits auf Ihr Lieblingsthema spezialisieren. Das ist jetzt wieder möglich. Durch ständige Wiederholungen und permanentes Training verbessern Sie sich fortlaufend und erzielen herausragende Ergebnisse. Schließlich betrachtet man Sie als Experten für Ihr Fachgebiet.

Es geht immer um den wirkungsvollsten Ansatz

»Alles hängt in irgendeiner Form mit allem zusammen.« Natürlich ist die Erkenntnis der vernetzten Systeme nicht neu. Trotzdem wollen wir es an dieser Stelle noch einmal hervorheben: Selbst die kleinste Veränderung hat immer auch Auswirkungen auf das Gesamtsystem. Streiken Arbeiter beispielsweise für mehr Lohn, beeinflusst das die Herstellungs- und Verkaufspreise. Dies wiederum kann zu Absatzrückgängen führen, Arbeitsplätze gefährden und sich auf die Kaufkraft auswirken. Eine Kettenreaktion ist schnell ausgelöst und nicht mehr zu stoppen. Wer so naiv ist zu glauben, eine unreflektierte Detailveränderung habe keine weiteren Auswirkungen, irrt nicht nur, sondern verheddert sich schnell in den vernetzten Systemen, was katastrophale Folgen haben kann.

Viele Menschen handeln unüberlegt und verstricken sich hoffnungslos bis hin zur Handlungsunfähigkeit, verkennen Kernproblem und Kräfteeinsatz. Dabei verbrauchen sie viel Energie, ohne etwas zu erreichen. Wer dagegen Zusammenhänge durchschaut und mögliche Konsequenzen bedenkt, erzielt beachtliche Ergebnisse.

Die beiden folgenden Beispiele verdeutlichen, wie eines vom anderen abhängt:

Stellen Sie sich einen riesigen Stapel Dosen vor. Wollten Sie hier naiv von unten eine herausziehen, riskierten Sie den kompletten Einsturz. Die Sprengladung eines hohen Industrieschornsteins muss hingegen genau am untersten Ende angesetzt werden, um das zu erreichen, was bei den Dosen verhindert werden soll. Auf den wirkungsvollsten Punkt kommt es also an, auf die volle Konzentration der Kräfte, denn dann muss der so identifizierte gordische Knoten nur noch durchschlagen werden. Entscheidend ist weniger wie, sondern wo man zuschlägt.

Apropos zuschlagen: Sie erinnern sich, wie der kleine David den um vieles stärkeren Riesen Goliath besiegte. Durch den Einsatz einer Steinschleuder konzentrierte David zunächst seine ganzen Kräfte und zielte damit auf die Stirn seines Gegners, den wirkungsvollsten Punkt. Das Ergebnis war ein Volltreffer. Wenn man sich also strategisch auf den sinnvollsten Ansatzpunkt konzentriert, lösen sich die Probleme fast wie von selbst.

Ein Engpass muss erkannt werden

Zwei wichtige Prinzipien des beruflichen Erfolgs haben Sie soeben kennen gelernt: Konzentration der Kräfte und Beachten des wirkungsvollsten Ansatzpunkts. Nun kommen wir zum dritten Punkt, dem Engpass, der Marktlücke.

Der wichtigste Schlüssel zum beruflichen Erfolg liegt in der richtigen Idee, der Erkenntnis: Hier wird dringend etwas gebraucht, und genau das kann ich anbieten, genau auf diesem Sektor bin ich wirklich gut.

Gespür für den Markt und Entdecken von Bedürfnissen sind für wirtschaftlichen Erfolg unerlässlich. Niemand kauft zu Ostern Weihnachtsmänner oder umgekehrt Osterhasen zu Weihnachten. Aber wenn man Osterhasen nicht bereits ab Weihnachten produziert, um bald die Geschäfte zu beliefern, bestünde zu Ostern sicherlich ein Engpass.

Ein weiteres Beispiel verdeutlicht, wie alles voneinander abhängt: Eine Pflanze kann nur gedeihen, wenn sie Wasser, Luft, Nahrung und Licht bekommt. Fehlt eines der Elemente, wird sie eingehen. Auch das Verhältnis dieser Elemente muss stimmen. Selbst wenn alles andere im ausgewogenen Verhältnis vorhanden ist, verkümmern Pflanzen, wenn sie nicht genug Wasser bekommen. In heißen Sommern ohne Regen kann dieser Fall schnell eintreten. Wer bei diesem Engpass Wasser anzubieten hat, wird auf riesige Nachfrage treffen. Mit der richtigen Wassermenge können die Pflanzen wachsen. Die Ernte ist gerettet, der Landwirt zufrieden. Ohne Wasser wäre alles verloren.

Auf den Punkt gebracht: Sobald Sie ein Bedürfnis oder eine Engpasssituation entdecken, müssen Sie Ihre Energie bündeln und im richtigen Moment ganz gezielt am wirkungsvollsten Punkt ansetzen. Wenn Sie mit Ihren Fähigkeiten auf einem bestimmten Gebiet bei Arbeitsplatzanbietern auf einen Mangel stoßen, dann haben Sie den Job.

Denken Sie jetzt nicht: »Alles graue Theorie. Ich bin kein Informatiker und habe nicht die große Auswahl.« Schauen Sie sich andere Beispiele an: Sie haben vielleicht Jura studiert und Ihre Berufseinstiegsperspektive ist alles andere als rosig. Wenn Sie zu Ihrem juristischen Handwerkszeug detaillierte Kenntnisse im Bereich »Neue Medien« haben und hier vielleicht spezielle Erfahrungen im Internet mit dem Urheberrecht kombinieren können, sehen Ihre Berufschancen auf einmal ganz anders aus. Oder vielleicht beendeten Sie gerade Ihr Medizinstudium und streben jetzt eine Facharztausbildung an. Zwar gibt es bereits jede Menge arbeitsloser Mediziner und Facharztausbildungsplätze sind mittlerweile so rar wie ein Sechser im Lotto. Wenn Sie in diesem Fall aber zusätzlich fundierte EDV-Kenntnisse anbieten können, stehen Ihre Chancen schon viel besser.

In anderen Worten: Wenn Sie den passenden Schlüssel für ein brennendes Problem Ihrer Zielgruppe haben und dieses im Gespräch deutlich machen können, steigt Ihr beruflicher Marktwert. Arbeitgeber werden sich für Sie interessieren und versuchen, Sie für sich zu gewinnen. Wer in der Lage ist, essenzielle Probleme einer bestimmten Zielgruppe zu lösen, kann außerdem mit angemessener Bezahlung rechnen.

Nutzenorientierung ist reiner Gewinnmaximierung vorzuziehen

Ausschlaggebend für Ihren beruflichen Erfolg ist, dass Sie sich auf Ihre Stärken (s. S. 21 ff.) konzentrieren, eine Marktlücke finden und den richtigen Ansatzpunkt auswählen. Sie werden im Beruf ständig Entscheidungen treffen, Prioritäten setzen und Wichtiges von weniger Wichtigem unterschieden müssen.

Zur Orientierung brauchen Sie klar definierte berufliche Ziele, denn nur mit einem deutlichen Ziel vor Augen lassen sich die notwendigen Entscheidungen treffen. Dabei darf es Ihnen aber nicht um eine kurzfristige Erfolgs- oder Gewinnsteigerung gehen. Entscheiden Sie sich nicht voreilig für den Job mit der besseren Bezahlung, sondern achten Sie darauf, langfristig Ihren Nutzen für den Arbeitgeber zu steigern. Wenn es ausschließlich auf maximalen Gewinn in kürzester Zeit ankäme, müsste man Bankraub, Erpressung und andere Straftaten für ideale Berufsziele halten. Sie sollten eine langfristigere berufliche Strategie entwerfen, denn nur durch Nutzenorientierung und Ausrichtung auf die Anforderungen des Arbeitsmarkts erreichen Sie dauerhaften beruflichen Erfolg.

Arbeitgeberträume

Was glauben Sie: Worauf achten Arbeitgeber bei der Auswahl neuer Arbeitskräfte? Welche persönlichen und beruflichen Anforderungen stellt der Arbeitgeber? Mit anderen Worten: Wovon träumen Arbeitgeber?

Arbeitgebern reicht es nicht, dass Sie bestimmte Fähigkeiten vorweisen. Sie wollen wissen, wie Sie diese anwenden: ob Sie Betriebsamkeit nur vortäuschen oder wirklich versuchen, Probleme zu lösen. Es ist erschreckend, wie wenige Bewerber sich Gedanken über die Bedürfnisse der Arbeitgeber machen. Arbeitgeber brauchen Mitarbeiter, die Ergebnisse produzieren: Gewinne, Sicherheit, Kostensenkung, Organisation, neue Lösungen. Ein motivierter Bewerber geht direkt auf die Bedürfnisse des Arbeitgebers ein. Wenn Sie nicht wissen, was in einem bestimmten Unternehmen oder Berufsfeld von Ihnen erwartet wird, werden Sie den Arbeitgeber nicht überzeugen können. Sie sollten durch Zielstrebigkeit und Kenntnisse über sein Arbeitsfeld dem potenziellen Arbeitgeber zeigen, was er in Zukunft von Ihnen erwarten kann.

Die Bedürfnisse des Arbeitgebers erkennen

Sagen Sie jetzt bitte nicht: »Wie soll ich als Arbeitnehmer denn wissen, was Arbeitgeber erwarten? Das ist doch eine völlig andere Welt.« Wenn Sie es sich genau überlegen, werden Sie sehen, dass Sie selbst ständig »Arbeitsaufträge geben«.

Wenn Sie Ihr Gemüse im Supermarkt um die Ecke kaufen, sorgen Sie dafür, dass dort Arbeitsplätze erhalten bleiben oder auch neue entstehen. Was erwarten Sie als derjenige, der »Arbeitsaufträge vergibt«? Sie möchten, dass man freundlich zu Ihnen ist. Sie verlangen eine gute Leistung zu günstigen Preisen; Sie haben den Anspruch, rasch bedient zu werden. Falls eine oder mehrere dieser Bedingungen nicht erfüllt werden, überlegen Sie es sich, in Zukunft lieber drei Kilometer weiter zum nächsten Verbrauchermarkt zu fahren, weil man dort kundenfreundlicher ist.

Ein weiteres Beispiel: Sie ziehen in eine neue Wohnung und brauchen eine neue Einbauküche. Da Sie in einer Großstadt leben, stehen Ihnen einige Dutzend Möbelhäuser zur Auswahl. Sie haben sich schon bei verschiedenen Händlern umgeschaut, und auch in den Prospekten, die Ihnen mit der Wochenendausgabe Ihrer Tageszeitung ins Haus flattern, gibt es interessante Angebote. Im Möbelladen und auf dem Papier sehen die Küchen großartig aus. Wer garantiert Ihnen aber, dass die Möbel pünktlich geliefert und fachgerecht aufgebaut werden und von hoher Qualität sind? Weil Sie sich nicht allein auf Werbesprüche verlassen wollen, hören Sie sich im Bekanntenkreis um und entscheiden sich schließlich für den Lieferanten, der vor ein paar Monaten bei einer Freundin von Ihnen die neue Küche eingebaut hat. Als Sie vor ein paar Tagen bei ihr eingeladen waren, konnten Sie sich mit eigenen Augen davon überzeugen, wie gut die Monteure des Möbelhändlers arbeiten.

Ein letztes Beispiel: Sie entscheiden sich kurzfristig, nach Sydney zu fliegen, und möchten nun den Flug buchen. Vor Ihnen liegt der Reiseteil Ihrer Zeitung mit den Angeboten und Telefonnummern verschiedener Reisebüros. Zunächst wollen Sie sich im Reisebüro A erkundigen. Die Dame am anderen Ende ist kurz angebunden: »Ich habe jetzt keine Zeit. Rufen Sie in einer Stunde wieder an.« Nächster Versuch im Reisebüro B. Dort nimmt man sich immerhin die Zeit, Sie über die »aktuellen Trends« zu informieren: »Nein, da muss ich gar nicht nachschauen. Im Moment fährt kein Mensch nach Australien. Da wird schon etwas frei sein. Kommen Sie in den nächsten Tagen einfach mal vorbei.« Erst in Reisebüro C geht man auf Ihre Wünsche ein: »Nennen Sie mir doch bitte die Daten für Hin- und Rückflug, Herr Müller. Wissen Sie schon, mit welcher Gesellschaft Sie fliegen möchten, oder soll ich schauen, welche Linien günstige Tarife und Abflugzeiten bieten? Wenn Sie möchten, rufe ich Sie in fünf Minuten zurück, dann habe ich die nötigen Informationen. Falls Sie heute keine Zeit haben, in unser Büro zu kommen, können wir Ihnen auch gerne für ein paar Tage die Plätze freihalten.« Keine Frage, wo Sie am Ende Ihren Flug buchen.

An diesen Beispielen ist sehr gut zu erkennen, worauf »Arbeitgeber« Wert legen: Sie wollen sympathische Mitarbeiter, die kompetent sind und sich für sie engagieren. Gern stellen sie Leute ein, die ihnen von Vertrauenspersonen empfohlen wurden. Auf diese Weise glauben sie, das Risiko einer Fehlentscheidung so gering wie möglich zu halten.

Es gibt also durchaus eine Hierarchie der Methoden, mit denen Arbeitgeber vorzugsweise freie Stellen besetzen. Oben auf der Liste steht das beliebteste Verfahren; auf die letzte Möglichkeit wird nur ungern zurückgegriffen:

- Ich möchte jemanden einstellen, dessen Arbeitsweise ich kenne (Beförderung eines Angestellten innerhalb des Betriebs; Festanstellung eines bisher freien Mitarbeiters).
- Ich möchte jemanden einstellen, der in mein Büro kommt und mir Arbeitsproben zeigt. Ich möchte jemanden einstellen, der mir von einem guten Freund empfohlen wird.
- Ich möchte jemanden für das Management einstellen, daher beauftrage ich einen »Headhunter«, herausragende Kandidaten zu finden, die zurzeit für andere Unternehmen arbeiten.
- Ich möchte für eine niedrigere Position jemanden einstellen, der vorab von anderen für mich »durchleuchtet« worden ist (entweder von einer privaten Arbeitsvermittlung oder der eigenen Personalabteilung).
- Ich werde mir Bewerbungsunterlagen anschauen, die unaufgefordert eingegangen sind.
- Ich suche jemanden über eine Stellenanzeige in einer Zeitung.

Es gibt auch eine Hierarchie der Auswahlkriterien, mittels derer Arbeitgeber vorzugsweise freie Stellen besetzen. Oben auf der Liste steht das für das Vorstellungsgespräch Wichtigste: die Sympathie:

- Mobilisiert der Bewerber *Sympathiegefühle*, kann man sich mit ihm »wohl fühlen« und passt er zum Team, zum Unternehmen (bzw. zur Institution)? Kurz gefragt: Stimmt die persönliche »Chemie«? Handelt es sich um die richtige Persönlichkeit?
- Was bewegt den Bewerber? Was sind seine Motive für Arbeitsplatz- und Aufgabenwahl? Ist er *motiviert*, Außerordentliches zur Verwirklichung von Unternehmens- bzw. Institutionszielen beizutragen?
- Verfügt er über die erforderlichen generellen wie fachlichen *Qualifikationsmerkmale* (Ausbildung/Berufserfahrung)?

Während *Sympathie* (wie auch Antipathie) bei einer ersten Begegnung sofort spontan affektiv spürbar ist, werden die Schlüsselmerkmale *Leistungsmotivation* und *Kompetenz* attribuiert. Da es sich um Merkmale handelt, die sich nicht unmittelbar mitteilen, sind hier wiederum Zutrauen und Vertrauen mit im Spiel.

Leistungsmotivation und Kompetenz offenbaren sich nicht so schnell wie das zentrale, auf die Persönlichkeit bezogene und auch durch unbewusste Faktoren mit gesteuerte Sympathiegefühl. Aus Bewerbersicht muss es daher Ziel sein, die drei Grundzüge »Persönlichkeit«, »Leistungsmotivation« und »Kompetenz« während des gesamten Bewerbungsverfahrens als Signale so »auszustrahlen«, dass sie beim Arbeitgeber »ankommen«.

Die Zauberformel – Sympathie mobilisieren

Das Gelingen oder Misslingen eines Vorstellungsgesprächs hängt entscheidend mit davon ab, wie sympathisch Sie auf den Auswähler (Arbeitgeber, Interviewer) wirken. Es geht um den berühmt-berüchtigten ersten Eindruck, in dem bei zwei Gesprächspartnern, die sich bisher unbekannt waren, die Weichen in Richtung einer positiven (Sympathie) oder negativen Gefühlsreaktion (Antipathie) gestellt werden.

So gesehen sind die ersten Minuten eines Vorstellungsgesprächs von entscheidender Bedeutung.

Die folgende Übersicht soll Ihnen auf einen Blick verdeutlichen, was Sympathie hervorruft bzw. verhindert:

Sympathie heißt Gefühl von …	Antipathie heißt Gefühl von …
Interesse an Ihrer Person	Desinteresse
Vertrauen	Misstrauen
positive Gefühle	negative Gefühle
Zuneigung	Abneigung
Wärme	Kälte
Gemeinsamkeiten	fehlende Gemeinsamkeiten
Attraktivität	Abstoßung
Schönheit	Hässlichsein
»gleiche Wellenlänge«	»andere Wellenlänge«
Zugewandtheit	Abgewandtheit

Sympathie **wird eher mobilisiert durch …**	**Antipathie** **wird eher mobilisiert durch …**
Anpassung	mangelnde Anpassung
Charisma	fehlendes Charisma
Freundlichkeit	Unfreundlichkeit
Höflichkeit	Unhöflichkeit
Gelassenheit	Nervosität
Ruhe	Unruhe
Selbstsicherheit	Selbstunsicherheit
Geduld	Ungeduld
Toleranz	Intoleranz
Gleichberechtigung	Dominanz-/Machtstreben
Gewährenlassen (Freiheit)	Beherrschung (Unfreiheit)
Attraktivität	abstoßendes Äußeres
Schönheit	Hässlichsein
Gewandtheit	Unsicherheit
Entspanntheit	Gespanntheit
gleiche/ähnliche Interessen/Hobbys	stark unterschiedliche Interessen/Hobbys

Zur Mobilisierung von Sympathiegefühlen kommt es immer dann, wenn Ihr Gegenüber den (ersten) Eindruck und die Hoffnung gewinnt, dass Sie einen Beitrag zu seiner Bedürfnisbefriedigung (Erfolg, Macht etc.) leisten können.

Umgekehrt: Das Gefühl der Antipathie basiert auf dem Eindruck, dass der/die andere zur eigenen Bedürfnisbefriedigung keinen oder einen zu geringen Beitrag leisten kann.

Sympathiefördernd sind vor allem Identifizierungsprozesse (»Mein Gegenüber ist ja genauso/ähnlich wie ich«) und biografische Gemeinsamkeiten (z.B. bezüglich früherer Wohnorte, Ausbildungsinstitutionen und Arbeitgeber).

Wer leistungsmotiviert und kompetent wirkt, macht sich zusätzlich zu seinen sonstigen Persönlichkeitsmerkmalen sympathisch. Damit sind auch diese weiteren zentralen Faktoren im Vorstellungsgespräch – Leistungsmotivation und Kompetenz als »flankierende Aspekte« – mit angesprochen und einbezogen. Sie sind quasi die »Geschwister« der Sympathie.

Dem Bewerber zugeschriebene Leistungsmotivation und Kompetenz tragen beim Interviewer dazu bei, sein Bedürfnis nach Erfolg zu realisieren. Für den Interviewer besteht Erfolg bereits darin, einen Kandidaten empfohlen zu haben, der den Posten bekommt und sich später bewährt.

Wie sieht's mit Ihrer Einstellung aus?

Für das Wort Einstellung könnten wir auch Haltung oder Wertvorstellung sagen. Es überrascht auch nicht, dass Arbeitgeber auf die Frage, weshalb sie sich gegen einen bestimmten Bewerber entschieden haben, immer wieder Folgendes antworten: »Er hatte wirklich ein Problem mit seiner Einstellung bei …« Oder: »Ich mochte ihre Einstellung nicht.« Oder: »Ich hatte das Gefühl, dass seine Einstellung miserabel war.« Also muss man als Erstes die eigene Einstellung, die mentale Haltung, das persönliche Wertesystem unter die Lupe nehmen und (falls notwendig) ändern.

Ihre Einstellung entscheidet darüber, wie Ihre Persönlichkeit auf andere Menschen wirkt. Ein Arbeitgeber entscheidet sofort, ob Sie ihm sympathisch sind, ob Sie offen sind für die Interessen und Bedürfnisse Ihrer Mitmenschen oder ob Sie nur mit sich selbst beschäftigt sind. Er sieht, ob Sie Energie und Enthusiasmus ausstrahlen oder mürrisch sind und es bequem lieben; ob Sie unzufrieden oder ausgeglichen, extravertiert oder introvertiert, kommunikativ oder einsilbig sind. Ein Arbeitgeber hat ein Gespür dafür, ob Sie etwas zu bieten haben oder nur fordern, ob Sie bereit sind, alles zu geben oder gerade das Nötigste erledigen wollen.

Lieber stellt ein Arbeitgeber jemanden mit geringerer Qualifikation, aber der richtigen Einstellung, als den unsympathischen Hochqualifizierten ein, denn er weiß aus Erfahrung, dass er sehr bald das Bedürfnis verspüren würde, den Unsympathischen, vielleicht auch weniger Motivierten zu entlassen. Daher ist er vom ersten Moment an überempfindlich, was Ihre Einstellung angeht.

Was können Sie für das Unternehmen tun?

Zeigen Sie deutlich, was Sie für das Unternehmen tun können, und fragen Sie nicht als Erstes, was der Arbeitsplatzanbieter Ihnen zu bieten hat. Vermitteln Sie den Eindruck, dass Sie Probleme lösen können.

Versuchen Sie sich vorzustellen, was Arbeitsplatzanbieter hassen – Angestellte, die zu spät kommen, sich häufig frei nehmen, nur ihre eigenen Ziele verfolgen –, und verdeutlichen Sie Ihrem Gegenüber, dass Sie genau das Gegenteil sind. Zeigen Sie, wie Sie Effektivität und Produktivität des Unternehmens steigern wollen.

Für jeden Betrieb stehen zwei Dinge im Vordergrund: Probleme, die sich täglich stellen, und Mitarbeiter, die diese Schwierigkeiten beseitigen. Daher will der Personalentscheider im Vorstellungsgespräch herausfinden, ob Sie etwas zu Lösungen beitragen können oder Teil des Problems sein werden.

Unternehmer suchen Mitarbeiter, die pünktlich eintreffen und bis Dienstschluss oder länger bleiben; auf die man sich verlassen kann; die die richtige Arbeitseinstellung haben. Sie brauchen Angestellte mit Schwung, Energie und Enthusiasmus; Angestellte, die nicht nur auf die nächste Gehaltsüberweisung warten; die diszipliniert, organisiert und hoch motiviert sind; die ihre Zeit richtig einteilen; die gut mit Menschen und Sprache umzugehen wissen und mit neuen Technologien vertraut sind. Arbeitgeber erwarten von ihren Angestellten, dass sie gern im Team arbeiten; sich neuen Situationen schnell anpassen; lernfähig sind; projekt- und zielorientiert planen; Probleme lösen und kreativ sind; dem Unternehmen Loyalität entgegenbringen; Gelegenheiten nutzen und Trends erkennen. Schließlich wollen Arbeitsplatzanbieter Personal, das mehr einbringt, als es kostet. Zeigen Sie, dass Sie diese Kriterien erfüllen.

Anforderungsprofile für Führungskräfte

Streben Sie eine Funktion als Führungskraft an? Dann gelten generell sicherlich auch die eben genannten Aspekte, darüber hinaus erwartet Ihr Arbeitsplatzanbieter aber noch einiges mehr.

Zunächst zu den wesentlichen Aufgaben von Führungskräften, die man zu zehn Punkten zusammenfassen kann:

- Innovationsfunktion
- Zielsetzungs- und Planungsfunktion
- Delegationsfunktion
- Koordinationsfunktion
- Entscheidungsfunktion
- Motivationsfunktion
- Kontrollfunktion
- Informationsfunktion
- Repräsentationsfunktion
- Personalbetreuungs- und -auslesefunktion

Es folgt nun ein detailliertes Anforderungsprofil übrigens nicht nur für Führungskräfte, systematisiert nach den drei Aspekten Persönlichkeit, Leistungsmotivation und Kompetenz:

Persönlichkeit

1. Anforderungen an das Interaktionsverhalten
   - Kontaktfähigkeit
   - Kooperationsfähigkeit
   - Verhandlungsgeschick
   - Durchsetzungsfähigkeit
   - Motivationsfähigkeit
   - Kontrollfähigkeit
   - Personalbetreuungs- und -auslesefähigkeiten
   - Informationsbereitschaft

2. Anforderungen an die Selbstständigkeit
   - Zielstrebigkeit
   - Selbstbewusstsein
   - Verantwortungsbewusstsein und -bereitschaft
   - Kritikfähigkeit
   - Zuverlässigkeit

3. Anforderungen an das Entscheidungsverhalten
   - Risikobereitschaft
   - Entscheidungskompetenz

4. Anforderungen an Delegationsbereitschaft und -verhalten
   - Informationsfähigkeit und -bereitschaft

5. Anforderungen an die Belastbarkeit
   - Stresstoleranz
   - Vitalität

6. Anforderungen an die Flexibilität

7. Anforderungen an das Repräsentationsvermögen

Leistungsmotivation

1. Anforderungen an die Zielstrebigkeit
   - Durchhaltevermögen
   - Durchsetzungsvermögen
   - Frustrationstoleranz

    – Erfolgsorientierung
    – Vitalität

2. Anforderungen an die intrinsische Motivation
    – Idealismus
    – Identifikationsbereitschaft mit Unternehmen/Institutionszielen

3. Anforderungen an die extrinsische Motivierbarkeit
    – gesunder Materialismus

4. Anforderungen an die physische Fitness
    – gesundheitliches Wohlbefinden

5. Anforderungen an die psychische Konstitution
    – weitgehend unneurotische Persönlichkeitsstruktur

6. Anforderungen an die Selbstkontrollfähigkeiten
    – Autonomie
    – Zuverlässigkeit
    – Selbstdisziplin

7. Anforderungen an systematische Arbeitsorganisation
    – Zieldefinitionsfähigkeit
    – Arbeitseffizienz
    – Kosten-Nutzen-Bewusstsein
(Natürlich gibt es hier Überschneidungen mit den vorher unter »Persönlichkeit« aufgeführten Anforderungsmerkmalen.)

Positionsbezogene Kompetenzanforderungen
1. Bildungsanforderungen
    – Schulbildung
    – berufliche Grundausbildung
    – Fremdsprachenkenntnisse
    – Lern- und Weiterbildungsbereitschaft

2. Berufsspezifische Anforderungen
    – beruflicher Werdegang
    – Berufserfahrung

- Branchenkenntnisse
- Produktkenntnisse

3. Aufgabenspezifische Anforderungen
   - Routineresistenz
   - Kreativität
   - Planungs- und Organisationsfähigkeit
   - Koordinationsfähigkeit
   - Problembewusstsein
   - Problemlösungsfähigkeit
   - Ausdrucksfähigkeit (verbal/schriftlich)
   - technisches Verständnis
   - künstlerische Begabung
   - manuelles Geschick

4. Unternehmensspezifische Anforderungen
   - unternehmenspolitische Anforderungen
   - Führungsstil
   - Normensystem/Unternehmenskultur
   - sozial-gesellschaftliche Normen
   - religiöse ...
   - politische ...
   - familiäre ...
   - gesetzliche ...
   - mitarbeiterorientierte ...
   - unternehmenszielorientierte Anforderungen

Es ist leicht einzusehen, dass Persönlichkeit, Leistungsmotivation und Kompetenz nicht konsequent isoliert voneinander betrachtet werden können. Trotzdem ist es sehr hilfreich, sich diesen drei wichtigen Aspekten zunächst einmal einzeln zu widmen.

Anforderungsprofile im Spiegel von Stellenanzeigen

Eine Durchsicht der Anforderungen an Führungskräfte, wie sie sich in Stellenangeboten von *FAZ*-Wochenendausgaben finden, zeigt ein hohes Maß an Übereinstimmung bezüglich der wichtigsten erwünschten Eigenschaften, die Bewerber auszeichnen sollen. Diese Merkmale sind interessanterweise weitgehend unabhängig von der jeweiligen Branche und der speziell zu besetzenden Position.

Die geforderten Qualifikationsmerkmale stimmen auch mit unserer Systematisierung »Persönlichkeit, Leistungsmotivation und Kompetenz« überein.

Im Mittelpunkt des Arbeitgeberinteresses stehen dabei Anforderungen an die Persönlichkeit des Bewerbers. So heißt es etwa:

Wir suchen eine engagierte und erfolgreiche Persönlichkeit.

Die menschliche Qualifikation unserer Mitarbeiter ist uns sehr wichtig. ... Erfolg und Menschlichkeit stehen bei uns in engem Zusammenhang.

... persönliche Ausstrahlung, sicheres Auftreten ...

Die Aufgabe erfordert Kontaktfähigkeit, sicheres Auftreten und Durchsetzungsvermögen.

Persönlich sollten Sie durch Eigeninitiative, Engagement und Freude an selbstständiger Arbeit überzeugen sowie Kooperationsbereitschaft mitbringen.

Persönlich ist er aktiv, engagiert, zuverlässig und kostenbewusst.

Diese in hohem Maße eigenverantwortliche Position erfordert eine dynamische Person, die mit Engagement und Energie unsere anspruchsvollen Unternehmensziele verwirklicht.

In persönlicher Hinsicht erwarten wir Kontaktfreudigkeit, Initiative, Durchsetzungsvermögen sowie eine gewandte und prägnante Ausdrucksweise in schriftlicher und mündlicher Form.

Immer wieder werden Anforderungen an die Persönlichkeit mit Leistungsvariablen kombiniert. Der zweite Aussagepunkt ist *Leistungsmotivation.* Erwünscht ist vor allem die Bereitschaft, etwas Außerordentliches zu leisten:

Einsatzbereitschaft und der Wille zum Erfolg

Die Realisierbarkeit von Konzepten, Abstraktionsfähigkeit und überdurchschnittliches Engagement, verbunden mit hoher Mobilität, haben Sie unter Beweis gestellt.

Kontaktfähigkeit und Verhandlungsgeschick, sehr gute analytische Fähigkeiten, hohe Leistungsbereitschaft, ausgeprägte Argumentationsfähigkeit und Durchsetzungskraft, Freude an Teamarbeit und die Fähigkeit, komplexe Zusammenhänge einfach darzustellen.

Sie passen am besten in unser junges Team, wenn Sie
- *überdurchschnittlich engagiert sind;*
- *Initiative und Aufgeschlossenheit zeigen;*
- *eigene Ideen entwickeln können;*
- *selbstständig arbeiten können;*
- *Mobilität besitzen.*

Belastbarkeit, Eigeninitiative, Wunsch nach selbstständigem Arbeiten, Fähigkeiten zu konzeptionellem und kreativem Denken.

Die weiteren Anzeigentexte vermischen noch stärker als die vorangegangenen Beispiele Persönlichkeitsmerkmale und Leistungsorientierung. Es werden zusätzlich *Kompetenzmerkmale* angesprochen, die vor allem Führungsfähigkeit implizieren:

Unsere Kunden erwarten
- *fachliche Kompetenz durch ein abgeschlossenes Studium, einschlägige, mehrjährige Berufserfahrung und Kenntnisse in der Personalwirtschaft/Organisation;*
- *soziale Kompetenz durch die Fähigkeit, Führungskräfte und Spezialisten situationsgerecht zu beraten sowie Gruppenprozesse zu steuern und zu begleiten;*
- *methodische Kompetenz durch das Beherrschen moderner Führungs-, Moderations- und Organisationsmethoden.*

Beherrschung des Managementinstrumentariums, konzeptionelles und analytisches Denken, Motivationsfähigkeit und Durchsetzungsvermögen sowie Verhandlungsgeschick. »Unser Mann« überzeugt durch Fachkompetenz, zupackenden mittelständischen Arbeitsstil und zielorientierte Führung.

Kreativität, Überzeugungs- und Führungsstärke werden ebenso vorausgesetzt wie die Fähigkeit zu positiver Zusammenarbeit.

Ihr Profil: Handfestes Organisationsgeschick, konzeptionelles Denken, Integrationsfähigkeit, hohes Maß an Einsatzbereitschaft.

... die Fähigkeit, analytisch, konzeptionell und operativ zu arbeiten, sowohl allein als auch im Team.

... die Fähigkeit, Mitarbeiter kooperativ zu führen und zu motivieren, eine zielstrebige, analytisch-konzeptionelle Arbeitsweise, viel Eigeninitiative und Ideenreichtum, Verhandlungs- und Organisationsgeschick sowie ein sehr gutes Ausdrucksvermögen.

... Projekte ergebnisorientiert planen und organisieren sowie die einzelnen Maßnahmen mit Eigeninitiative, Elan und Durchsetzungsvermögen umsetzen.

... qualifiziert und verantwortungsbewusst

... analytischer Verstand, Verhandlungsgeschick, gute organisatorische Fähigkeiten

Fassen wir noch einmal zusammen: Die drei entscheidenden Faktoren für den Bewerbungserfolg sind ohne Zweifel Persönlichkeit, Leistungsmotivation und Kompetenz. Diese Schlüsselwörter bestimmen, inwieweit der Kandidat auch das restliche Anforderungsprofil erfüllt. Dabei geht es im Einzelnen besonders um systematisch-zielorientiertes Denken und Handeln, ein gutes Aktivitätspotenzial, sichere Ausdrucksfähigkeit und soziale Kompetenz.

Networking

Die Erkenntnis, dass wir ohne die Hilfe von anderen nicht auskommen, ist so alt wie die Menschheit selbst. Trotzdem wollen wir Ihnen im Folgenden noch einmal vor Augen führen, wie wichtig es ist, gerade bei der Arbeitsuche auf eine Vielzahl von Kontakten zurückgreifen zu können.

Auch im deutschen Sprachraum fällt in diesem Zusammenhang immer häufiger das Stichwort *Networking*, was im Grunde nichts anderes bedeutet als Beziehungen aufzubauen, zu pflegen und zu nutzen.

Ihre Mitmenschen sind der Schlüssel zum beruflichen Erfolg. Zum einen erfahren Sie aus Ihrem privaten Umfeld häufig von freien Stellen, lange bevor diese als Stellenanzeigen in Tageszeitungen erscheinen, zum anderen stellen Arbeitgeber mit Vorliebe Bewerber ein, die ihnen von guten Freunden oder Bekannten empfohlen werden. Was liegt da also näher, als auf diesem Weg eine Brücke zu Ihrem Wunsch-Arbeitgeber zu bauen?

Die persönliche Empfehlung

Sie setzt voraus, dass Sie Leute kennen, die Sie mögen, die sich für Sie einsetzen und die bereit sind, Sie zu fördern. Ohne entsprechende »Macht«-Position ist das natürlich nicht möglich. Wenn andere Beziehungen für einen spielen lassen, ist das nicht zu unterschätzen.

Vielleicht verfügen Sie schon über besondere Beziehungen (»Vitamin B«). Wenn nicht, sorgen Sie dafür, dass sie entstehen, zum Beispiel durch Verwandte, Bekannte, Freunde, Freunde der Freunde, Exkollegen, Ausbilder oder Vorgesetzte. Der Fantasie sind keine Grenzen gesetzt. Und wenn Sie keiner empfiehlt, empfehlen Sie sich selbst. Das (Berufs-)Leben schafft Kontakte, sei es zum Beispiel auf Messen, Kongressen, Tagungen, bei Verkaufskontakten oder Forschungsvorhaben.

Aufbau eines Beziehungsnetzes

Sie müssen mit möglichst vielen Leuten reden, damit Sie Reaktionen auf Ihre Vorstellungen bekommen. Nur wer mit anderen Leuten spricht, findet heraus, welchen Wert seine Interessen, Kenntnisse und Erfahrungen für die geplante Karriere haben. Diese frühzeitige Einschätzung hilft Ihnen, Zeit und Mühen zu sparen, die Sie sonst für die Suche nach einem Job eingesetzt hätten, der für Sie vielleicht gar nicht infrage kommt.

Nutzen Sie besonders in der Bewerbungsphase jede Gelegenheit, neue Kontakte zu knüpfen. Bei Ihren Gesprächen erhalten Sie häufig sehr hilfreiche Informationen, die Sie sich unmöglich alle merken können. Versäumen Sie es daher nicht, eine Kartei anzulegen. Schreiben Sie Namen, Adressen und Telefonnummern Ihrer Kontaktpersonen auf Karteikarten oder besser in Ihren PC. Sie sollten diese Informationen unbedingt regelmäßig durchsehen und sie aktualisieren.

Warum Netzwerke so wichtig sind

Über beinahe jede freie Stelle sprechen die Verantwortlichen zunächst mit Freunden oder Geschäftspartnern, bevor die Position öffentlich ausgeschrieben wird. Wenn jemand befördert, entlassen oder versetzt wird, ist dies eine Zeit lang nur einem kleinen Kreis von Leuten bekannt.

Zuerst redet man in der Abteilung über die anstehende Veränderung, dann werden die nächsthöheren Vorgesetzten informiert und um Zustimmung gebeten. Anschließend wird man überlegen, welche hausinternen Mitarbeiter für eine Beförderung infrage kommen. Erst nach diesen Erwägungen schaltet man die Personalabteilung ein, wo man sich dann für oder gegen eine Stellenanzeige oder den Einsatz eines externen Personalberaters entscheiden wird.

Viele neue Arbeitsplätze entstehen, ohne dass irgend jemand in der Öffentlichkeit davon erfährt. Als Arbeitsuchender muss es Ihnen daher gelingen, diese Informationskreise zu finden und in sie einzudringen. Sie sollten auf Ihre Kenntnisse und Leistungen aufmerksam machen, bevor Sie mit 500 anderen Bewerbern auf eine Annonce in der Zeitung antworten müssen.

Sie erreichen dieses Ziel, indem Sie Kontakte zu möglichst vielen Menschen knüpfen, bis Sie letztendlich auf Leute treffen, die von interessanten freien Stellen gehört haben. Sind Sie erst einmal Teil dieses Informationsnetzes, haben Sie einen enormen Vorteil gegenüber anderen Kandidaten.

Ziel Ihrer Netzwerkstrategie muss es natürlich sein, auf Leute zu treffen, für die Sie und mit denen Sie gern arbeiten würden. Aber auch die Menschen, die Ihnen auf dem Weg dorthin begegnen, sollten Teil Ihres Netzwerkes werden, denn Zufälle spielen eine wichtige Rolle beim Informationsfluss. Der entscheidende Hinweis auf einen Arbeitsplatz kann von jedem aus Ihrer Umgebung kommen.

Zeigen Sie Ihren Mitmenschen, dass sie Ihnen wichtig sind

Stellen Sie sicher, dass Menschen, deren Hilfe Sie eines Tages brauchen werden, wissen, dass Sie sie um ihrer selbst willen mögen. Sie sollten sich also lange bevor Sie sich beruflich verändern wollen, Zeit für Ihre Mitmenschen nehmen. Mit Freunden, die in der Nähe wohnen, können Sie sich regelmäßig treffen. Bei Bekannten, die weiter entfernt wohnen, melden Sie sich in bestimmten Abständen telefonisch oder per Post.

Bitten Sie nicht aus heiterem Himmel Leute um Hilfe bei Ihrer Arbeitsuche, für die Sie sich jahrelang nicht interessiert hatten. Es wird nicht funktionieren, sich nach zehn Jahren bei einem alten Klassenkameraden zu melden: »Hallo Klaus, wie geht es dir? Ich will mich jetzt in der Firma XY bewerben. Sag mal, ist dein Vater dort eigentlich immer noch Prokurist? Ruf ihn doch bitte mal an und leg ein gutes Wort für mich ein.«

Sie können sicher sein, dass Ihr Schulfreund mit seinem Vater über Sie sprechen wird. Er wird ihm allerdings nach Ihrem merkwürdigen Anruf nichts Positives über Sie berichten, denn die Botschaft, die hinter solch einer Aktion steckt, ist eindeutig: Der Klassenkamerad ist Ihnen absolut gleichgültig, aber nun »darf« er Ihnen einen Gefallen tun. Hüten Sie sich also davor, als jemand abgestempelt zu werden, der andere nur benutzt. Freundschaften funktionieren nur, wenn man sich gegenseitig hilft.

Im Mittelpunkt Ihres Beziehungsnetzes müssen also Menschen stehen, die Sie schon lange kennen, die Ihnen sympathisch sind und auf die Sie sich verlassen können. Dieser enge Kreis sollte mit der Zeit um neue Mitglieder erweitert werden. Wichtig sind starke Verbindungen. Natürlich ist es gut, auf viele Kontakte zurückgreifen zu können, wenn man sich beruflich verändern will. Allerdings kann man Unterstützung nur von denjenigen erwarten, die einen zuvor als freundlichen und hilfsbereiten Mitmenschen erlebt haben.

Beziehungen nutzen

Sie sollten jetzt alle Bekannten auf eine Liste schreiben, die Ihnen später in Ihrer Karriere oder bei der Arbeitsuche helfen können: Zunächst einmal Menschen, die in dem angestrebten Gebiet tätig sind. Darüber hinaus Leute, deren Namen Ihnen von anderen genannt werden. Sprechen Sie ruhig auch bei privaten Anlässen über Ihre Pläne. Vielleicht treffen Sie auf jemanden, der eine Idee hat, wo jemand mit Ihren Fähigkeiten gebraucht wird. Sie brauchen zunächst Ratschläge, Empfehlungen und ungezwungene Treffen.

Fragen Sie jeden Ihrer Gesprächspartner: »Kennen Sie jemanden, der in der Firma XY arbeitet oder gearbeitet hat?« Wenn Sie auf jemanden treffen, der die Frage mit »Ja« beantwortet, erkundigen Sie sich nach Namen und Telefonnummer der Person, die für XY arbeitet. Wenn Sie Glück haben, ist Ihr Bekannter bereit, diesen Menschen anzurufen und zu sagen, wer Sie sind.

Doch bevor Sie jetzt einfach drauflos telefonieren, sollten Sie sich über diese Person gründlich informieren. Nützliche Informationen sind etwa folgende:

Beruflicher Hintergrund
- Genauer Titel
- Beschäftigungsfeld (z. B. Produktmanager, Verwaltungsleiter, Verkaufsleiter, Personalchef – Was macht diese Person?)
- Aktivitätsstand (Ist er sehr beschäftigt? Wie schwer ist es, an ihn heranzukommen? Ist er entspannt und umgänglich?)

- Lebenslauf (Welche Grundausbildung hat er, welche Universität besuchte er? Für welches Unternehmen hat er vorher gearbeitet? Gibt es Parallelen zwischen seinem und Ihrem Lebenslauf?)
- Vereine/Verbindungen (Welchen Organisationen gehört er an?)
- Wie passt diese Person in das Gesamtbild, das Sie vom Unternehmen haben?

Persönlicher Hintergrund
- Wurde über den Manager, den Sie erreichen wollen, in letzter Zeit in den Medien berichtet? Wenn ja, ergibt sich aus diesen Meldungen ein interessantes Gesprächsthema?
- Seit wann lebt er in der Stadt? Je länger er dort wohnt, desto mehr Leute werden ihn kennen.

Anschließend rufen Sie selbst die Person, die für das Unternehmen XY arbeitet, an und bitten um ein kurzes Gespräch. Nach Austausch der üblichen Höflichkeitsfloskeln kommen Sie dann auf Ihr Anliegen zu sprechen.

Versuchen Sie es mit folgenden Fragen:

- Wie fanden Sie den Einstieg in Ihr Berufsfeld, in diese spezielle Position?
- Was gefällt Ihnen an Ihrem Beruf am besten?
- Was stört Sie am meisten an Ihrer Arbeit?
- Mit wem, der ebenfalls in diesem Bereich arbeitet, sollte ich noch reden?

Da Ihr Gesprächspartner die Organisation XY von innen kennt, wird er Ihnen vor allem eins beantworten können: »Wer stellt in der Firma XY das Personal für den Bereich ein, in dem ich arbeiten möchte?« Fragen Sie nicht nur nach Namen, Adresse, Telefonnummer des Verantwortlichen, sondern auch nach seinem genauen Aufgabenbereich, seinem Befragungsstil und eventuellen besonderen persönlichen, charakterlichen Eigenschaften.

Bitten Sie die Kontaktperson, Ihnen dabei zu helfen, einen Termin für ein Vorstellungsgespräch zu bekommen. Erkundigen Sie sich bei ihr, ob es in ihren Augen Sinn macht, dass Sie sich in dem Unternehmen bewerben. Fragen Sie sie, ob sie bereit ist, dem Personalchef von Ihnen zu erzählen und eventuell einen Gesprächstermin für Sie zu vereinbaren. Stellen Sie gegen Ende des Gesprächs allgemeine Fragen zum Unternehmen. Am Schluss bedanken Sie sich bei Ihrer Kontaktperson und verabschieden sich.

Zusammengefasst: Die Grundregeln des Networking

- Bleiben Sie in ständigem Kontakt zu Menschen, die in Ihrem Fachgebiet arbeiten. Nur so stellen Sie sicher, dass Sie nicht panisch versuchen müssen, längst vergessene Bekanntschaften zu reaktivieren, wenn Sie einen neuen Job suchen.
- Überall ergeben sich Gelegenheiten, neue Kontakte zu knüpfen und sich zu informieren. Sperren Sie also Augen und Ohren auf, sei es nun auf Partys, beim Einkaufen, im Urlaub oder auf dem Flughafen.
- Seien Sie aufrichtig und direkt. Wenn Sie Unterstützung brauchen, sagen Sie dies dem anderen geradeheraus und täuschen Sie keine Freundschaft vor, die nicht (mehr) existiert. Niemand ist dumm genug, Ihnen solche Taktiken abzukaufen.
- Bedanken Sie sich bei denjenigen, die wichtige Kontakte für Sie herstellten oder Ihnen Hinweise gaben, entweder schriftlich oder telefonisch.
- Führen Sie Buch darüber (oder verwenden Sie Karteikarten bzw. nutzen Sie Ihren PC), wann Sie mit wem über berufliche Belange gesprochen haben.

Vergessen Sie nie: Wenn Kontakte zu Arbeitgebern durch Empfehlung von gemeinsamen Bekannten zustande kommen, verschafft Ihnen diese Unterstützung einen enormen Vorsprung.

Sie wissen jetzt, wie hilfreich die richtigen Kontakte sein können. Arbeitsplatzanbieter-Fantasien sind Ihnen nicht mehr unbekannt, und Sie kennen die essenziellen Weichensteller für die erfolgreiche Eroberung des favorisierten Jobs: Kompetenz, Leistungsmotivation und Persönlichkeit. Nur wie diese im Vorstellungsgespräch auch überzeugend zu vermitteln sind, muss nun noch erläutert werden.

Soziale Kompetenz

Ihre Fähigkeiten und Fachkenntnisse haben Sie bereits ausführlich aufgelistet. Vielleicht können Sie Computer programmieren, Jahresabschlüsse analysieren oder Cocktails mixen. Aber zu einer erfolgreichen Karriere gehört mehr – natürlich die richtige Persönlichkeit oder anders ausgedrückt: soziale Kompetenz. Ohne diese sind Konflikte mit künftigen Kollegen, Klienten oder Chefs vorprogrammiert.

Unter sozialer Kompetenz versteht man vor allem die Fähigkeit, die zwischenmenschlichen Beziehungen – sei es nun verbal oder nonverbal – konstruktiv und für alle Beteiligten zufriedenstellend zu gestalten. Das Fundament der sozialen Kompetenz bildet die soziale Intelligenz.

Der Intelligenzforscher Edward L. Thorndike definierte die soziale Intelligenz bereits in den 20er-Jahren als »die Fähigkeit, andere zu verstehen und in menschlichen Beziehungen klug zu handeln«. Soziale Intelligenz ist also die Sensibilität, auf Stimmungen, Motive und Intentionen anderer Menschen konstruktiv eingehen zu können.

In der sich stetig weiterentwickelnden Dienstleistungs- und Informationsgesellschaft rückt die soziale Kompetenz immer mehr in den Mittelpunkt, da der Mensch selbst zunehmend zum Wirtschaftsprodukt wird. Sensibilität, Kommunikationsfähigkeit und Teamgeist erobern sich den Stellenwert zurück, den sie vor der industriellen Revolution hatten.

Soziale Kompetenz setzt sich aus folgenden Kernpunkten zusammen:

Sensibilität
- Einfühlungsvermögen: Probleme und Gefühle anderer erkennen und berücksichtigen;
- realistische Einschätzung der Wirkung der eigenen Person auf andere.

Kontaktfähigkeit
- auf andere Menschen zugehen können, Kommunikationsbereitschaft zeigen, andere am Gespräch teilhaben lassen;
- Offenheit bei eigenen Zielen, Absichten und Methoden;
- vertrauensvoller und hilfsbereiter Umgang mit anderen.

Kooperationsfähigkeit
- Aufgreifen und Weiterführen der Ideen anderer;
- sich nicht auf Kosten anderer profilieren;
- den eigenen Erfolg mit anderen teilen können;
- Verzicht auf Konkurrenzdenken, Machtinteressen und Rivalität.

Integrationsvermögen
- Ursachen von Konflikten erkennen und für alle Beteiligte akzeptable Lösungen anstreben;
- unterschiedliche Interessen zielgerichtet kanalisieren, ohne dabei eigene Konzepte zu vernachlässigen.

Informationsbereitschaft
- andere mit Informationen versorgen;
- wichtige Informationen nicht zurückhalten;
- zuhören können und Zeit für Gespräche haben.

Selbstdisziplin/Frustrationstoleranz
- auf persönliche Angriffe angemessen und nicht zu aggressiv reagieren;
- andere nicht provozieren und sich selbst nicht provozieren lassen;
- in seiner Stimmungslage berechenbar sein.

Soziale Kompetenz kann man durchaus trainieren. Es ist möglich, soziale Fähigkeiten weiterzuentwickeln und zu verbessern. Auf diese Weise wird man Kommunikations- und Konfliktsituationen leichter bewältigen. Psychotherapeuten sprechen in diesem Zusammenhang vom »Training sozialer Kompetenz« (TSK). Dazu wird in Rollenspielen und Verhaltens- und Nachahmungsübungen einzeln oder auch in Gruppen der individuelle Sozialcharakter gefestigt und somit Selbstbewusstsein und Selbstsicherheit gestärkt.

Zusammengefasst ist die soziale Kompetenz das Ausmaß, in dem ein Mensch in der Interaktion mit anderen im privaten, beruflichen und gesellschaftlichen Kontext selbstständig, umsichtig und konstruktiv zu handeln vermag. Dabei geht es um die Fähigkeit, zwischenmenschliche Kommunikation und Interaktion optimal zu gestalten. Die Schlüsselqualifikationen hierfür sind Einfühlungsvermögen, Kommunikations- und Teamfähigkeit sowie Konfliktlösungskompetenz. Dies alles sollte in Ihren Berufsorientierungs-, Auswahl- und Bewerbungsprozess mit einfließen.

Neben der sozialen Intelligenz hat die Intelligenzforschung in den letzten

Jahren noch ein weiteres Konzept entwickelt, das in diesem Zusammenhang von Bedeutung ist:

Erfolgsintelligenz

Der amerikanische Psychologe Robert J. Sternberg zeigt in seinem Buch *Erfolgsintelligenz*, wie Erfolg erarbeitet werden kann. Sternberg unterscheidet hierbei zunächst zwischen analytischer, kreativer und praktischer Intelligenz. Mit analytischer Intelligenz werden Probleme gelöst; kreative Intelligenz lässt gute Ideen entstehen, die sich jedoch ohne praktische Intelligenz gar nicht verwirklichen ließen. Niemand erreicht in allen drei Intelligenzformen Höchstwerte. Die Kunst liegt darin, Stärken zu betonen und damit Schwächen zu kompensieren.

Eines ist klar: Erfolg – und somit auch beruflicher Erfolg – ist subjektiv. Während der eine es als Erfolg wertet, als Sozialarbeiter den Besuchern einer Altentagesstätte mit einer gut organisierten Weihnachtsfeier ein paar schöne Stunden zu bereiten, bedeutet Erfolg für den anderen, Teppichböden für fünf Millionen Mark verkauft zu haben.

Emotionale, soziale und logisch-analytische Intelligenz gepaart mit Bildung bieten zusammen noch keine wirkliche Garantie dafür, dass die gesteckten Ziele im Leben auch wirklich erreicht werden können. Zur Umsetzung dieser Fähigkeiten bedarf es einer weiteren wichtigen Komponente, eben der Erfolgsintelligenz.

Hierzu ein überzeichnetes, aber sehr anschauliches Beispiel:

> Zwei Touristen befinden sich auf einer Fotosafari im Süden Afrikas. Obwohl sie zusammen reisen, sind sie doch sehr unterschiedliche Menschen: Der eine, nennen wir ihn Sebastian Schmidt, ist angehender Jurastudent, hatte sehr gute Abiturnoten und besitzt ein gesundes Selbstbewusstsein; Marcus Müller, der andere, wurde wegen schlechter Schulnoten vom Gymnasium verwiesen und hält sich zurzeit mit Gelegenheitsjobs einigermaßen gut über Wasser.
> Auf der Suche nach einem ansprechenden Fotomotiv haben sich die zwei weit von ihrem Jeep entfernt, als sie unverhofft einem ausgehungerten Löwen gegenüberstehen, der ihnen augenblicklich anzeigt, dass er sich diese Beute nicht entgehen lassen wird. Schmidt erkennt sofort, dass der

Löwe die Distanz zu ihnen in weniger als 30 Sekunden zurückgelegt haben wird und es bis zum Fahrzeug mehr als zwei Minuten wären. Er bleibt wie gelähmt stehen, während Müller seine Trekkingschuhe auszieht und in seine mitgebrachten Sportschuhe schlüpft. Panisch herrscht Schmidt ihn an: »Was soll der Quatsch? Wir können doch nicht schneller als ein Löwe rennen!« Müller jedoch entgegnet ihm lächelnd: »Schneller als ein Löwe? Nein, ich muss ja auch nur schneller rennen als du.«

Auf drastische Weise wird hier verdeutlicht, welcher Art erfolgreiches Handeln sein muss. Während Schmidt die Situation zwar richtig analysiert, aber kraft seines Wissens eine Ausweglosigkeit diagnostiziert hat, findet Müller einen praktikablen und ideenreichen Weg zur Lösung seines Problems. Er beweist damit so etwas wie Erfolgsintelligenz, wenn auch auf Kosten eines Freundes.

Machen Sie sich bewusst, dass sich Erfolg immer aus einzelnen Bausteinen zusammensetzt. Wo zu viele Mosaikbausteine fehlen, kann kein harmonisches Ganzes entstehen. Erfolglosigkeit ist die logische Konsequenz. Nach Sternberg sind es 20 Kriterien, die Erfolg ausmachen. Wenn wir Sie Ihnen hier vorstellen, dann ausdrücklich mit der Intention, Ihnen die Möglichkeit zu geben, sich aus dieser Beschreibung einen eigenen Leitfaden zusammenzustellen. Er sollte Ihnen im Vorstellungsgespräch bei der Auswahl Ihres Kommunikationsziels und der daraus abgeleiteten Botschaften weiterhelfen.

- *Haben Sie gelernt, sich selbst zu motivieren?*
  Gemeint ist hier der Wille zum Erfolg. Grundsätzlich gibt es zwei Gruppen von Motivation: die innere und die äußere. Zur äußeren gehören Faktoren wie Anerkennung oder materielle Anreize. Diese sind jedoch von Umständen abhängig, auf die man keinen oder nur einen geringen Einfluss hat. Die Motivation aus sich selbst heraus (z.B. durch Freude an der Arbeit) hingegen ist günstiger, da sie unabhängiger von externen Faktoren macht. Am erfolgsintelligentesten sind die Menschen, die beide Arten der Motivation günstig miteinander verbinden können.

- *Verfügen Sie über die Fähigkeit, Ihre Impulse kontrollieren zu können?*
  Impulsive Reaktionen sind an sich nichts Ungewöhnliches und in einigen Situationen durchaus notwendig. Dennoch kann das sofortige Umsetzen von inneren Impulsen zu unüberlegtem Handeln führen und verhindern, dass eigentlich vorhandene Fähigkeiten wirksam umgesetzt werden können. Personen mit Erfolgsintelligenz handeln daher – wenn es die Situation ver-

langt – rasch, ansonsten aber eher aus ihrer Erfahrung und nach einer Zeit des Abwägens heraus.

- *Wissen Sie um die Notwendigkeit von Durchhaltevermögen und Ausdauer?*
Ausdauer gehört sicherlich zu den wichtigsten Faktoren der Erfolgsintelligenz. Wer zu schnell resigniert, wird seine Ziele niemals erreichen können. Wer hingegen – trotz offensichtlicher Aussichtslosigkeit – zu lange an einer Sache festhält, blockiert sich unnötig selber. Erfolgsintelligent handeln also Menschen, die erkennen, wann Beharrlichkeit notwendig ist. Dies muss sich nicht auf das Berufsleben beschränken: Auch in anderen Situationen, wie im wiederholten Werben um einen Menschen, in den man verliebt ist, kann ein realistisches Maß an Beharrlichkeit zum erhofften Ergebnis führen.

- *Haben Sie gelernt, das Beste aus Ihren Fähigkeiten zu machen?*
Zunächst ist es einmal wichtig, seine Fähigkeiten überhaupt zu erkennen. Häufig geschieht dies durch die Erfahrungen, die im Berufsleben gesammelt werden. Personen mit Erfolgsintelligenz ziehen daraus ihre Schlüsse und wechseln, falls möglich, in einen Berufszweig, der ihren Fähigkeiten am besten entspricht.

- *Können Sie Ideen in Taten umsetzen?*
Die besten Ideen führen zu nichts, wenn sie nicht in Taten umgesetzt werden. Erfolgsintelligente Personen haben es gelernt, das Handeln ihrem Denken entsprechend umzusetzen. Interessanterweise ist diese Fähigkeit nicht immer von einem hohen IQ abhängig: Während Menschen mit einem höheren IQ in entspannten Situationen bessere Führungsstärken als Personen mit einem eher niedrigen IQ zeigen, ist dies bei Stress sehr häufig umgekehrt.

- *Handeln Sie ergebnisorientiert?*
»Der Weg ist das Ziel.« Diese alte Weisheit trifft ausnahmsweise nicht zu, wenn es um Erfolgsintelligenz geht. In diesem Falle ist eher das Ergebnis von entscheidender Bedeutung; das Betrachten einer schönen Allee bringt einen noch nicht zum gewünschten Zielort. Menschen mit Erfolgsintelligenz interessieren sich zwar durchaus auch für Verlaufsprozesse, legen aber ihre eigentliche Konzentration auf das Produkt, das erzeugt werden soll. Sie handeln stark ergebnisorientiert.

- *Erledigen Sie angefangene Arbeiten?*
Personen mit Erfolgsintelligenz sind keine »Abbrecher«. Dinge, die begonnen worden sind, werden von ihnen auch zu Ende geführt. Die Furcht vor

dem »Danach«, die viele Menschen zaudern lässt, ist ihnen weitestgehend unbekannt. Sie finden für sich auch danach eine neue, lohnenswerte Aufgabe.

- *Ergreifen Sie selbst die Initiative?*
  Jede Initiative bedeutet eine Bindung an eine Situation und bedingt Konsequenzen. Die Hemmung, sich auf etwas einlassen zu können, ist einer der Hauptgründe, weswegen manche Menschen sich scheuen, die Initiative zu ergreifen. Die Angst vor Verbindlichkeit kann auch daran hindern, eine tiefere Beziehung zu einem anderen Menschen einzugehen. Erfolgsintelligente Personen besitzen die Fähigkeit, sich verantwortungsbewusst auf etwas einzulassen und fürchten sich nicht vor »positiven« Konsequenzen.

- *Haben Sie keine Angst vor Fehlschlägen?*
  Alle Menschen machen Fehler, und niemand begeht sie absichtlich. Was Menschen jedoch unterscheidet, sind die Konsequenzen, die daraus gezogen werden. Viele Menschen entwickeln schon in der Kindheit Versagensängste, die einem erfolgsorientierten Handeln später im Wege stehen. Einen Fehler zu begehen ist jedoch nicht dasselbe wie Versagen. Auch erfolgsintelligente Personen begehen natürlich Fehler, sie machen jedoch in der Regel den gleichen Fehler nicht noch einmal. Fehler zu korrigieren und aus ihnen zu lernen ist ein wichtiger Aspekt der Erfolgsintelligenz.

- *Schieben Sie unangenehme Dinge auf die lange Bank?*
  Viele Menschen behaupten, sie könnten unter Zeitdruck besser arbeiten. Diese Bewältigungsstrategie ist jedoch meist sehr problematisch; erwiesenermaßen würden fast alle Aufgaben qualitativ besser ausfallen, wenn man die entsprechende Zeit dafür verwendet. Personen mit Erfolgsintelligenz teilen sich ihre Zeit so ein, dass sie ihre Aufgaben gut erledigen können.

- *Akzeptieren Sie berechtigte Kritik?*
  Menschen, die derart von sich überzeugt sind, dass sie sich für nahezu unfehlbar halten, suchen für jeden gemachten Fehler, mag er auch noch so klein sein, einen Schuldigen. Doch falsche Schuldzuweisungen können im Privat- wie im Berufsleben schwer wiegende negative Konsequenzen nach sich ziehen. Personen mit Erfolgsintelligenz übernehmen die Verantwortung für gemachte Fehler, sie fordern keine Entschuldigungen und übertragen auch nicht ihre Schuld auf andere. Das Zugeben eines Irrtums zeigt innere Größe und bietet zudem die Chance, daraus zu lernen.

- *Bedauern Sie sich ständig selbst?*
  Es ist oftmals recht schwer, sich nicht selbst zu bedauern, wenn sich Lebenssituationen ergeben haben, mit denen man nur schwer klar kommt und die einen stark belasten. Permanentes Selbstmitleid jedoch ist kontraproduktiv und erzeugt genau das Gegenteil von dem, was eigentlich intuitiv erhofft wurde: Zuwendung. Stattdessen reagieren die Mitmenschen mit wachsender Ungeduld und wenden sich schließlich ab. »Personen mit Erfolgsintelligenz haben keine Zeit für Selbstmitleid« (Sternberg). Sie setzen stattdessen alles daran, für sie ungünstige Situationen so schnell wie möglich wieder ins Lot zu bringen.

- *Bewahren Sie Ihre Unabhängigkeit?*
  Selbstständiges Handeln ist für die meisten Aufgaben im Leben eine unabdingbare Voraussetzung. Bleibt die Fähigkeit hierzu unterentwickelt, kann der schulische und später der berufliche Erfolg stark gefährdet sein. Auch in der Teamarbeit wird in gewisser Weise ein selbstständiges Arbeiten und Denken erwartet. Personen mit Erfolgsintelligenz bauen in erster Linie auf sich selbst; sie agieren souverän und übernehmen natürlich auch die Verantwortung für ihre Handlungen.

- *Lernen Sie, persönliche Schwierigkeiten zu überwinden?*
  Wir alle müssen irgendwann einmal feststellen, dass das Leben nicht nur Sonnen-, sondern auch Schattenseiten hat. Die Krisen im Leben haben meist Auswirkungen auf alle Lebensbereiche und somit auch auf das Berufsleben. Erfolgsintelligente Menschen erkennen, dass es nicht der richtige Weg wäre, persönlichen Schwierigkeiten auszuweichen, und stellen sich auch unangenehmen Situationen; doch sie trennen ihr Berufs- und Privatleben so weit wie möglich.

- *Konzentrieren Sie sich auf die eigenen Ziele?*
  Intelligenz ist keine Voraussetzung für Konzentrationsfähigkeit. Vielen Menschen gelingt es nie, sich längere Zeit auf eine einzige Sache konzentrieren zu können. Gewiss ist Ablenkbarkeit ein Faktor, den niemand gänzlich ausschließen kann, doch können erfolgsintelligente Menschen sich ohne allzu große Probleme auf die wesentlichen Dinge konzentrieren, da sie die Rahmenbedingungen kennen, unter denen sie am effektivsten arbeiten können, und sich diese zu ihrem eigenen Vorteil auch schaffen.

- *Finden Sie das richtige Maß zwischen Überbelastung und Unterforderung?*
  Zu viel Ehrgeiz kann auch schädlich sein: Wer sich überschätzt und sich zu

viel zumutet, erreicht die gesteckten Ziele trotz Engagements und harter Arbeit nur selten. Es besteht ständig die Gefahr, sich in zu vielen Einzelprojekten zu verlieren. Genauso schädlich kann jedoch auch Unterforderung sein, da persönliche Qualitäten nicht zum Einsatz kommen und so verkümmern können; darüber hinaus werden möglicherweise Chancen verpasst. Menschen mit Erfolgsintelligenz wissen daher ihre Kapazitäten optimal einzusetzen und auch ihre Zeit zur Leistungssteigerung richtig einzuteilen.

- *Haben Sie Geduld beim Warten auf Belohnungen?*
  Die Erfolgsleiter im Leben ist meist steil und hoch. Erfolg zu erlangen ist ein langwieriger Prozess, der den berechtigten Wunsch nach entsprechender Anerkennung oft lange Zeit unberücksichtigt lässt. Dieser Wunsch bringt viele Menschen dazu, sich nur auf Aufgaben einzulassen, die in relativ kurzer Zeit zu realisieren sind; dabei bleiben größere, längerfristig konzipierte Projekte leider unverwirklicht. Personen mit Erfolgsintelligenz nehmen zwar die kleinen Entlohnungen des Lebens wahr, konzentrieren sich jedoch primär auf die Dinge – sei es nun beruflich oder privat –, die ihnen längerfristig die größten Erfolgserlebnisse bescheren.

- *Können Sie zwischen wichtigen und unwichtigen Dingen unterscheiden?*
  Sicher gibt es Situationen, in denen winzige Details immens bedeutsam sein können, wie z. B. beim Bergsteigen, wo die kleinste Unaufmerksamkeit fatale Folgen haben kann. Meist jedoch ist es im Leben wichtiger, die Konzentration auf die Gesamtheit einer Sache zu lenken. Erfolgsintelligente Menschen besitzen die Fähigkeit, zwischen den wichtigen und unwichtigen Dinge im Leben zu differenzieren, und konzentrieren sich auf das, was sie tatsächlich ihren Zielen näher bringt.

- *Verfügen Sie über ein vernünftiges Maß an Selbstvertrauen und den Glauben an die eigenen Fähigkeiten?*
  Das menschliche Selbstwertgefühl wird im Alltag nicht selten durch härteste Rückschläge stark angeschlagen, Selbstzweifel sind die unausweichlichen Folgen. Diese Zweifel sind durch das Fehlen von Selbstvertrauen oft unverhältnismäßig groß. Aber auch ein Zuviel davon kann schädlich sein: Dies führt dann zu Selbstüberschätzung und zwangsläufig zu Enttäuschungen. Erfolgsintelligente Menschen kennen ihre Qualitäten und glauben an ihre Fähigkeiten, ohne dabei das richtige Maß der Selbsteinschätzung aus den Augen zu verlieren.

- *Ist Ihnen eine ausgewogene analytische, kreative und praktische Denkweise zu Eigen?*
  Verschiedene Situationen im Leben erfordern unterschiedliches Denken zum Bewältigen der Aufgaben: Manchmal ist analytisch geprägtes Denken von Vorteil, ein anderes Mal ist ein kreatives Herangehen notwendig, genauso wie eine praxisorientierte Handlungsweise bei einigen Aspekten das Beste ist. Menschen mit Erfolgsintelligenz besitzen nicht nur analytische, kreative und praktische Denkfähigkeiten, sondern sie wissen darüber hinaus, in welcher Situation die richtige Art des Denkens gefordert ist. Dadurch sind sie in der Lage, Anforderungen besser gerecht zu werden.

So, das war's. Geht es Ihnen so wie uns und Sie entdecken nun lauter defizitäre Charaktereigenschaften an sich? Oje, das war nun überhaupt nicht unsere Absicht, Sie in Selbstzweifel zu stürzen…

Nochmals: Mittels dieser Liste können Sie sich Gedanken machen und in Vorbereitung auf das Vorstellungsgespräch ein Kommunikationsziel entwickeln, aus dem Sie dann Botschaften und die dafür überzeugenden Argumente ableiten. Wie das gemeint ist und warum Sie ein Kommunikationsziel brauchen, erfahren Sie gleich (s. S. 79: Was ist Ihre Botschaft?).

Das Wichtigste in Kürze

Es ging um eine erste Orientierung. Worauf kommt es an, um optimal vorbereitet zu sein, das Vorstellungsgespräch positiv für sich zu entscheiden?

Schaffen Sie sich ein Bewusstsein über Ihre entscheidenden Fähigkeiten, stärken Sie Ihr Selbstvertrauen, suchen Sie sich Unterstützung und entwickeln Sie mittels einer gut ausgetüftelten Marketingstrategie die Essentials, die Weichensteller, Ihre argumentativen Aussagen zu Ihrer Kompetenz, Leistungsmotivation und Persönlichkeit.

Sie wissen jetzt, wovon Arbeitgeber träumen, kennen Anforderungsprofile und haben verstanden, warum und wie Networking für Ihr Vorhaben Sinn machen kann. Dabei sind soziale Kompetenz sowie Erfolgsintelligenz immer wiederkehrende Schlüsselworte.

Vorbereitungsphase

Bestens präpariert

Nach der Orientierungsphase folgt nun der wichtige Abschnitt Ihrer Vorbereitung. Das wissen Sie: Ohne Training kann man nicht erfolgreich an einem Marathonlauf teilnehmen. Also gilt: Übung macht den Meister, und als Erstes bedeutet das für Sie zu recherchieren, denn Wissen ist Macht. Hier stellen wir Ihnen die interessantesten Recherchemedien vor und geben Ihnen eine Anleitung für die enorm wichtige Entwicklung eines Kommunikationsziels und der daraus abgeleiteten Botschaften und unterstützenden Argumentation.

Neben hilfreichen organisatorischen Dingen müssen Sie unbedingt wissen, wann Sie von dem Recht auf Notlüge Gebrauch machen dürfen. Besonders effizient kann der Einsatz des Telefons in dieser Phase sein, und so haben wir Ihnen hierzu ein Extrakapitel vorbereitet.

Sie haben eine Einladung zu einem Vorstellungsgespräch erhalten. Ein wichtiger Teil Ihres Bewerbungsvorhabens ist dem vorangegangen. Offenbar erfolgreich – sonst hätte man Sie nicht eingeladen, um Sie näher kennen zu lernen.

Worum geht es jetzt, und worauf kommt es an? Arbeitsplatzanbieter wie Personal- und Firmenchefs wollen im Vorstellungsgespräch wissen, ob Sie als Bewerberin bzw. Bewerber zum Unternehmen und in das vorhandene Team passen. Dabei geht es um die zuvor beschriebenen persönlichen und anforderungsbezogenen Eigenschaften (s. S. 44ff. und 56ff.), die am Bewerber, also an Ihnen, im Vorstellungsgespräch überprüft werden sollen.

Aus diesem Grund hat man aus den vorliegenden schriftlichen Bewerbungsunterlagen, die z.B. nach einer Stellenanzeige eingegangen sind, die interessantesten und vielversprechendsten Bewerber herausgesucht.

In der Regel haben an diesem ersten Auswahlvorgang mehrere Personen mitgewirkt, z.B. der Chef, der Personalchef, der Abteilungsleiter, möglicherweise auch die Sekretärin. Vielleicht sind 250 Bewerbungen eingegangen, und nun muss man sich auf Arbeitgeberseite darauf verständigen, wie viele Kandidaten geeignet erscheinen und wie viele man im gesteckten Zeitrahmen näher kennen lernen will.

Möglich, dass unter den vielen Bewerbern nur eine oder einer als kompetent erscheint. Wahrscheinlich favorisiert man aber doch drei bis zehn Kandidaten. Leider ist es oft so, dass man aus Zeitgründen nur einen kleinen Teil der Bewerber einlädt, die für die Aufgabe, den Arbeitsplatz infrage kommen.

Das Auswahlgremium möchte nun seine bisherigen Informationen aus den vorliegenden Bewerbungsunterlagen ergänzen und einen ganz persönlichen Eindruck von Ihnen als Bewerber bekommen. Dabei wird die Ausprägung von Persönlichkeitszügen und Eigenschaften wie Leistungsbereitschaft, Motivation, Anpassungsfähigkeit, Einordnungsbereitschaft und Kompetenz unter die Lupe genommen. Ebenso konzentriert man sich auf äußere Merkmale wie Aussehen, Auftreten, Manieren sowie auf das sprachliche Ausdrucksvermögen.

Grundlage für diese wichtige Entscheidung sind in der Regel, wie bereits erwähnt, die Sympathie zu etwa 60–70 Prozent, Ihre Leistungsmotivation zu 20–25 Prozent und nur zu vielleicht zehn Prozent Ihre fachliche Kompetenz.

Wichtig zu wissen: Es gibt Einzel- und Gruppenvorstellungsgespräche (s. S. 223 ff.). Ihre Dauer ist unterschiedlich, je nach Arbeitsplatz und zu bewältigender Bewerberzahl bzw. Gesprächsteilnehmern auf Arbeitgeberseite. Klar ist, dass z. B. ein Theaterintendanz-Bewerber nicht nur ein längeres Vorstellungsgespräch hat, sondern mehrere, und dass eine Bäckereiverkäuferin mit allerhöchstens zwei Gesprächen rechnen muss, die eigentlich nicht länger dauern sollten als jeweils maximal eine halbe Stunde. Das erste Gespräch könnte dem Kennenlernen dienen, der Vorauswahl, das zweite, um zu einer konkreten Arbeitsvereinbarung (über Zeit und Bezahlung) zu kommen.

Das Vorstellungsgespräch ist eine mündliche Test- und Prüfungssituation, auf die man sich gut vorbereiten kann. Diese Vorbereitung benötigt mindestens die gleiche, wenn nicht sogar doppelt so viel Zeit wie die schriftliche Bewerbung. Sich dafür ein, zwei Tage oder mehr Zeit zu nehmen ist nichts Außergewöhnliches. Natürlich bedarf es eines größeren Zeitaufwands, wenn es um das erste Vorstellungsgespräch geht, als wenn Sie hier (leider) schon eine gewisse Routine haben.

In der Regel läuft ein Vorstellungsgespräch nach einem bestimmten Schema ab, das von der Ausbildung und Erfahrung des Interviewers, also des Gesprächspartners von der Arbeitgeberseite, bestimmt wird. Es erfordert deshalb, wenn man als Bewerber etwas entgegensetzen will, ebenfalls eine gute Vorbereitung. Hier drängt sich unweigerlich der Vergleich mit einem Schauspieler auf, der sich um ein Engagement bewirbt und eine Rolle vorsprechen bzw. vorspielen muss. Auch er hätte ohne Vorbereitung, Übung und präzises Rollenstudium keine Chance. Schon der Begriff »Vorstellung« deutet auf die Parallele zum Theater hin.

Übrigens: Der gelernte Schauspieler und Expräsident Ronald Reagan ließ sich vor jeder Pressekonferenz von seinem Beraterteam zu einem bestimmten Thema alle möglichen Journalistenfragen (insbesondere die unangenehmen) und natürlich die passenden Antworten zusammenstellen. Diesen Frage-Antwort-Katalog lernte Mr. President auswendig. Und was lernen Sie daraus? Auf die gute Vorbereitung kommt es an!

Fünf Hauptaspekte gilt es dabei zu berücksichtigen:

- die eigene Ausgangsposition wie die des Gegenübers
- die eigene Ausgangsposition wie die des Gegenübers
- Details über die Firma bzw. die Institution
- den Gesprächsablauf und die zu erwartenden Fragen
- den organisatorischen Teil (Anreise, Kleidung usw.)

Zwischen Angebot und Nachfrage: Ihre Position

Die beiden Ausgangspositionen – Ihre und die Ihres Gegenübers – bestimmen wesentlich den Verlauf des Vorstellungsgesprächs. Welche Determinanten bestimmen Ihre Situation im Einzelnen?
- Ihr Arbeitsplatzwunsch und die aktuelle Arbeitsmarktsituation (z. B. Mangelberuf oder Überangebot)
- Berufsaus- und Weiterbildung
  (Wenn Ihre Ausbildung 20 Jahre zurückliegt und die letzte Fortbildungsmaßnahme vor zehn Jahren stattgefunden hat, fehlen Ihnen im Vorstellungsgespräch nicht nur gute Argumente.)
- Tätigkeit/Erfahrung
  (Wer als Außendienstmitarbeiter in den gehobenen Innendienst aufsteigen möchte, muss wissen, wie viele Stufen auf einmal er sich zu nehmen zutraut.)
- Ihre aktuelle Arbeitsplatzsituation
  (Steht schon alles »in Flammen«, ist das Schiff am Untergehen, oder können Sie sich in Gelassenheit nach neuen Ufern umsehen?)

- Bisherige Arbeitsplatzwechsel-Häufigkeit
  (Soll das jetzt der dritte Wechsel innerhalb von zwei Jahren werden, oder können Sie auf fünf Jahre Kontinuität an einem Arbeitsplatz zurückblicken?)
- Bisherige Bewerbungserfahrung
  (Wer nach 33 Absagen die 34. Bewerbung abschickt, braucht ein besonderes Reservoir an Optimismus und Energie, um weiterhin mit der notwendigen Selbstsicherheit und Überzeugungskraft auftreten zu können.)
- Kontakte und »Vitamin B«
  (Spielen bei einer Bewerbung eine wichtige Rolle: Haben Sie Beziehungen und können Sie diese nutzen?)
- Persönlichkeits- und Leistungsmerkmale
  (Als stark introvertierter, gehemmt wirkender Außendienstmitarbeiter ist es nicht leicht, in eine Gruppenleiterposition zu kommen.)
- Äußeres Erscheinungsbild
  (Mit einem Karl-Marx-Vollbart stößt man heute nicht nur in Bankkreisen auf Schwierigkeiten.)
- Alter
  (Mit 55 liegt z. B. bei der Bewerbung um eine leitende Position in der Aus- und Fortbildungsabteilung eines Großkonzerns die Zukunft vielleicht eher hinter einem, während in einem kleineren Unternehmen doch noch recht gute Chancen für erfahrene Praktiker bestehen.)

Dies sind zugegebenermaßen zum Teil recht drastische Beispiele, um Ihnen zu verdeutlichen, worum es geht. Sie sollen als Anregung dienen, darüber nachzudenken, welches die eigenen Plus- und Minuspunkte, die Marktchancen der von Ihnen angebotenen »Ware« Arbeitskraft sind. Denken Sie stets daran, dass Sie diese in das Vorstellungsgespräch als Präsentations- und »Verkaufsargument« mit einbringen.

Zum Überdenken Ihrer Ausgangsposition gehört auch eine kritische Reflexion über die eigene Person und typische Charaktereigenschaften, die Ihnen bisher vielleicht schon mehrfach Schwierigkeiten gemacht haben.

Wenn Sie beispielsweise dazu neigen, in einer Art unbewusstem Wiederholungszwang immer wieder mit einem bestimmten Typ Vorgesetzten bereits nach wenigen Minuten in Streit zu geraten, weil Sie (unbewusst) an Ihren furchtbar cholerischen Vater oder einen autoritären älteren Bruder erinnert werden, dann sollte Ihnen dies im Vorstellungsgespräch nicht passieren.

Aber auch die Gegenseite hat ihre Ausgangsposition. Da ist die Arbeitsmarktsituation, die einen maßgeblichen Einfluss ausübt. Werden Spezialisten wie Sie gesucht – vergleichbar der berühmten Stecknadel im Heuhaufen –, oder gibt es Bewerber mit Ihrer Qualifikation wie Sand am Meer?

Hat der Personalchef viele oder wenige Bewerbungen auf das Arbeitsplatzangebot erhalten? Handelt es sich um ein großes oder kleines Unternehmen? Stimmt das Timing der Personalplanung, oder leidet das Unternehmen unter Personalnot und Zeitdruck? Bekommt man es mit einem wirklichen Personalauslese-Profi oder eher mit einem Autodidakten auf diesem Gebiet zu tun? Dies alles hat seine spezifischen Auswirkungen.

Natürlich: Auch Ihr Interviewer ist nur ein Mensch mit schwankender Tagesform und all seinen Fehlern und Schwächen. Wenn er gerade stark mit eigenen Problemen und Stress konfrontiert ist, könnte sich das auf Ihr Vorstellungsgespräch (unbewusst) auswirken, ohne dass Sie von diesem Hintergrund etwas ahnen bzw. etwas dazu beigetragen haben.

Ihre Ausgangsposition wird gestärkt, wenn Sie wissen, worauf es im Vorstellungsgespräch ankommt. Dazu gehört, die Hintergründe und Intentionen dieses Ausleseverfahrens genauestens zu kennen. Diese haben wir Ihnen global bereits im vorigen Abschnitt erläutert.

Im Folgenden beschäftigen wir uns mit der arbeitsplatzbezogenen Analyse und Informationsgewinnung für die Bewerbungsvorbereitung – immer mit dem Ziel, Ihre persönliche Ausgangsposition zu stärken.

Recherchieren geht vor Probieren

Wissen Sie genau, bei wem Sie sich bewerben? Für jede Werbeagentur ist klar: Je mehr wir über unseren Kunden und seine Vorstellungen wissen, desto besser können wir ihn zufrieden stellen. Er muss den Eindruck gewinnen, dass wir seine Belange wirklich verstehen und auf sie zugeschnitten geniale Lösungen anbieten.

Sie sind jetzt Ihre eigene Werbeagentur und machen dem Kunden, also Ihrem potenziellen Arbeitgeber, klar, dass gerade Sie und nur Sie seine Bedürfnisse erkannt haben und befriedigen können. Sie wissen, was er von Ihnen erwartet, und bieten deshalb genau das an. Versuchen Sie, optimal ins Firmenprofil zu passen!

Das heißt: Sie müssen Genaueres über Ihren künftigen Arbeitgeber herausfinden. Ihm wollen Sie Ihre Arbeitskraft verkaufen. Dadurch erhöhen Sie einerseits Ihre Chancen, genommen zu werden, denn jeder Chef ist hoch erfreut, wenn Sie genau das haben, was er braucht. Und gleichzeitig erfahren Sie bei solch einer Recherche natürlich mehr über die Stelle und ob sie tatsächlich Ihren Wünschen entspricht.

Erste Informationen über das Unternehmen können Sie bereits der Anzeige entnehmen, der Art und Weise, wie der Kontakt mit Ihnen als Bewerber angebahnt wird, sowie auch dem Einladungsschreiben und den eventuell beigefügten Informationspapieren.

Angenommen, Sie bewerben sich bei der Firma Siemens, sollten die folgenden Unternehmensdaten unbedingt zu Ihrem Basiswissen gehören:

- Hauptsitz
- Branchen
- wichtige Tochterunternehmen/Beteiligungen
- Niederlassungen im In- und Ausland
- Produktpalette
- Zahl der MitarbeiterInnen im In- und Ausland
- Umsatz/Gewinn
- Geschäftsleitung
- Position auf dem nationalen und internationalen Markt (Marktanteile)
- Mitbewerber auf dem in- und ausländischen Markt
- wirtschaftliche Entwicklung der letzten fünf Jahre
- aktueller Aktienstand
- zukünftige Entwicklungschancen
- Firmengeschichte

Fragen Sie Experten

Hintergrundinformationen zu Ihrem neuen potenziellen Arbeitgeber erhalten Sie direkt beim Unternehmen selbst. Lassen Sie sich – evtl. unter dem Namen eines Freundes – Informationsmaterial zusenden, oder bitten Sie telefonisch um Auskünfte. Bei größeren Unternehmen können Sie auch Geschäftsberichte, Presseinformationen oder Organigramme (Darstellungen der Firmenstruktur) anfordern. Darüber hinaus sind Industrie- und Handelskammer, Fachzeitschriften (Bibliotheken) und Nachschlagewerke (z.B. Hoppenstedt) hilfreich. Aber auch Personen, die bereits in dem Beruf, in der Branche, Firma/Institution arbeiten, können Ihnen wichtige Insiderinformationen geben. Nehmen Sie ruhig auch die Hilfe von Experten (Personalberatungsgesellschaften und Bewerbungsberater) in Anspruch. Nutzen Sie auch die Informationsmöglichkeiten des Internets. Sehr viele Firmen haben Homepages eingerichtet, über die Sie an aktuelle Informationen über das Unternehmen kommen und auch viel über die Art der Selbstdarstellung erfahren. Mehr dazu im nächsten Abschnitt.

Das Internet

Neue Arbeitsstellen stehen natürlich nicht nur in Zeitungen und (Fach-)Zeitschriften. Wer einen Internetanschluss hat oder ein Internetcafé in der Nähe kennt, der sollte sich auch im World Wide Web an die Stellenauswertung machen.

Die Vorteile liegen auf der Hand: So bietet das Netz die Möglichkeit, bequem von zu Hause aus 24 Stunden täglich, 365 Tage im Jahr, nationale und internationale Stellenangebote in dem von Ihnen angestrebten Bereich abzurufen. Sie müssen also nicht mehr mühselig alle Anzeigen der Zeitungen durchforsten, um ein für Sie passendes Angebot zu finden. Stattdessen können Sie durch die vorherige Angabe der richtigen Suchbegriffe ganz gezielt selektieren. Oft besteht sogar die Möglichkeit, sich mithilfe aufrufbarer Bewerbungsunterlagen direkt übers Netz bei der entsprechenden Firma zu bewerben und den herkömmlichen Weg über die Post zu sparen.

Das Internet erlaubt Ihnen, auch direkt, via E-Mail, mit Ihrem potenziellen zukünftigen Arbeitgeber in Kontakt zu treten. Auf diese Weise können Sie mehr Informationen über die ausgeschriebene Stelle erbitten oder sich auf diesem eher informellen Weg schon einmal kurz vorstellen.

Es gibt sechs Situationen, in denen es sich für Sie lohnt, das Internet für Ihre Bewerbung gezielt zu nutzen:

- die wichtigste: die Suche nach Informationen über Arbeitgeber
- die Suche nach den Stellenangeboten der Zeitungen
- die Suche nach Stellenangeboten auf den Seiten der Firmen
- die Suche auf virtuellen Arbeitsmärkten
- die elektronische Kontaktaufnahme
- die eigene Homepage

Im Folgenden beschreiben wir diese Situationen und geben genauere Informationen, wie das Internet Ihnen bei Ihrem Bewerbungsvorhaben weiterhelfen kann.

Die Suche nach Informationen über Arbeitgeber

Egal ob Sie noch am Anfang der Bewerbung stehen oder bereits einen Termin zum Vorstellungsgespräch in der Tasche haben: Ihre erste Pflicht als Bewerber ist es, sich so viele Informationen wie möglich über den jeweiligen Arbeitgeber zu besorgen.

Da Sie sich – wie bereits empfohlen – gezielt als optimaler »Problemlöser« für das Unternehmen profilieren wollen, müssen Sie zunächst wissen, wo genau denn diesen Arbeitgeber der Schuh drückt. Wenn ein Betrieb zum Beispiel dabei ist, neue Modelle der Gruppenarbeit in der Fertigung einzuführen, dann sollten Sie vor dem Zusammenstellen Ihrer Bewerbungsmappe noch einmal einen Blick auf Ihre Unterlagen zum Thema Arbeitswissenschaft werfen. Wenn Sie dagegen aus dem Netz erfahren, dass Ihr potenzieller Arbeitgeber große Projekte mit skandinavischen Firmen abwickelt, stellen Sie bei einer Bewerbung Ihr fließendes Norwegisch besonders in den Vordergrund.

Um das Internet als Quelle für Informationen über Unternehmen zu nutzen, reicht es meist aus, den Firmennamen auf folgende Weise einzugeben: *www.(Firmenname).de* für deutsche Firmen, bei US-amerikanischen benutzen Sie *www.(Firmenname).com*. Bei europäischen Unternehmen gelten die Endungen *.it* für Italien, *.uk* für Großbritannien, *.fr* für Frankreich, *.ch* für Schweiz und *.at* für Österreich.

Werden Sie auf diese Weise nicht fündig, so rufen Sie mithilfe des Buttons *Suchen (Search)* eine der Suchmaschinen auf. Die gängigsten davon heißen *Google*, *Yahoo!*, *Altavista*, *Excite* und *Lycos*. Obwohl diese Suchmaschinen grundsätzlich Ähnliches zutage fördern, ist jede unterschiedlich organisiert und offeriert andere Wege zu den von Ihnen benötigten Informationen. *Excite* und *Yahoo!* bieten zum Beispiel schon auf der Startseite Rubriken wie Business, Travel oder auch Job und Karriere an. Diese können Sie zu Beginn aktivieren und damit Ihre Suche weiter spezifizieren.

Allerdings sollten Sie auf jeden Fall erst einmal die Suchhilfe, eine Art Bedienungsanleitung der jeweiligen Suchmaschine, durchlesen. Meist befindet sich direkt neben dem Suchfeld ein *SeekHelp*- oder *Suchhilfe*-Button, mit dem Sie praktische Tipps zur Vereinfachung Ihrer Suche aufrufen können. Das kostet Sie vielleicht anfänglich fünf Minuten Zeit, wird Ihnen aber letztlich viel Ärger und Mühe ersparen. Wer nicht lernt, so effizient wie möglich im Netz zu suchen, kann sich leicht in der Fülle der angebotenen Informationen verlieren und größere Überraschungen bei seiner nächsten Telefonrechnung erleben.

Nachdem Sie also Ihren Suchbegriff eingegeben haben, spuckt der Rechner eine ganze Reihe von Internetadressen aus, die in irgendeiner Form mit den Suchbegriffen zu tun haben. Diese Adressen sind zu den Seiten der Firmen »gelinkt«. Das bedeutet: Sie können durch Anklicken auf der Liste direkt zu den gesuchten Homepages gelangen. Dort finden Sie in der Regel bereits Informationen in Hülle und Fülle. Diese Informationen sind nicht linear aufgebaut wie in einer Broschüre. Ein Printmedium gibt durch seinen Aufbau vor, in welcher Reihenfolge die Informationen vom Leser aufzunehmen sind. Auf den Seiten des Internets dagegen kann der Leser nach eigenem Gusto hin und her springen. Er kann mit der Suchfunktion des jeweiligen Unternehmens (falls vorhanden) Informationen gezielt und schneller auffinden und Querverweise nutzen. Sind Begriffe farblich abgesetzt, gelangt der User durch Anklicken dieser Links automatisch auf andere Seiten des Internets, beispielsweise auf die von Kooperationspartnern und Zulieferern des Unternehmens.

Ein Defizit muss allerdings angemerkt werden: Obwohl das Internet prinzipiell die Möglichkeit einer ständigen Aktualisierung der präsentierten Informationen bietet, verfügen viele Unternehmen nicht über eine adäquate Internetbetreuung. Das hängt möglicherweise damit zusammen, dass sich diese Art der Mitarbeiterrekrutierung noch nicht einschlägig durchgesetzt hat. So nutzen bislang zwar knapp 90 Prozent aller Großunternehmen das Internet zur Mitarbeitersuche, aber lediglich 60 Prozent der mittleren und 30 Prozent aller Kleinunternehmen.

Die Suche nach Stellenangeboten in Zeitungen

Auch auf den Websites einiger Zeitungen, z. B. der *Frankfurter Allgemeinen Zeitung*, der *Süddeutschen*, von *Handelsblatt*, *Welt* und *Zeit* finden sich Stellenangebote. Viele dieser Seiten machen von den technischen Möglichkeiten des Netzes Gebrauch und sind interaktiv gestaltet. Das bedeutet: Sie können sich von dort direkt auf die Seiten der inserierenden Firmen klicken. Im Allgemeinen übernehmen die Zeitungen aber lediglich ihre bereits gedruckten Anzeigen ins Internet.

Für Sie als Bewerber ist die Suche auf den Internetseiten der Zeitungen vor allem dann von Vorteil, wenn Sie sich in internationalen Publikationen oder mehreren Zeitungen gleichzeitig umsehen wollen. Sie ersparen sich damit den Weg zum Bahnhofskiosk. Achten Sie in jedem Fall darauf, wie aktuell die Anzeigen sind! Obwohl das Internet in der Theorie ein hochaktuelles Medium ist, sind die elektronischen Anzeigen der Zeitungen nicht immer up to date.

Die Internetadressen der jeweiligen Printmedien finden Sie in den Zeitungen selbst, meistens im Impressum. Sie können natürlich auch nach den elektronischen Adressen via Suchmaschine fahnden. Wenn Sie auf diese Weise auf der richtigen Homepage gelandet sind, klicken Sie sich von dort auf den Anzeigenmarkt weiter. Als *starting point* ist der Anzeigenmarkt der Wochenzeitung *Die Zeit, www.jobs.zeit.de,* zu empfehlen, da er übersichtlich organisiert ist und man von dort zu anderen Anzeigenmärkten gelangt, vorausgesetzt, dass diese funktional eingerichtet sind.

Ein weiterer Tipp: Auch Fachzeitungen und -zeitschriften bieten Stelleninserate an. Wenn Sie sich also in der günstigen Situation befinden, schon genau zu wissen, welchen Bereich Sie anstreben, suchen Sie auch in kleineren, möglicherweise hochspeziellen Fachpublikationen.

Die Suche nach Stellenangeboten auf den Seiten der Firmen

Viele Firmen unterhalten eigene Stellenmärkte. Das bedeutet: Sie können sich von der Homepage aus zu den Seiten klicken, auf denen die Firma bekannt gibt, welche Stellen zu besetzen sind. Dabei sollten Sie sich nicht überwältigen lassen von schönen Angeboten und großen Versprechungen, die Ihnen die Firmen dort machen. Schließlich geht es bei Stellenangeboten immer auch um ein bisschen Imagepflege und das Sich-nach-außen-hin-Zeigen: Wir sind innovativ und so erfolgreich, dass wir auch mitten in der Rezession noch Leute einstellen. Mit der Realität hat das oft nur am Rande zu tun.

Wie bereits erwähnt sind die Jobseiten der Firmen in einigen Fällen mit einer Funktion verknüpft, über die sich ein Bewerbungsformular aufrufen lässt. Mit dem entsprechenden Button holen Sie sich das Formular auf den Bildschirm, das Sie wie einen standardisierten Bewerbungsvordruck ausfüllen und via E-Mail zurückschicken. Seien Sie allerdings gewarnt: Dieses automatisierte Auswahlverfahren kann recht brutal sein. So geben viele Firmen z.B. als Auswahlkriterium ein, dass Bewerber die Durchschnittsstudiendauer nicht überschreiten dürfen. Haben Sie also BWL oder Maschinenbau studiert und wegen verschiedener Praktika und Auslandsaufenthalte 14 anstatt nur 9 Semester

benötigt, interessiert das den Computer, der Ihre Bewerbung standardisiert aus-
wertet, nicht die Bohne. Oft werden Sie postwendend informiert, dass man Sie
nicht für qualifiziert genug hält. Sind Sie trotzdem an dem ausgeschriebenen
Job interessiert, hilft nur eins: Nehmen Sie herkömmliche Mittel und Wege in
Anspruch, und greifen Sie zum Telefon. Die Kontaktadressen und Telefonnummern Ihrer Ansprechpartner sind gewöhnlich auf den jeweiligen Internetseiten
angegeben.

Die Suche auf virtuellen Arbeitsmärkten

Mehrere hundert kommerzielle Anbieter halten in so genannten Jobbörsen
ebenfalls Stellenangebote bereit. Meist zahlen die Arbeitgeber einen gewissen
Betrag, um ihr Angebot dort zu präsentieren. Als Bewerber können Sie kosten-
los in diesen virtuellen Arbeitsämtern ein für Sie passendes Angebot suchen.
Wenn Sie beispielsweise auf *www.jobpilot.de* die von Ihnen gesuchte Berufsbe-
zeichnung eingeben, werden Ihnen automatisch die passenden Stellen ausge-
wählt. Auch hier gelangen Sie oft durch Anklicken bestimmter Felder direkt auf
die Seiten der jeweiligen Firmen.

Viele dieser Jobbörsen bieten den BewerberInnen gegen eine Gebühr an,
ihre Lebensläufe aufzunehmen, sodass auch Arbeitgeber in Ruhe die Profile der
einzelnen Bewerber studieren können.

Die elektronische Kontaktaufnahme

Sie können zu dem Unternehmen Ihrer Wahl auch elektronischen Kontakt aufnehmen. Über alle Internetseiten verstreut finden Sie Kontaktbuttons, mit
denen Sie eine Mail-Maske aufrufen und an den von Ihnen ausgesuchten Ansprechpartner eine Art elektronische Postkarte abschicken können.

Haben Sie nicht nur eine Frage, sondern wollen Sie sich direkt bei den Firmen bewerben, haben Sie die Wahl zwischen zwei Mail-Bewerbungsvarianten:
Einige Firmen bieten ein vorgefertigtes Formular (vgl. S. 74) an, das nur ausge-
füllt und zurückgemailt werden muss. Ab und an steht ein freies Feld für eigene
Anmerkungen zur Verfügung. Im anderen Fall gibt es keine Vorgaben, und man
kann den Platz, den eine E-Mail plus Anhang bietet, nach Belieben ausnutzen.

Eine eigene E-Mail-Bewerbung ist zu empfehlen, wenn ...

- Sie sich für einen Job im Bereich Multimedia/EDV bewerben;
- Sie einen Internet-Personalvermittler kontakten;
- Sie das Angebot im Internet (Jobbörse, Firmenserver) entdeckt haben;
- Sie sich als freie/r MitarbeiterIn bewerben;
- es sich um eine Firma handelt, die auf ein sehr fortschrittliches Image Wert legt.

Im Zweifelsfall sollten Sie kurz telefonisch anfragen, ob eine E-Mail-Bewerbung erwünscht ist. Sie hat im Vergleich zum herkömmlichen Weg auf Papier nicht zu vernachlässigende Vorteile: Sie ist schneller und kostengünstiger. Sie zeigt auch, dass Sie mit der modernen Technik umgehen können. Grundsätzlich gilt für diese Form der Bewerbung dasselbe, was zum überwiegenden Teil auch für herkömmliche Bewerbungen von Bedeutung ist:

- Machen Sie deutlich, auf welches Angebot Sie sich bewerben. Möglicherweise hat das Unternehmen nicht nur eine Anzeige geschaltet.

- Entwerfen Sie eine individuell auf diesen Arbeitgeber zugeschnittene Bewerbung, damit nicht der Eindruck entsteht, es handle sich hier um eine Massendrucksache. Gehen Sie also in Ihrem Text genau auf das ein, was im Angebot gefordert wird – z.B. in Bezug auf Vorkenntnisse und Erfahrungen.

- Verdeutlichen Sie dem Arbeitgeber, worin der Vorteil für ihn besteht, wenn er Sie einstellt. Wo liegt Ihre Problemlösungskompetenz, wo können Sie mit Ihren speziellen Fähigkeiten eine Lücke schließen?

- Wenn im Stellenangebot der Name des zuständigen Bearbeiters genannt wird, ist es wichtig, ihn unbedingt auch persönlich anzusprechen: »Sehr geehrter Herr ...«, »Sehr geehrte Frau ...«. Lässt sich kein Name finden, sollten Sie sich die Mühe machen, diesen telefonisch zu erfragen. Dies ist auch gleich eine Möglichkeit, vorab Kontakt aufzunehmen und dabei einen ersten guten Eindruck zu hinterlassen.

- Beschäftigen Sie sich vor dem Verfassen Ihres Schreibens eingehend mit dem Unternehmen, bei dem Sie sich bewerben wollen. Nutzen Sie beispielsweise die Website, um sich zu informieren, oder die in einigen Stellenbörsen angebotenen Firmenporträts.

- Belegen Sie, dass Sie gerade in diesem Unternehmen arbeiten möchten. Überzeugen Sie den Empfänger von Ihrer Motivation.

- Denken Sie daran, dass manche E-Mail-Programme Umlaute und das ß nicht lesen können. Versuchen Sie deshalb, diese so wenig wie möglich zu benutzen. Das gilt besonders für die Betreffzeile. Hier sollten Sie immer Umlaute vermeiden.

- Fassen Sie sich kurz. Bitte keine Romane. Sechs bis acht Sätze reichen für das Anschreiben.

- Weitere Unterlagen können Sie als Word-Datei als Attachment der Mail anhängen. Aber: Wenn Sie nicht ausdrücklich dazu aufgefordert wurden, verzichten Sie beim Erstkontakt am besten auf eine angehängte Datei. Denn Unternehmen befürchten oft, dass sie sich auf diesem Weg Computerviren einfangen, und öffnen Attachments gar nicht erst.

- Können Sie mit HTML umgehen, bietet es sich an, in der E-Mail HTML-Formatierungen vorzunehmen, um eine interessantere Gestaltung zu erreichen oder um beispielsweise eine Querverbindung (Link) zu Ihrer Homepage – soweit vorhanden – anzubieten.

- Achten Sie unbedingt auf korrekte Rechtschreibung und Zeichensetzung. Und formulieren Sie sehr sorgfältig. Auch wenn im Internet, z.B. bei Chats, eher ein flapsiger Umgangsstil üblich ist – bei Bewerbungen hat er nichts zu suchen.

Nachteile der Onlinebewerbung

Vieles spricht ohne Zweifel für die Onlinebewerbung. Nicht zuletzt deshalb fordern immer mehr Unternehmen dazu auf. Allerdings darf man nicht übersehen, dass es auch einige Nachteile gibt: Noch immer bieten einige Firmen und Institutionen Stellensuchenden zwar an, sich per E-Mail zu bewerben, nutzen jedoch diese Möglichkeit nur, um ihr Image aufzupolieren, nach dem Motto:

»Seht her, wir sind ein modernes Unternehmen und setzen auf die neuen Medien.« Tatsächlich wird dieser Weg der elektronischen Kontaktaufnahme nicht ernst genommen, oder in der Firma fängt man gerade erst an, sich darauf einzurichten. Das führt u.U. dazu, dass man Ihre Bewerbung erst sehr spät oder gar nicht registriert. Erkundigen Sie sich daher – falls Sie keine Antwort erhalten – nach ein bis zwei Wochen, ob Ihre Bewerbung angekommen ist.

Hinzu kommt, dass sehr viele Firmen zwar eine E-Mail als Erstkontaktmöglichkeit schätzen, doch weitere Unterlagen auf dem üblichen Weg, also auf Papier, wünschen. Wenn Sie sich per E-Mail bewerben, bieten Sie daher unbedingt an, bei Interesse eine komplette Bewerbungsmappe zu schicken.

Grundsätzlich sollten Sie das Internet als eine *weitere*, aber eben *nicht ausschließliche* Möglichkeit der Kontaktaufnahme an. Falls Sie keine Antwort bekommen, greifen Sie auf die traditionellen Kommunikationsmittel mit Telefonhörer und Briefmarke zurück. Eine Ausnahme bildet – wenig überraschend – die Computer- und Multimediabranche. Dort wird heutzutage oft die gesamte Kommunikation übers Netz abgewickelt. Was bedeutet, dass Sie sich mit dem Medium schnellstens vertraut machen sollten, falls Sie einen Job in der EDV-Branche anstreben.

Die eigene Homepage

Sie können auch eine eigene Homepage ins Internet stellen, auf der Sie sich präsentieren. Auf dieser »Visitenkarte« erfahren Arbeitgeber mehr über Sie, und Sie fallen angenehm aus dem Rahmen des Üblichen. Ein wesentlicher Aspekt, wenn man bedenkt, dass man sich mit einer Bewerbung oft gegenüber mehreren hundert Konkurrenten durchsetzen muss.

In Ihren schriftlichen Bewerbungsunterlagen weisen Sie am besten auf Ihre Seite im Internet hin. Die meisten Internetprovider bieten übrigens eigene Homepages als kostengünstigen Service für ihre Kunden an.

Allerdings sollten Sie bedenken: Bei einem kleinen, eher konservativen Unternehmen mag so eine Selbstpräsentation vielleicht zu protzig wirken. Wer sich aber im Computer- oder Multimediabereich bewirbt, von dem wird eine eigene Website fast schon erwartet. Es ist an Ihnen, hier eine realistische Einschätzung zu finden.

Die wichtigsten Adressen für die nationale und internationale Stellensuche:

- http://www.arbeitsagentur.de
- http://www.karrieredirekt.de
- http://www.cesar.de
- http://www.jobpilot.de
- http://www.stellenmarkt.de
- http://www.stepstone.de
- http://www.jobscout24.de
- http://www.jobware.de/fa/fa.htm (neben Stellenangeboten ein Firmenalmanach mit Adressen und Informationen über die Unternehmen)
- http://www.stellenanzeigen.de
- http://www.jobs.zeit.de (umfangreiche und übersichtliche Liste nationaler und internationaler Stellenanzeigen der Zeit)

Was ist Ihre Botschaft?

Sie verfolgen ein Ziel – beim Vorstellungsgespräch ebenso wie bei der bereits erfolgten Erstellung Ihrer schriftlichen Bewerbungsunterlagen oder beim Einsatz des Mediums Telefon innerhalb Ihres bewerbungsstrategischen Vorgehens.

Sie wollen eine Idee, eine Botschaft einer Person näher bringen. Vielleicht hängt von dieser Sache sogar viel für Sie ab. Möglicherweise wird oder soll auch eine Entscheidung getroffen werden. Diese Entscheidung möchten Sie beeinflussen. Sie soll so fallen, wie Sie es sich wünschen.

Wie gehen Sie vor? Aus der Welt der Werbung, die ständig mit der Aufgabe beschäftigt ist, uns Konsumenten ein neues Produkt schmackhaft zu machen, uns zum Kauf für dieses oder jenes spezielle Produkt zu animieren, zu verführen, kennen wir eine besondere Vorgehensweise, die, leicht modifiziert, Ihnen behilflich sein kann, Ihr Bewerbungsvorhaben positiv zu unterstützen und insbesondere das Vorstellungsgespräch zu Ihren Gunsten verlaufen zu lassen.

Drei aufeinander abgestimmte Schritte sind zu beachten:

- Was wollen Sie Ihrem Gegenüber, dem Arbeitsplatzanbieter, Personalauswähler kommunizieren? Was ist Ihr Anliegen, Ihr Ziel?

Wir sprechen hierbei von dem eigentlichen Kommunikationsziel. Dies ist der fast wichtigste und leider auch schwierigste Baustein, der wohl auch die längste Bearbeitungszeit in Anspruch nehmen wird.

- Wie formulieren Sie aus den sorgfältigen Überlegungen zu Ihrem Kommunikationsziel verständliche, schnell begreifbare, überzeugende Botschaften? Hier kommt es besonders auf Ihre Fähigkeit an, etwas auf den Punkt zu bringen.

- Wie untermauern Sie diese sorgfältig ausgewählten und präzise formulierten Botschaften, um deren Glaubwürdigkeit und Überzeugungskraft ebenso zu stärken wie deren Erinnerungsgehalt?

Wir stehen immer noch am Anfang der Trias *Kommunikationsziel definieren – Botschaften formulieren – Argumente zusammenstellen*, und das bedeutet, sich zunächst einmal mit der Frage auseinander zu setzen, was Sie Ihrem potenziellen Arbeitgeber von sich vermitteln wollen. Den meisten Bewerbern fällt jetzt spontan ein: Ich will den Job! Dieses Kommunikationsziel haben aber auch alle anderen Mitbewerber, und allein die Tatsache, dass *Sie* den angebotenen Job haben wollen, ist für die am Auswahlprozess Beteiligten kein zwingender Grund, sich für Ihre Person zu entscheiden. Leider! Mit dieser Frage weiter beschäftigt, neigen viele Bewerber dazu, mehr oder weniger stark zu argumentieren, Sie seien nun mal der/die Beste für die zu besetzende Position, für die zu bewältigenden Aufgaben. Schön und gut, aber was glauben Sie, wie argumentieren Ihre Mitbewerber? Hier wird von den meisten Kandidaten, die wir in unserem Berliner *Büro für Berufsstrategie* beraten, schnell erkannt, dass ihre Argumentation, dass ihr Kommunikationsziel – ich bin der/die Beste, ich will, geben Sie mir die Chance – allein noch ziemlich schwach ist. Wie kann man es besser machen? Zunächst geht es darum, ein Kommunikationsziel zu entwickeln. Leichter gesagt als getan. Sie haben die schwierige Aufgabe, sich genau zu überlegen,

- was für ein Mensch Sie eigentlich sind,
- was für besondere Fähigkeiten Sie haben und
- was Sie damit eigentlich anfangen wollen;

oder in der Abfolge variiert und auf die drei Essentials reduziert: *Kompetenz, Leistungsmotivation, Persönlichkeit.*

Wenn Sie sich lange genug mit diesen Fragen und Themen, kurz mit Ihrem individuellen Angebot auseinander gesetzt haben und zu wichtigen, zu wirklich substanziellen Ergebnissen gekommen sind, wird es Ihnen leichter fallen, bezogen auf den von Ihnen angestrebten neuen Arbeitsplatz ein Kommunikationsziel zu entwickeln.

Bevor wir uns aber mit dem WIE beschäftigen, geht es doch zunächst um das nicht geringe Problem: WAS will ich denn eigentlich vermitteln und wird dies wirklich für eine positive Entscheidung im Rahmen des Prüfungs- und Auswahlprozesses ausschlaggebend sein?

An dieser Stelle werden von den meisten Bewerbern die entscheidenden Fehler gemacht, die ihre Bewerbungsaktivitäten zum Scheitern verurteilen. Bei dieser für jeden Kandidaten eminent wichtigen Aufgabe sind fundamentale Versäumnisse und Mängel in der Vorbereitung leider an der Tagesordnung.

Nach reiflicher Überlegung könnte Ihr definiertes und niedergeschriebenes Kommunikationsziel z. B. so aussehen:

Mein Kommunikationsziel ist es…,

… meinen Zuhörern und damit den Personalentscheidern zu vermitteln, dass ich ein Mensch bin, der über außergewöhnliche kommunikative Begabungen verfügt. Darunter ist zu verstehen: Ich bin sehr gut in der Kontaktaufnahme zu anderen, kann mich schnell und gewandt ausdrücken und ohne große Hemmungen eigentlich mit jedem Menschen leicht ins Gespräch kommen. Andere vertrauen mir auffällig schnell. Ich wirke auf viele Personen ermutigend und bin bestimmt ein sehr guter und aufmerksamer Zuhörer. Trotz meiner Freude an Unterhaltungen und auch an gezielten Gesprächen bin ich jemand, der sehr diskret sein kann und bei dem ein Geheimnis absolut sicher aufgehoben ist.

Jetzt zu Ihrer zweiten Aufgabe. Sie entwickeln aus Ihren Zielvorstellungen klare und schnell zu verstehende Botschaften. In unserem Beispiel wären das folgende:

Meine drei wichtigsten Botschaften lauten:

- *Ich bin ein kommunikativ begabter Mensch, der mit anderen mühelos jederzeit ins Gespräch kommen kann.*
- *Ich gewinne schnell das Vertrauen anderer Menschen.*
- *Ich bin ein guter und aufmerksamer Zuhörer.*

Nun fehlt nur noch der dritte Schritt in dieser Vorbereitung, die wohl überlegten Argumente. Wieso? Nun, von sich zu behaupten, dass man so und so sei, ist schon nicht jedermanns Sache. Aber Behauptungen aufzustellen reicht nicht aus. Beim dritten Schritt ist es daher besonders wichtig, Argumente zu finden, die Ihre Botschaften glaubwürdig untermauern.

Welche Details, welche Situationen, Begebenheiten in Ihrem (Berufs-)Leben verdeutlichen, was Ihre Botschaften als Kurzformeln transportieren sollen? Wenn Sie hier den richtigen Erzählstoff beisammen haben, stehen Ihre Argumente und unterstreichen die Glaubwürdigkeit Ihrer überlegt ausgewählten Botschaften.

Kommunikationsziel, Botschaften und Argumentation ergeben in einem idealen Dreiklang die Entscheidungsgrundlage, auf der sich ein Arbeitsplatzanbieter für Sie als den richtigen Kandidaten entscheiden kann. Machen Sie es ihm nicht schwer. Entscheidungen sind schließlich das Schwierigste, was es in unserem Leben zu treffen gilt. Das trifft natürlich auch auf die Auswählerseite zu.

Drei Versionen für den Lebenslauf

Neben der Entwicklung eines guten Kommunikationsziels, den daraus abgeleiteten Botschaften und überzeugenden Argumentationsbeispielen mit der erwünschten Konsequenz, den Job angeboten zu bekommen, ist es unbedingt notwendig, sich einen präsentablen Werdegang oder auch Lebenslauf zu überlegen. Wenn wir das hier etwas distanziert formulieren, dann deshalb, um Ihnen zu verdeutlichen, dass es nicht um absolute Wahrheitsfindung oder so etwas wie Selbstreflexion geht. Schließlich liegen Sie nicht auf der Couch bei Ihrem Psychoanalytiker oder befinden sich im Beichtstuhl, sondern es geht ausschließlich darum, einer anderen Person schnell und prägnant wichtige Stationen Ihrer beruflichen Entwicklung zu vermitteln. Das darf gern einen »roten Faden« enthalten, sollte interessant und logisch schlüssig klingen und muss vor allem nett vermittelbar sein. Selbstzweifel und Irrwege, die auch Sie sicherlich in Ihrem Leben erlebt haben dürften, sind hier nicht gewünscht und müssen bei dieser Erzählung verständlicherweise draußen bleiben. Claro?!

Dass dieser Werdegang oder Lebenslauf in einem klaren Zusammenhang mit dem von Ihnen erarbeiteten Kommunikationsziel, den Botschaften und Argumenten steht, ist hoffentlich einsichtig. Damit Sie das Ganze gut erzählen können und Ihre Zuhörer im Vorstellungsgespräch wirklich angenehm unterhalten werden, müssen Sie drei (!) Versionen vorbereiten. Eine einminütige Kurzversion, eine knapp dreiminütige und noch eine etwas längere (ca. fünf bis sechs Minuten). Diese drei Versionen sollten Sie bitte nicht schriftlich ausformuliert zu Papier bringen, sondern nur in den wichtigsten Stichworten. Erschwerend kommt hinzu, dass der Aufbau so gestaltet sein sollte, dass die drei Versionen ineinander übergreifen, Sie diese also so erzählen können, dass nach einer Minute alle fundamental wichtigen Eckdaten vermittelt worden sind, Sie aber Stoff für weitere spannende Minuten (zwei bis fünf) haben, falls man Sie weiterer sprechen lässt. Dass dies funktioniert und in höchstem Maße erfolgreich ist, beweisen unsere täglichen Erfahrungen im *Büro für Berufsstategie*.

Es liegt auf der Hand: Sie werden im Vorstellungsgespräch früher oder später aufgefordert, Ihren Werdegang, Lebenslauf bzw. Ihre berufliche Entwicklung zu schildern. Wer dann in Ermangelung einer guten Vorbereitung damit anfängt, nochmals seinen Namen und das Geburtsdatum sowie den Geburtsort zu stammeln, sich selbst noch dazu kommentierend »... äh, aber das wissen Sie ja bereits, äh ...«, dann mit dem Grundschulbesuch weitermacht, erklärt, dass seine Eltern umzogen, eine neue Schule notwendig wurde usw., der langweilt und hat verspielt.

Optimale Voraussetzungen schaffen

Ihre Ausgangsposition

Zunächst ein paar grundsätzliche Dinge, die Sie als Vorbereitung auf das »Frage-und-Antwort-Spiel« unbedingt berücksichtigen sollten:

Die folgenden Besonderheiten sind bei der Analyse der Ausgangspositionen von Bedeutung:

Bewerben Sie sich

*   bei Groß-, mittleren oder kleineren Unternehmen?
*   in der Privatwirtschaft oder im öffentlichen Dienst?
*   aus (vermeintlich) gesicherter Position heraus (also idealtypisch)?
*   oder aus erkennbar unsicherer Position, z.B. unter Druck, weil bereits gekündigt?

Besonders die Unternehmensgröße Ihres potenziellen Arbeitgebers ist von Bedeutung für das Vorstellungsgespräch. Der mittelständische Betrieb etwa mit 100 Mitarbeitern, der einen berufserfahrenen leitenden Ingenieur für das Spezialgebiet der Belüftungstechnik sucht, geht in der Regel anders mit seinen Bewerbern um als der Lebensmittel-Großkonzern, der im mittleren Management (unterste Stufe) einen jüngeren Food-Produktmanager mit einer Reihe von Berufsjahren sucht.

Während Sie bei einem mittelständischen Betrieb davon ausgehen können, ein bis zwei Gespräche mit dem Firmeninhaber oder Geschäftsführer sowie mit einem für Sie direkt verantwortlichen Vorgesetzten (z.B. Hauptabteilungsleiter) und einem oder mehreren zukünftigen Kollegen zu führen, sieht dies bei einem Multi doch ganz anders aus.

Da gibt es u.U. sogar noch Gruppenauswahlgespräche. Recht wahrscheinlich sind vorgeschaltete Assessment-Center-Testveranstaltungen. Letztlich sehen Sie sich, nachdem Sie bereits von einigen Personalreferenten »verhört« und »vorsortiert« wurden, dem Personalchef und Ihrem potenziellen direkten Vorgesetzten gegenüber.

Wie das Bewerbungsverfahren im Einzelnen abläuft, ist dem Einladungsschreiben nicht immer zu entnehmen. Sollte Ihnen zu Ohren gekommen sein, dass so genannte Psychotests veranstaltet werden, ist es höchste Zeit, sich entsprechend vorzubereiten (ausführliche Hinweise zu Einstellungstests finden Sie u.a. in unseren Büchern *Testtraining 2000plus* und *Assessment Center*).

Vielleicht gelingt es Ihnen ja, vorab telefonisch in Erfahrung zu bringen, was Sie erwartet. Je größer die Firma, desto wahrscheinlicher ist es, dass Tests zum Zuge kommen. Ihre telefonische Anfrage muss natürlich in angemessener Art und Weise erfolgen, die Sie nicht gleich stigmatisiert (keinesfalls etwa so: »Was, Sie veranstalten ein Gruppenvorstellungsgespräch? Oh Gott, nein, wie furchtbar ...« oder »Verraten Sie mir doch bitte, welche Testverfahren im Einzelnen zum Einsatz kommen, ich garantiere Ihnen ...«). Geht es in Ihrer Bewerbung mehr um einen technischen Arbeitsbereich (klassisches Beispiel: Ingenieur), herrscht dort meist ein anderes Auswahlklima als z.B. in der wirtschaftlich administrativen bzw. in der medizinischen oder psychosozialen Branche. In Letzteren wird deutlich häufiger zu Tests und Tricks gegriffen. Hier scheinen auch die Gruppenbewerbungs-Gesprächsrunden erfunden worden zu sein. Da will natürlich der öffentliche Dienst und sein Beamtenapparat nicht zurückstehen und testet mit bzw. lässt testen, wenn auch hier der Ausfrageton oftmals nicht die Schärfe annimmt wie in der Privatwirtschaft.

Eine flexible Gesprächsstrategie von »Zu- oder Eingeständnissen«, Entgegnungen, Aufklärungsarbeit und gut vorbereiteter Argumentation wird nicht ohne positive Wirkung bleiben. Als sehr hilfreich können sich dabei Angst- und Wunschfragelisten und ihre intensive Vorab-Bearbeitung erweisen (s. S. 216 ff.).

Die Nerven im Griff

Aufregung, Nervosität, eine zittrige Stimme – all das ist normal, wenn Ihnen ein Vorstellungsgespräch bevorsteht. Ihnen geht es nicht allein so. Die meisten Menschen fühlen sich in einer solchen Situation unwohl. Kein Wunder: Schließlich ist ein Vorstellungsgespräch mit einer Prüfung vergleichbar. Und wer lässt sich schon gern auf den Zahn fühlen?

Das Unwohlsein im Vorstellungsgespräch resultiert auch aus der Befürchtung, abgelehnt zu werden. Da kommen frühkindliche Erfahrungen in uns hoch. Wir erinnern uns unbewusst an den Moment, wo wir zum ersten Mal abgewiesen wurden – etwa von den Eltern. Verdeutlichen Sie sich aber, dass es bei einer Bewerbung immer zu einer Ablehnung kommen kann – und dass Sie trotzdem ein toller Mensch sind. Ihr Angebot passt nicht zur Nachfrage, vielleicht gab es auch eine sehr starke Konkurrenz – das kommt vor! So etwas passiert unzähligen anderen Bewerbern tagtäglich auch. Vielleicht waren Sie ein Favorit, eine überzeugende Kandidatin – wenn aber nur eine Stelle frei ist, kann die Entscheidung eben nur für einen Bewerber fallen. Nehmen Sie es also nicht persönlich, sondern überlegen Sie, ob es nicht auch sein Gutes hat, den Job nicht bekommen zu haben. Wer weiß, vielleicht hätte es Ihnen dort gar nicht so gut gefallen oder es ergibt sich in Kürze woanders eine viel interessantere Arbeitsmöglichkeit.

Versuchen Sie also, eine gelassene Haltung einzunehmen, setzen Sie sich selbst nicht noch unter weiteren Druck.

Und bedenken Sie: Auf der anderen Seite des Schreibtischs wird man mit Sicherheit auch ein wenig angespannt, aufgeregt sein. Denn hier ist der Personalentscheider vor die schwierige Aufgabe gestellt, den geeignetsten Bewerber für die ausgeschriebene Stelle zu finden.

Man will sich keine Fehler erlauben, denn so etwas kann ein Unternehmen einiges kosten – wenn man nur an erneute Stellenausschreibungen, Bewerbungsmappensichtungen, Auswahlgespräche etc. denkt.

Martin John Yates, Ausbildungsleiter bei Dunhil Personal Systems, einem der größten Personalvermittlungsdienste in den USA, verrät: »In der Wirtschaft erliegt man häufig dem irrtümlichen Glauben, dass jeder durch seine Beförderung in die Reihen des Managements auf geheimnisvolle Weise alle nötigen Führungsfähigkeiten erwerbe. Das ist ein Trugschluss. Vergleichsweise wenigen Führungskräften wurde beigebracht, ein Bewerbungsgespräch zu führen. Die meisten stümpern mehr oder weniger vor sich hin und erwerben erst über längere Zeit ein gewisses Können.« (Martin John Yates: *Das erfolgreiche Bewerbungsgespräch*, München 1990, S. 129)

Vorstellungsgespräche üben

Ihre Aufregung lässt sich dämpfen, wenn Sie sich mithilfe unseres Buches mit den Hintergrundaspekten gründlich auseinander setzen. Das wird Sie stärken und die Angst vor schwierigen Fragen deutlich reduzieren.

Übung ist dabei ganz entscheidend. Lesen Sie sich nicht nur mögliche Fragen durch, und denken Sie sich im Geiste Antworten dazu aus, sondern sprechen Sie Ihre Antworten auch laut aus. Bitten Sie einen Freund, Ihren Partner etc., mit Ihnen einmal ein Vorstellungsgespräch durchzuspielen. In der realen Situation werden Sie sehr davon profitieren.

Es kann auch sehr hilfreich sein, Bewerbungserfahrungen zu sammeln, ohne dass Sie den angebotenen Arbeitsplatz unbedingt haben wollen. Warum bewerben Sie sich also nicht einmal bei einem Unternehmen, in dem Sie gar nicht unbedingt arbeiten wollen? Solch ein Vorstellungsgespräch, bei dem es nicht so darauf ankommt, ist eine ideale Experimentier-, Spiel- und Lernebene, von der Sie profitieren – immer für den Ernstfall, wenn es dann wirklich für Sie darum geht, einen interessanten Arbeitsplatz zu erobern.

Rechtliche Aspekte oder: Zur Not auch eine Lüge

Bestimmte Fragen im Vorstellungsgespräch, z.B. nach der Zugehörigkeit zu einer politischen Partei, brauchen Sie nicht wahrheitsgemäß beantworten, wenn Sie davon ausgehen müssen, dass von einer bestimmten Antworttendenz die Vergabe des Arbeitsplatzes abhängen könnte.

Nur arbeitsbezogene Fragen sind zulässig

Vorausgeschickt werden muss: Bestimmte Fragen und Themen dürfen im Bewerbungsverfahren gar nicht erst behandelt werden. Es sind nur solche Fragen erlaubt, die »arbeitsbezogen« sind, d.h. die mit dem zu besetzenden Arbeitsplatz in direktem Zusammenhang stehen.

Unzulässig ist die Ausforschung der politischen Meinung ebenso wie Fragen nach (auch früherem!) gewerkschaftlichem Engagement oder Privatplänen in puncto Heiraten, Familienplanung, Freizeitgestaltung und Hobbys. Frühere Krankheiten und die Frage nach einer Schwangerschaft sollten genauso tabu sein wie die Frage nach den Berufen von Lebenspartnern (oder anderen Personen, z.B. Eltern, Geschwistern) sowie nach den privaten Vermögensverhältnissen (evtl. Schulden).

»Verboten sind außerdem Fragen nach Vorstrafen, soweit ganz allgemein gefragt wird, also nicht nur nach solchen Vorstrafen, die ›einschlägig‹ sind, unzulässig ist dann konsequenterweise auch das Verlangen, ein polizeiliches Führungszeugnis vorzulegen, nicht statthaft sind schließlich Fragen nach laufenden Ermittlungsverfahren.

Unzulässig ist auch die Frage nach der früheren Arbeitsvergütung (sie dient ja u.a. dazu, evtl. Lohnansprüche des Bewerbers zu dämpfen); zulässig ist diese Frage jedoch dann, wenn sich daraus für die konkret in Aussicht genommene Tätigkeit Folgerungen ziehen lassen, z.B. wenn die Höhe der Vergütung Rückschlüsse auf die mit der früheren Tätigkeit verbundene Verantwortung ermöglicht und die in Aussicht genommene Position ebenfalls besonders verantwortliche Aufgaben mit sich bringt (...). Beantwortet der Bewerber eine unzulässige Frage falsch, so hat dies für die Wirksamkeit des Arbeitsvertrages keinerlei nachteilige Folgen. Dies ist zwangsläufig die Konsequenz des eingeschränkten Fragerechts des Arbeitgebers. Denn das bloße Recht, die Antwort zu verweigern, würde dem Bewerber nichts nützen; hier wäre keine Antwort eben auch eine Antwort. Lassen sich Tatsachen, die der Bewerber nicht anzugeben braucht, aus dem Lebenslauf erschließen, so darf der Bewerber den Lebenslauf insoweit ›normalisieren‹.« (E. Stevens-Bartol: *Bewerbung, Einstellung, Vertragsschluss*, München 1990, S. 18 f.)

Dr. X., niedergelassener Chirurg mit Kassenpraxis in Berlin, entschied sich für die charmante Michaela als seine neue Arzthelferin. Nach der Probezeit stellte sich heraus: Michaelas bezaubernder damenhafter Habitus entsprach nicht ganz den biologischen Tatsachen. Die Arzthelferin Michaela war, da sie sich noch keiner geschlechtsverändernden Operation nach dem Transsexuellengesetz unterzogen hatte, biologisch und offiziell beurteilt, der Arzthelfer namens Michael.

Der kleine Unterschied musste dem Berliner Knochendoktor, von Berufs wegen eher ein Mann fürs Grobe, ganz offensichtlich beim Vorstellungstermin und der sich anschließenden Entscheidungsprozedur entgangen sein. Nichtsdestotrotz kündigte der Doktor seiner Arzthelferin Michael(a) nun fristlos, weil er sich arglistig getäuscht fühlte.

Vor dem Bundesarbeitsgericht sah man sich nach kostspieligem Rechtsstreit wieder. Hier wurde entschieden: Ungefragt müsse kein Transsexueller mit seiner biologischen Sexualidentität aufwarten. Selbst bezüglich der konkreten Nachfragen von Arbeitsplatzanbieterseite schienen dem Bundesarbeitsgericht Zweifel angebracht.

Ohne ausdrückliche Einwilligung des Bewerbers sind unzulässig:

- medizinische Untersuchungen
- psychologische Tests
- graphologische Gutachten
- Sicherheitsüberprüfungen sowie die Genomanalyse

Bewerber dürfen persönliche Umstände verheimlichen oder auf entsprechende Fragen konsequent lügen. Und mehr noch: Allzu neugierige Arbeitgeber müssen schmerzlichen Schadenersatz fürchten. Nachdem die Materie vor deutschen Arbeitsgerichten jahrzehntelang auf Sparflamme köchelte, machte der Europäische Gerichtshof (EuGH) in Luxemburg mächtig Dampf. Ansatzpunkt ist die Gleichberechtigung der Geschlechter und die eigentlich auch schon früher als Tabuzone geschützte Intim- und Privatsphäre. Nur eben jetzt mit dem Unterschied, dass es für den Arbeitgeber beim allzu hemmungslosen Ausfragen wirklich teuer werden kann. Natürlich gibt es wie bei jeder Regel auch Ausnahmen: Wenn z.B. jemand für die katholische Kirche arbeiten will, ist die Frage des Arbeitgebers Kirche nach der Religionszugehörigkeit des Bewerbers durchaus zulässig. Ebenfalls einsichtig ist die Frage nach früheren Krankheiten bei Piloten oder Zugführern.

Was ziehen Sie an?

Die Kleidung ist ein ganz wesentlicher Signalträger und -geber unserer Befindlichkeit. Worin spiegelt sich unser Selbstbild deutlicher als in unserer Kleidung, unserem Outfit? An ihrer (Berufs-)Kleidung erkennen wir sie sofort: den Koch, Schornsteinfeger oder Arzt, den Obdachlosen, Jogger, Rocker oder Millionär. Ob Dame von Welt oder Vertreterin des ältesten Gewerbes der Welt – es gibt viele Bekleidungssignale, die uns bei der Einordnung und Orientierung behilflich sind.

Die Sozialpsychologie hat mithilfe eines Experiments herausgefunden, dass signifikant mehr Personen bereit sind, bei einer Rot zeigenden Fußgängerampel die Straßenkreuzung mit zu überqueren, wenn ein besonders gut gekleidetes »Modell« (Vorbild) es vormacht. Einer bescheiden bzw. eher ärmlich gekleideten Person folgen deutlich weniger Passanten bei Rot über die Straße. Wundert Sie das?

Das wussten Sie bereits: Wer sich um einen qualifizierten Arbeitsplatz in einem Versicherungskonzern bewirbt, kommt besser nicht in Joggingschuhen und Jeans daher, auch wenn dies auf der Überlegung basiert, auf diese Weise seine dynamische Note unterstreichen zu wollen.

Sollten Sie nun aber glauben, dass diese Bekleidungsutensilien bei einem Sportartikelmulti dazu angetan sind, Pluspunkte zu sammeln, irren Sie.

Lieber konservativ

Gibt es Patentrezepte? Das sicherlich nicht. Aber generell gilt: Heutzutage kleidet man sich für ein Vorstellungsgespräch wieder gediegen, zurückhaltend-vornehm, eher konservativ. Gefragt ist auch bei Damen die schlichte Eleganz. Unsere Empfehlung: Schauen Sie sich doch einfach mal typische Berufsvertreter in der von Ihnen angestrebten Position an, und orientieren Sie sich für Ihr Vorstellungsoutfit an deren Kleidung.

Verdeutlichen Sie sich, dass Sie nach dem Bewerbungsanschreiben mit Ihrem Erscheinungsbild eine weitere Arbeitsprobe und Visitenkarte abgeben. Vermeiden Sie es möglichst, besser gekleidet zu sein als Ihr Gegenüber, und verzichten Sie auf jede Extravaganz, also auf eine grelle, poppige, übertriebene Maskerade (auch Schminke) – es sei denn, Sie bewerben sich bei einer Werbeagentur oder in der »Kunstszene«.

Gepflegte Gesamterscheinung

Unsere Kurzempfehlungen ersetzen keinen Besuch beim Modeberater oder einem »Dress-to-success«-Farb- und Stilberatungsstudio. Sollen sie auch gar nicht. Aber wir können es nicht oft genug sagen: Die gepflegte Gesamterscheinung, angefangen von der Frisur über das Make-up bei Damen (Bartträger, meine Herren, haben es besonders schwer) bis zu Kleidung, Schuhen und Accessoires (Brille, Uhr, Schmuck, Tasche und Tuch), alles muss aufeinander abgestimmt sein, zu Ihnen passen, Ihre persönliche Note unterstreichen und repräsentieren helfen, Sie vorteilhaft »verkaufen«.

Ja, so ist es nun mal: Hier geht es um schnödes Verkaufen: Sie bieten Ihre Arbeitskraft und Leistung an, und Ihr Gegenüber, der Betrieb, das Unternehmen kauft diese ein und garantiert für die monatliche Gehaltszahlung.

Ob es Ihnen nun passt oder nicht, die Spiel-, d.h. in diesem Fall Verkleidungsregeln sind streng. Sie entscheiden, wie Sie sich an Ihrem potenziellen Arbeitsplatz einordnen, anpassen wollen. Und genau das ist es, was man dann auch sehen möchte: Wissen Sie, was man von Ihnen erwartet, und spielen Sie mit? Ein noch so talentierter Mitarbeiter kann, ja darf einfach auch an einem heißen Sommertag nicht in kurzen Hosen auftauchen.

Ohne hier nun weiter auf die vielen Details eingehen zu wollen: Es kommt letztlich genau auf diese an. Die preisgünstigen Schuhe mit Plastiksohle und schief gelaufenen Absätzen, der schon etwas angestoßene Aktenkoffer, unechter Schmuck, der unvorteilhafte Haarschnitt, das (gebrauchte?) Papiertaschentuch, weiße Socken zum dunklen Anzug – alles Indizien, die bei der Beurteilung und Entscheidung für oder (in diesen Fällen eher) gegen Sie sprechen.

Kleidung vorher probetragen

Und noch ein Tipp: Die Garderobe für Ihren wichtigen »Bühnen«-Auftritt müssen Sie kennen, d.h. vorher wenigstens an- und ausprobiert, besser einige Stunden bereits getragen haben. Drückende Schuhe, einquetschende, fast platzende Hemden, rutschende Hosen, knallenge Röcke, fehlende Knöpfe, kaputter Saum, Flecken – alles das stellt im Moment, da Ihr Auftritt kurz bevorsteht, eine furchtbare Falle, eine Quelle von Verunsicherung, Gefährdung und Unwohlsein dar. Gehen Sie kein unnötiges Risiko ein, machen Sie eine Generalprobe, stimmen Sie sich selbst vor dem Spiegel in Ihre Rolle ein, aber auch in Ihre Kleidung. Ihr Selbstwertgefühl wird es Ihnen danken.

Sollten Sie zu einem »Auswärtsspiel« fernab von der Heimat anreisen, gilt es, auch an Ersatz-Vorzeigekleidung zu denken, falls z.B. im Flugzeug eine Tasse Kaffee auf Ihrem Anzug oder dem Kostüm »landet«. Ersparen Sie sich den Stress, noch in letzter Minute einen Kostümverleih oder eine Schnellreinigung ausfindig machen zu müssen.

Betrachten Sie sich zu Hause gründlich im Spiegel, stellen Sie zu Ihrer geplanten Rolle und Ausstattung eine Beziehung her. Üben Sie Ihr Auftreten in der von Ihnen gewählten, sorgfältig zusammengestellten Kleidung.

Die Anreise

Wenn Sie mit dem Auto kommen, hier noch ein Wort zum »Anreisemittel Ihrer Wahl«. Während die Kleidung die Funktion einer »zweiten Haut« übernimmt, ist unser Auto sicherlich die dritte. Es verrät viel über seinen Besitzer.

Ob Sie im nostalgischen Käfer, einem legendären Mercedes 180 D, einem knallroten Porsche oder einem Fiat Uno vorgefahren kommen, wird nicht lange unregistriert bleiben. Spätestens bei einem zweiten Treffen schaut man Ihnen zu bzw. hinterher und sieht, womit Sie abfahren.

Und ob Ihr Wagen hinten voll mit Stickern beklebt ist (»Überholen Sie ruhig, ich kaufe Ihren Schrott auf«, »Ach, Ihr da OHM, macht doch, WATT Ihr VOLT« – und ähnlich markige Sprüche) oder die Tuxer Gletschereisbahn, Sylt und Tirol fröhlich grüßen oder ob Sie ein Kissen mit »exaktem Nackenschlag« oder Muttis Puppe mit selbst gehäkeltem Kleid, unter dem die Klorolle verborgen ist, im Heckfenster platziert haben, sagt eben auch etwas über Sie und Ihre Wesensart aus. Ganz zu schweigen vom verbeulten, rostigen oder auch nur schlicht dreckigen Autoäußeren.

Rechtzeitig auf den Weg machen

Planen Sie genügend Zeit für Ihre Anreise ein, mit Berücksichtigung eventuell auftretender Verzögerungen (Staus etc.). Sollten Sie zu einem Vormittagstermin in einer anderen Stadt eingeladen sein, ist es von Vorteil, einen Tag oder spätestens am Abend vorher am Zielort zu sein.

Es empfiehlt sich, wenn irgend möglich, den Ort dieses für Sie bedeutsamen Treffens vorab wenigstens einmal von außen aus einer gewissen Entfernung »besichtigt« zu haben. So kennen Sie den Anreiseweg, wissen, wo man parkt bzw. wie man zu dem Hauptgebäude, in dem das Vorstellungsgespräch stattfindet, gelangt, kennen Wegezeiten, haben sich mental und auch emotional schon ein bisschen eingestimmt.

Auf diese Weise können Sie sich auch psychisch ganz anders vorbereiten, haben Sie doch jetzt eine realistische Vorstellung, wie das äußere Szenarium aussieht. Lassen Sie einmal die Atmosphäre auf sich einwirken, schauen Sie sich an, was die Fenster und das andere Drumherum Ihnen sagen. Aus vielen Details werden Sie sich ein Bild zusammensetzen können, das Ihnen hilft, den Geist des Hauses, der Firma, des potenziellen neuen Arbeitgebers besser zu erfassen.

Handelt es sich um futuristische Architektur oder ein Gebäude der Jahrhundertwende, dessen dicke Mauern langsam zu zerbröseln drohen? Ist der Zaun von der Art, wie man ihn um Gefängnisse baut, oder hat er mehr dekorativen als funktionalen Charakter? Alles Hinweise, Mosaiksteine für ein vorläufiges Bild, die am Tag der Begegnung zumindest keine negativ irritierende Überraschung mehr bei Ihnen auslösen.

Aber auch wenn Sie glauben, den Weg gut zu kennen, können Sie nicht sicher sein, z. B. in einem labyrinthartigen Bürogebäudekomplex gleich den kürzesten Weg und das richtige Zimmer zu finden.

Besser also, Sie sind eine Viertelstunde zu früh da, als zehn Minuten zu spät. Natürlich dürfen Sie nicht übertreiben. Insbesondere sollten Sie im Vorzimmer des Geschehens nicht mehr als fünf Minuten vor dem vereinbarten Termin eintreffen. Wer zwanzig Minuten zu früh erscheint, macht einen denkbar schlechten Eindruck.

Entscheidend ist, so ausgeruht wie nur irgend möglich zu sein. Sollten Sie sich wider Erwarten an einem so wichtigen Tag krank fühlen – aus welchen Gründen auch immer –, ist es sinnvoller, den Termin abzusagen, als beispielsweise mit allen sichtbaren und unsichtbaren Befindensbeeinträchtigungen einer schweren Erkältung anzutreten und sich nicht optimal präsentieren zu können.

Die Reisekostenabrechnung

Ist das Vorstellungsgespräch für Sie mit Fahrt-, Verpflegungs- und Unterbringungskosten verbunden, so gilt für die Erstattung folgende Regelung: Bei einer Einladung zum Vorstellungsgespräch muss der potenzielle Arbeitgeber für alle angemessenen Kosten aufkommen, die Ihnen entstehen, egal ob ein Arbeitsvertrag zustande kommt oder nicht. Sollte ein potenzieller Arbeitgeber dazu nicht bereit sein, so muss er Ihnen diesen Sachverhalt vorher ausdrücklich mitgeteilt haben (was Sie sicherlich nachdenklich gestimmt hätte).

Wenn Sie allerdings anfangen, bei der Abrechnung der Ihnen entstandenen Kosten das Parkhausticket oder den Fahrschein des öffentlichen Nahverkehrs in Rechnung zu stellen, lassen Sie – gelinde gesagt – den adäquaten Blick für Proportionen vermissen. An der Art und Weise, wie Sie Ihre Abrechnungsunterlagen zusammenstellen und die Gegenseite die Zahlungsabwicklung gestaltet, ist wechselseitig viel abzulesen. Hier sieht man schnell, mit wem man es zu tun hat. Das gilt für Bewerber- wie Unternehmensseite.

Stellen Sie sich bei einem Arbeitgeber aus Eigeninitiative vor, ohne die ausdrückliche Verabredung, dass dieser für die Reisekosten aufkommt, müssen Sie alle Auslagen selbst tragen.

Wenn man Sie warten lässt

Sie hatten einen Termin für 15 Uhr; nun ist es schon fast eine Viertelstunde später, und Ihre Nervosität nimmt zu. Als die Sekretärin Sie begrüßte, verwies sie darauf, dass es noch ein wenig dauern könnte, der Chef hätte noch ein wichtiges Gespräch. Sie sollten doch bitte in dem Raum nebenan Platz nehmen. Da sitzen Sie nun, wie bestellt und nicht abgeholt. Zunächst waren Sie vielleicht froh, noch ein paar Minuten zu haben, um sich zu sammeln. Aber so langsam könnte es dann doch schon losgehen… Etwas später – was das wohl heißen mag?

Wenn man Sie vor dem Vorstellungsgespräch warten lässt, dann kann der Grund natürlich darin liegen, dass Ihrem Interviewer wirklich etwas Wichtiges dazwischen gekommen ist. Es ist aber auch möglich, dass diese Wartezeit schon Teil der Prüfung ist. Man will herausfinden, wie schnell Sie entnervt sind. Dritte Möglichkeit: Das Ganze ist eine Art Machtdemonstration: Man zeigt Ihnen deutlich, wer hier was zu sagen hat, nach dem Motto: »Schließlich will der Bewerber etwas von uns und nicht wir von ihm.« Manch ein Kandidat lässt sich davon bereits im Vorfeld einschüchtern, weil auf diese Weise ihm mehr oder weniger deutlich übermittelt wird: So wichtig bist du nicht, als dass wir uns pünktlich an den Termin halten müssten.

Immer unter Beobachtung

Was auch immer der Grund ist für die Wartezeit, bedenken Sie, dass Sie möglicherweise bereits jetzt schon unter Beobachtung stehen. Nicht nur im »Big-Brother«-Container sind Kameras installiert, auch einige Firmen haben auf diese Weise alles im Blick, um Sicherheit zu gewährleisten, vor Diebstahl geschützt zu sein, zu beobachten etc. Ihre »Vorstellung« beginnt also im Grunde bereits ab dem Zeitpunkt, zu dem Sie einen Schritt in das Gebäude bzw. aufs Firmengelände setzen – und ist auch erst beendet, wenn Sie außer Sicht- und Hörweite des Hauses sind. Denn vielleicht sieht man Ihnen aus dem Fenster noch hinterher, schaut sich an, mit welchem Auto Sie gekommen sind etc. (s. S. 91).

Doch noch sitzen Sie und warten darauf, dass endlich das Vorstellungsgespräch beginnt. Wie lange lässt man Sie da sitzen? Und wie lange nehmen Sie es hin, ohne zu murren? Es ist sicher kein Grund zur Beschwerde, wenn man Sie fünf oder zehn Minuten warten lässt. 15 Minuten sind vielleicht auch noch gerade vertretbar, aber danach wird es Zeit, dass Sie in Aktion treten. Fragen Sie die Sekretärin freundlich, aber bestimmt, ob sie einmal nachfragen könnte, wie lange es noch dauert.

Pünktlichkeit ist ein Zeichen der Wertschätzung

Wenn die Sekretärin sich erkundigt hat und Ihnen mitteilt, dass es noch einen Moment dauert, gedulden Sie sich etwas. Fragen Sie, was »ein Moment« ungefähr heißt, damit Sie sich darauf einstellen können. Kann die Sekretärin auch das nicht näher beantworten, sollten Sie sich bis zu einer weiteren Viertelstunde gedulden. Hat sich bis dahin noch immer nichts getan, bitten Sie die Sekretärin, den Chef zu fragen, ob er besser einen neuen Termin vereinbaren möchte, an dem es günstiger ist. Sie müssen nämlich nicht geduldig wie ein Schaf stundenlang herumsitzen. Demonstrieren Sie, dass Sie nicht irgendwer sind. Das heißt nicht, dass Sie ausfallend werden. Bleiben Sie freundlich und gelassen (wenn irgendwie möglich), aber zeigen Sie auch, dass Sie es nicht nötig haben, ewig zu warten. Schließlich haben auch Sie wichtige Termine …

Auch wenn Ihnen dieser Schritt sehr drastisch erscheint und eine gute Portion Selbstbewusstsein erfordert, so spricht doch einiges dafür. Denn es hat immer auch mit Wertschätzung zu tun, wenn man Termine pünktlich einhält oder eben auch nicht. Wenn Ihr Interviewpartner es nicht mal für nötig hält, konkretere Angaben zu machen als »es kann noch eine Weile dauern«, dann scheint die Wertschätzung nicht gerade sehr ausgeprägt zu sein. Und das spricht eindeutig gegen das Unternehmen und die Verantwortlichen. Denken Sie immer daran: Nicht nur Sie stehen bei einem Bewerbungsgespräch auf dem Prüfstand, auch das Unternehmen und deren Vertreter. Und das bzw. die sollten Sie genau unter die Lupe nehmen und überlegen, ob Sie sich in einer solchen Firma wohl fühlen würden. Schließlich möchten Sie ja nicht nach nur kurzer Zeit schon wieder den Arbeitsplatz wechseln.

Exkurs:
Ruf an – Die andere Form des Vorstellungsgesprächs

Telefonieren in einer Bewerbungssituation hat einen besonderen Stellenwert – und ist gar nicht so einfach. Auch hierbei handelt es sich bereits um eine Art Vorstellungsgespräch, und deshalb ist eine gute Vorbereitung jedes Telefongesprächs in der Bewerbungsphase besonders wichtig.

Wenn Sie Ihren Wunscharbeitsplatz schnell erobern wollen, müssen Sie lernen, Ihre Ziele am Telefon durchzusetzen. Die meisten BewerberInnen verlassen sich ausschließlich auf ihre schriftliche Bewerbung. Dabei sind Briefaktionen ohne telefonische Unterstützung meistens unproduktiv. In großen Unternehmen treffen regelmäßig Hunderte von Bewerbungsbriefen ein – entsprechend gering sind die Chancen, dass man ausgerechnet Sie zu einem Vorstellungsgespräch einladen wird.

Als selbstsicherer und motivierter Bewerber sollten Sie nichts dem Zufall überlassen und deshalb Techniken des erfolgreichen Telefonierens erlernen. Die richtige Taktik vorausgesetzt, können Sie beinahe jede Führungskraft telefonisch erreichen. Natürlich werden Ihnen diese Fähigkeiten nicht nur in der Bewerbungsphase, sondern während Ihrer gesamten Karriere helfen.

Viele Bewerber unterschätzen die Chancen, die der gezielte Einsatz des Mediums Telefon bei einem Bewerbungsvorhaben bringt: Lediglich 10 Prozent greifen während der Stellensuche zum Hörer. Die nicht telefonierende, schweigende Mehrheit pirscht sich dagegen nur schriftlich an die begehrten Arbeitsplätze heran. Das ist sicherlich ein strategischer Fehler. Wie man das Telefon am wirkungsvollsten für eigene Bewerbungszwecke nutzt, soll hier zunächst schriftlich dargestellt werden. Diese Hinweise können jedoch die praktische Erfahrung am und mit dem Telefon – und damit meinen wir Übungen – nicht ersetzen.

Stellen Sie Ihre Kommunikationsfähigkeit unter Beweis

Obwohl Informationen eigentlich am schnellsten und leichtesten über das Telefon weiterzugeben sind, haben viele Bewerber erstaunliche Hemmungen, ihre potenziellen Arbeitgeber anzurufen. Viele fürchten, nicht die richtigen Worte zu finden oder einen schlechten Eindruck zu hinterlassen. Dabei liegen die Vorteile eines Telefonats klar auf der Hand: Durch einen Anruf kann man sich bereits in der allerersten Bewerbungsphase positiv von anderen Kandidaten abheben, bevor die Bewerbungsunterlagen bewertet werden. Die meisten Unternehmen suchen kontaktfreudige und kommunikative Mitarbeiter. Ein gut vorbereitetes Telefongespräch ist die beste Möglichkeit, die eigene Kommunikationsfähigkeit (Stichwort soziale Kompetenz) unter Beweis zu stellen. Hier können Sie als Kandidat Interesse wecken und einen ersten positiven Eindruck hinterlassen (»Na, der/die klang aber sympathisch!«).

Folgende Situationen eignen sich besonders für den Einsatz des Telefons im Bewerbungsvorhaben:

- Informationen sammeln
- Kontakt aufnehmen
- Kontakt halten
- nachfassen
- die Initiativbewerbung

Informationen sammeln

Bevor Sie mit Ihrer Bewerbung beginnen, sollten Sie möglichst viele Informationen über das anvisierte Unternehmen einholen, denn schließlich wollen Sie sich als optimaler Problemlöser für genau dieses Unternehmen präsentieren. Beginnen Sie Ihre Recherche in der Telefonzentrale der Institution. Oft wird man Sie von dort in die Öffentlichkeitsabteilung weiterverbinden. Lassen Sie sich ein Profil, eine Pressemappe oder ähnliche Unterlagen zusenden. Bei großen Unternehmen gibt es außerdem Broschüren und Mitarbeiterzeitungen für einzelne Geschäftsbereiche.

Kontakt aufnehmen

Bevor Sie Ihre Bewerbungsunterlagen einsenden, sollten Sie auf jeden Fall den als am wichtigsten erkannten Entscheidungsträger anrufen.

Sollten Sie den Entscheidungsträger/Geschäftsführer/Personalchef nicht persönlich an die »Strippe« bekommen und (nur) mit seinem Referenten oder der Sekretärin telefoniert haben, empfiehlt es sich dennoch, im Einleitungssatz Ihres Bewerbungsanschreibens darauf hinzuweisen: »Nach einem Telefonat mit Ihrem Mitarbeiter, Herrn X/Ihrer Sekretärin, Frau Y ...« Höchstwahrscheinlich wird sich der Adressat in einem solchen Fall bei Herrn X beziehungsweise Frau Y über den Anrufer erkundigen, um sich den persönlichen Eindruck schildern zu lassen.

Ziel dieser ersten telefonischen Kontaktaufnahme ist es, Interesse zu wecken und den Personalentscheider neugierig auf Ihre Bewerbungsunterlagen zu machen. Im besten Fall wirkt Ihr Telefongespräch wie ein gut gemachter Trailer im Kino oder im Fernsehen, der in kürzester Form Werbung für einen neuen Film macht. Vielleicht schaffen Sie es, bereits während des Telefonats persönliche Sympathie bei Ihrem Gesprächspartner zu mobilisieren. Das gelingt beispielsweise, wenn man überraschend auf Gemeinsamkeiten stößt (»Ach, Sie haben auch in München studiert« oder »Ich war auch ein Jahr in Spanien«). Übertreiben Sie aber nicht, indem Sie zu vertraulich werden.

Kontakt halten

Nutzen Sie das Telefon, um mit Ihrem Wunsch-Arbeitgeber in Verbindung zu bleiben. Ein Jungmediziner, der im Anschluss an sein drittes Staatsexamen und die AiP-Zeit eine der begehrten Facharztstellen in der Chirurgie erhalten hat, berichtet: »Um als junger Arzt heute noch eine gute Stelle im Krankenhaus zu ergattern, muss man sich fast die Mentalität eines Versicherungsvertreters zulegen: Jeden dritten Tag anrufen und fragen, ob der Chef sich entschieden hat, wie lange es noch dauert und ob es etwas Neues gibt. Man darf sich auch als Arzt nicht zu schade dafür sein.«

Bei solchen Aktionen sollte immer eine Kopie Ihrer Bewerbung griffbereit neben dem Telefon liegen, denn nach zwanzig Bewerbungen können Sie nicht mehr genau wissen, was Sie wem und wie geschrieben haben. Seien Sie außerdem darauf vorbereitet, wie im »echten« Vorstellungsgespräch über Ihre Gehaltsvorstellung zu sprechen. Am besten antworten Sie auf eine solche Frage nicht direkt, sondern machen deutlich, dass Sie inhaltlich (intrinsisch) motiviert sind und Geld zwar eine Rolle spielt, aber nicht die entscheidende. Bei weiteren Nachfragen benennen Sie besser eine Spanne, also z. B. 30- bis 35 000 Euro.

Nachfassen

Sollten Sie nach etwa ein bis zwei Wochen nach Absenden der Unterlagen noch nichts gehört haben, ist dies abermals Anlass, zum Telefonhörer zu greifen. Dabei können ganz unerwartete Dinge passieren. Ein Diplom-Ingenieur, Klient unseres Büros für Berufsstrategie in Berlin, erlebte Folgendes: Er hatte seine Unterlagen an einen Handy-Entwickler geschickt und nach drei Wochen immer noch nichts gehört. Telefonisch erkundigte er sich höflich nach dem Stand der Dinge. Der Personalleiter packte die Gelegenheit beim Schopf: »Wie sieht es aus, Herr…, können Sie morgen um 16 Uhr zum Vorstellungsgespräch kommen?« Der Kandidat ging zum vereinbarten Termin und wurde umgehend eingestellt.

Auch in anderen Phasen Ihrer Bewerbung sollten Sie zum Telefon greifen. Wenn Sie beispielsweise nach einem Vorstellungsgespräch eine Absage erhalten, dürfen Sie ruhig nach den Gründen fragen, aber auf keinen Fall beleidigt oder vorwurfsvoll. Schließlich wollen Sie ehrlich wissen, warum man sich nicht für Sie entschieden hat.

Bitten Sie um einen persönlichen Tipp für Ihre weiteren Bewerbungen. Erstens gibt jeder Mensch anderen gern Ratschläge und zweitens bringen Sie sich auf diese Weise noch einmal in Erinnerung und zeigen Einsatzbereitschaft und soziale Kompetenz auch in einer für Sie schwierigen Situation.

Die Initiativbewerbung

Besonders bei Initiativbewerbungen ist das Telefon ganz hervorragend einzusetzen. Etwa so:

Personalchef: »Groß…«
Bewerber: »Guten Tag, Herr Groß, mein Name ist Michael Schuster, ich rufe Sie aus Leverkusen an. Ich bin Volljurist, kenne mich gut aus im Bereich der kommunalen Müllentsorgung und habe bereits zwei Jahre bei der Stadtverwaltung in diesem Bereich gearbeitet. Haben Sie einen Augenblick Zeit, oder passt es Ihnen besser, wenn ich Sie morgen früh gegen 10 Uhr noch einmal anrufe?«

Personalchef: (etwas ungeduldig) »Worum geht es denn?«
Bewerber: »Herr Groß, es geht darum, dass ich mich bei Ihnen für den Projekt-

bereich Chemie-Sondermüll bewerben möchte. Sehen Sie da eine Chance? Ich verfüge über Spezialwissen im Bereich Biochemie und...« (Hier folgen weitere Werbeargumente in eigener Sache.)

Wenn Sie sich telefonisch initiativ bewerben, sollten Sie als Erstes fragen, ob Ihr Gesprächspartner in diesem Augenblick gerade Zeit für Sie hat:

»Frau Beyer, da Ihr Unternehmen plant, die Ölpumpenserien auszubauen, würde ich mich gern als Softwaretechniker bewerben. Haben Sie fünf Minuten Zeit für mich, oder passt es Ihnen besser, wenn ich Sie morgen Nachmittag, sagen wir gegen 15 Uhr, wieder anrufe?«

Schlagen Sie unbedingt eine konkrete alternative Anrufzeit vor und verabreden Sie möglichst einen festen Termin: »Gut, dann rufe ich Sie morgen um 15 Uhr noch einmal an. Ich freue mich, wenn Sie dann ein paar Minuten Zeit für mich haben.«

Wenn der Personalchef anruft

Auch Personalchefs greifen während der Bewerberauslese zum Telefon. Sie rufen ohne Vorwarnung bei den Kandidaten an und verschaffen sich auf diese Weise Zugang zu deren Privatsphäre. Wie reagiert der Bewerber auf diese unerwartete Situation? Mit wem lebt er zusammen? Wie ist sein privates Umfeld? Manche Personalleiter ziehen daraus Schlüsse und entscheiden so, bei wem es sich lohnt, ihn zum Vorstellungsgespräch einzuladen.

Die Person, die anruft, ist immer im Vorteil. Sie hat sich auf das Gespräch vorbereitet, während Sie wahrscheinlich nicht einmal Ihre Unterlagen vor sich liegen haben. Was können Sie also tun? Eine klassische Lösung:

»Guten Tag, Herr Schmidt. Ich verabschiede gerade meinen Besuch. Kann ich Sie gleich zurückrufen?« (Vergessen Sie nicht, nach der Durchwahlnummer zu fragen, bevor Sie auflegen.) Nun haben Sie ein paar Minuten Zeit, einen Blick in Ihre Notizen zu werfen und sich innerlich auf das Gespräch einzustellen.

Ein Vor-Vorstellungsgespräch am Telefon kann – ebenso wie das Face-to-Face-Interview – leicht als Prüfungssituation empfunden werden und entsprechende Ängste hervorrufen. Bleiben Sie deshalb unbedingt ruhig, atmen Sie tief durch und sprechen Sie deutlich und flüssig, nicht zu langsam und nicht zu schnell. Geben Sie auf Nachfrage die wichtigsten Informationen weiter, die für den Arbeitgeber und den Auswahlprozess relevant sind.

Besonders auf die provozierende Frage des Personalchefs – ausgesprochen oder nicht – »Warum sollten wir ausgerechnet Sie einladen?«, müssen Sie gut vorbereitet sein. Sie sollten aus dem Stegreif eine Werbebotschaft, also Verkaufsargumente in eigener Sache überzeugend vortragen. Vermitteln Sie bei alledem gute Laune und Aktionspotenzial, selbst wenn gerade die Badewanne überläuft oder das Omelett in der Pfanne anbrät. Fassen Sie sich aber unbedingt kurz. Chefs haben wenig Zeit, sind jedoch immer offen für ein interessantes Gespräch.

Auch am späten Abend und am Wochenende müssen Sie auf solche »Einbrecher«-Anrufe vorbereitet sein. Erklären Sie Ihren Familienmitgliedern oder Mitbewohnern, wie sie sich verhalten sollen, falls in Ihrer Abwesenheit ein Arbeitgeber für Sie anruft: freundlich-höfliches Reagieren, Namen von Anrufer und Firma aufschreiben, ebenso die Telefonnummer, einen Rückruf zu einer konkreten Zeit zusagen und am Schluss für den Anruf danken. Veranstalten Sie ruhig eine kleine Schulung mit allen, die möglicherweise bei Ihnen ans Telefon gehen! Sprechen Sie außerdem eine freundlich-verbindliche, professionell klingende Ansage auf Ihren Anrufbeantworter und verabschieden Sie sich von akustischen Visitenkarten mit Jux und Dollerei.

So telefonieren Sie erfolgreich

Vielleicht denken Sie jetzt: »Telefonieren kann doch jeder!« Stimmt schon, aber Sie wollen bei der ersten Kontaktaufnahme ja nicht klingen »wie jeder«. Telefonieren Sie deshalb im Stehen. Das gibt Ihrer Stimme Kraft und vermittelt einen dynamischen Eindruck. Wenn Ihr Telefon es erlaubt (und sie gerade nichts notieren müssen), können Sie während des Gesprächs auf und ab gehen. Ziehen Sie sich für ein wichtiges Telefonat an wie für ein Vorstellungsgespräch. Mit Jogginganzug und Puschen, zusammengesunken auf Ihrem Sofa, werden Sie andere nicht überzeugen können. Schauen Sie in einen auf dem Schreibtisch aufgestellten Spiegel oder besser noch – weil Sie ja stehen – in Ihren Wandspiegel. Lächeln Sie sich selbst an. Nicht grinsen! Sie werden sehen, wie positiv das Ihre Ausstrahlung am Telefon beeinflusst. »Die Form des Munds hat Einfluss auf den Klang der Stimme«, weiß der Amerikaner George Walther, Autor des Buches *Phone Power* und Profi-Telefontrainer.

Ruhige Umgebung

Während des Telefongesprächs mit Ihrem potenziellen Arbeitgeber muss Ihre Umgebung absolut ruhig sein. Das bedeutet unter anderem, dass Sie besser nicht aus einer Telefonzelle anrufen. Sorgen Sie dafür, dass im Hintergrund niemand mit Geschirr klappert, Ihr Hund nicht bellt und die Katze nicht aufs Telefon springt. Vermeiden Sie außerdem Bürolärm, der den Eindruck erweckt, Sie telefonierten auf Kosten Ihres jetzigen Arbeitgebers, ein Fauxpas, den Sie nie wieder gutmachen können.

Ihre Türklingel sollten Sie möglichst abschalten oder wenigstens akustisch abschotten. Wenn Sie endlich den richtigen Ansprechpartner am Telefon haben, wollen Sie nicht von Prospektverteilern, die an die Briefkästen im Hausflur wollen, oder der Nachbarin, die nach einer Tasse Mehl fragt, gestört werden.

Das Telefonskript

Da es natürlich nicht nur auf die Form, sondern auch auf den Inhalt Ihres Anrufs ankommt, sollten Sie vor dem Telefonieren ein Skript mit Ihren wichtigsten Punkten verfassen. Schreiben Sie auf, was Sie sagen wollen. Ihr Gesprächspartner wird Sie sonst durch seine gehetzte Art leicht aus dem Konzept bringen. Auch wer lieber improvisiert, sollte sicherheitshalber ein Skript vor sich liegen haben! Notieren Sie ganz oben den Namen Ihres gewünschten Gesprächspartners, im Zweifelsfall erkundigen Sie sich vorher nach der korrekten Aussprache.

Sprechen Sie den Menschen am anderen Ende der Leitung mit Namen an: »Herr Stelter, haben Sie einen Augenblick Zeit für mich, es dauert nicht länger als drei Minuten!« »Frau Möncheberg, ich habe im Internet gesehen, dass Sie ein neues Projekt im Bereich automatische Spracherkennung ins Leben gerufen haben.« »Herr Berndt, ich danke Ihnen herzlich für diese Informationen. Ich schicke Ihnen dann meine Unterlagen.«

Halten Sie Maß

Bitte übertreiben Sie nicht. Es ist zwar richtig, dass jeder gern seinen Namen hört, allerdings nicht ununterbrochen. Wenn Sie es für besonders geschickt halten, Ihren Gesprächspartner mit seinem Namen zu bombardieren, irren Sie gewaltig. Wer ständig mit Floskeln wie »Ja, Herr Meier«, »Nein, Herr Meier«, »Stimmt, Herr Meier«, »Natürlich, Herr Meier«, »Gern, Herr Meier«, »Vielen Dank, Herr Meier« um sich wirft, raubt dem Menschen am anderen Ende der

Leitung den letzten Nerv und klingt eher wie ein Staubsaugervertreter als jemand, den man einstellen möchte.

Beschränken Sie die Namensnennung auf die Begrüßung und den Schluss. Wichtig ist, dass Sie freundlich und natürlich klingen. Ihr Gegenüber soll nicht das Gefühl bekommen, Sie seien gerade von einem missglückten Rhetorik-Wochenendseminar mit dem Thema »So überzeuge ich andere« zurückgekehrt.

Konkret sein

Unabhängig davon, in welcher Phase Ihrer Bewerbung Sie anrufen, müssen Sie stets den Eindruck vermitteln, dass Sie wirklich etwas zu sagen oder zu fragen haben. Personalchefs sprechen gern über Ihr Unternehmen, vor allem über die Größe und die Zahl der Mitarbeiter. Zeigen Sie ihm durch präzise Fragen, dass Sie sich für seine Arbeit und seinen Betrieb interessieren. Machen Sie auch deutlich, dass Sie die Stellenausschreibung sorgfältig gelesen haben.

Beispiele:

»Guten Tag, Frau Gatzinger. Gerade habe ich über Ihr Unternehmen in der *Welt* gelesen. Ich interessiere mich sehr für eine Tätigkeit im Bereich Kongressmanagement und möchte Ihnen gern meine Bewerbungsunterlagen zusenden. Dem Zeitungsbericht war zu entnehmen, dass Sie gute Erfahrungen mit der Beschäftigung von Geisteswissenschaftlern in Ihrem Unternehmen gemacht haben. Deshalb meine Frage: Ich bin promovierter Physiker, habe aber bereits einige Erfahrungen mit der Planung wissenschaftlicher Kongresse. Zum Beispiel habe ich letztes Jahr die Hauptversammlung der Internationalen Naturwissenschaftlervereinigung gestaltet. Sehen Sie da eine Chance für mich, oder sind Sie auf Geisteswissenschaftler festgelegt?«

»Guten Tag, Frau Thoms, ich habe gehört, dass Sie zurzeit Programmierer suchen. Da ich Mathematik studiert habe, bin ich vor allem auf konzeptionelle Arbeit spezialisiert. Ich würde mich daher gern kurz mit dem zuständigen Projektleiter unterhalten. Es geht um die Frage, ob er jemanden zum Programmieren oder eher für die Konzeption benötigt. Können Sie mich weiterverbinden?«

Lassen Sie sich dabei nicht zu schnell abwimmeln. Sie können Ihre Unterlagen ja auch bei der Sekretärin abgeben. Auf diese Weise gelingt es vielleicht, sie zu Ihrer Verbündeten zu machen. Das wird sich schon bei Ihrem nächsten Anruf für Sie bezahlt machen. Außerdem ist Ihr Kurzbesuch ein weiteres Zeichen Ihrer

Einsatzbereitschaft und Motivation. Wenn dann noch der Zufall mitspielt und der Chef gerade ins Vorzimmer kommt, kann sich durchaus ein kurzes erstes Vorstellungsgespräch entwickeln. Auch hierauf sollten Sie vorbereitet sein.

Stimmlich überzeugen

Viele Leute sind unsicher, wie ihre Stimme am Telefon klingt. In solchen Fällen ist es hilfreich, Freunde oder Bekannte gezielt auf dieses Thema anzusprechen. Vielleicht können Sie ein Probetelefonat mit Ihrem besten Freund oder Ihrer besten Freundin auf Tonband aufzeichnen. Überhaupt sind Rollenspiele am Telefon sehr zu empfehlen. Auch Atem-, Entspannungs- und Stimmübungen tun gute Dienste und verschaffen der Stimme mehr Präsenz. Die Persönlichkeits- und Kommunikationstrainerin Sabine Asgodom rät, das Telefonskript vorher zu singen (ja, Sie haben richtig gelesen!) – nach einer bekannten oder erfundenen Melodie. Ihr Vortrag wird dadurch mehr Klang und Fülle bekommen. Schließlich wollen Sie am Telefon nicht nur mit Worten, sondern auch als Persönlichkeit überzeugen.

Der richtige Zeitpunkt

Natürlich sollte der Tag, an dem Sie wichtige Telefongespräche führen, ein »lucky day« sein. Gut ausgeschlafen, gut gelaunt und voller Tatendrang greifen Sie zum Telefon. Telefonexperten raten Bewerbern: Erfolgreiches Telefonieren ist auch eine Frage des Biorhythmus. Ein Morgenmuffel kann nicht schon vormittags mit der Stimme kraftvolle Bilder malen, Ideen vermitteln und Power rüberbringen. Außerdem sollte man sich nicht vorher über irgendjemanden furchtbar geärgert haben. So etwas überträgt sich garantiert auf das Telefonat.

Apropos Frühaufsteher: Wenn Sie Sorge haben, mit Ihrem Anliegen nicht an der Sekretärin vorbeizukommen, versuchen Sie es doch einmal morgens zwischen 7 und 8.30 Uhr. Vielleicht haben Sie Glück, und der Chef ist schon im Büro. Als Morgenmuffel versuchen Sie es besser nach 17 Uhr, Freitag nachmittags oder in kleineren Unternehmen auch mal am Wochenende. Nicht selten sind Chefs auch noch um 18 oder 20 Uhr und Samstag vormittags im Büro und wie jeder Mensch neugierig, wenn das Telefon klingelt. Auch wenn Ihr Gegenüber sich nicht gleich zu erkennen gibt und sich nur mit »Hallo« meldet, gehen Sie ruhig davon aus, dass Sie einen Entscheidungsträger am anderen Ende der Leitung haben. Das ist Ihre Chance. Tragen Sie Ihr Anliegen vor.

Zur Dynamik des Telefongesprächs

Ein Gespräch ist nur dann ein Austausch, wenn beide Seiten zuhören und wahrnehmen, was der andere zu sagen hat. Wenn Sie aufmerksam zuhören, werden Ihnen genügend Anhaltspunkte geliefert, die Ihnen zu einem Vorstellungsgespräch verhelfen können.

Hierauf kommt es an:
- Sie sollten lernen, Nuancen und Pausen in den Antworten Ihres Gesprächspartners zu erkennen. Wenn Sie ein Gespür für seine Stimmung entwickeln, können Sie Ihre Strategie daran anpassen und so Ihr Ziel erreichen.
- Wenn Sie auf seine Kommentare nicht reagieren, wird er aufhören, Ihnen zuzuhören. Bekräftigen Sie deshalb während des Gesprächs manche seiner Bemerkungen.
- Ignorieren Sie niemals einen Einwand. Bestätigen Sie den Einspruch, indem Sie ihn wiederholen. Bieten Sie dann andere Lösungsvorschläge an.

Ein Beispiel:

Die andere Person: »Wir haben schon jetzt zu viele Mitarbeiter.«
Sie: »*Ich verstehe durchaus, dass Sie bereits zu viele Mitarbeiter haben. Gilt das aber auch für erstklassige Verkäufer?*«

»Nun, gutes Verkaufspersonal haben wir nie genug.«
»*Für meinen letzten Arbeitgeber steigerte ich den Umsatz in meiner Region im letzten Jahr um 20 Prozent. Wenn es Ihnen nächsten Dienstag passt, können wir uns vielleicht einmal eine Viertelstunde lang unterhalten.*«

Soll ein Gespräch erfolgreich verlaufen, müssen Sie auf die Argumente des anderen eingehen. Durch interessierte *Fragen* zeigen Sie, dass Sie zugehört haben.

Wenn Sie sich dann auf die *Antworten* Ihres Gesprächspartners konzentrieren, gewinnen Sie sehr schnell einen Eindruck seiner Persönlichkeit, Stimmung, Interessen und Vorbehalte. Nicht nur die Aussagen, auch Stimme, Betonung und Lautstärke verraten viel über Ihr Gegenüber.

Eine Verständigung funktioniert nur, wenn Sie den anderen zu Wort kommen lassen. Wenn Sie wissen wollen, ob Ihre Botschaft ihn wirklich erreicht, müssen Sie ihm ständig Raum für Reaktionen geben. Ansonsten riskieren Sie, dass man Ihre Informationen einfach nur zur Kenntnis nimmt, ohne dass es Ihnen gelingt, zu einem Vorstellungsgespräch eingeladen zu werden. Als guter Zuhörer erkennen Sie sehr schnell, mit wem Sie es am anderen Ende der Leitung zu tun haben, und können Ihre Strategie entsprechend ausrichten.

Das »Sag-es–Frag-es«-Konzept ist der sicherste Weg, um Ihre Ziele in Gesprächen zu erreichen. Sag es – Frag es ist wie ein Tennisspiel, in dem der Ball im Spiel bleiben muss, bis Sie das Spiel gewonnen haben. Wenn Sie am Telefon (oder im Vorstellungsgespräch) also auf einen Ihrer Erfolge hinweisen, schließen Sie gleich eine Frage an, die wahrscheinlich mit Ja beantwortet werden wird:

»Im letzten Jahr habe ich selbst ein Computerprogramm entwickelt, sodass mein Arbeitgeber eine sechsstellige Summe einsparen konnte. Sind solche Leistungen interessant für Sie?«

Aktionsfragen
In diesen Fragen nehmen Sie den Grundgedanken Ihres Gesprächspartners auf und weisen dadurch auf ein mögliches Bedürfnis hin.

Frage an Sie: »Haben Sie schon einmal für ein Computerunternehmen gearbeitet?«
Ihre Antwort: »Suchen Sie jemanden mit Erfahrung im EDV-Bereich?«

Einwände überwinden
Sie sollten sehr genau zuhören, wenn der andere etwas sagt. Im folgenden Beispiel ist die Zielperson zunächst sehr abweisend. Mit seinen Antworten muss der Bewerber daher erst einmal Verständnis für die Situation des anderen zeigen, bevor er die Einwände in Ziele umwandelt.

Der andere: »Wir haben schon zu viele Angestellte.«
Sie: »Heißt das, Sie haben im Moment zu viele Mitarbeiter?«

»Das ist richtig.«
»Haben Sie auch zu viele Programmierer mit Erfahrungen in HTML?«

»Nein, von denen haben wir nie genug. Kennen Sie da jemanden?«
»Das ist mein Spezialgebiet. Ich habe in den letzten drei Jahren in HTML programmiert.

Wenn Sie sich nächste Woche 20 Minuten Zeit nehmen, könnte ich Ihnen mehr darüber erzählen.«

Offene und geschlossene Fragen

Mit offenen Fragen beleben Sie Gespräche. Daher sollten Sie diese Art von Fragen einsetzen, wenn Sie spüren, dass Ihre Zielperson zunächst einmal plaudern möchte, bevor es um konkrete Dinge geht. Menschen lieben es, nach Ihrer Meinung gefragt zu werden, denn das stärkt ihr Selbstwertgefühl. Wenn Sie also Ihre Zielperson am Telefon fragen, ob sie Zeit für ein Gespräch über ihr Spezialgebiet hat, wird sie vermutlich zustimmen, denn dann kann sie mit ihren Kenntnissen glänzen.

Sie: »Wie beurteilen Sie die heutige Situation in der Pharmaindustrie?«

Wollen Sie sofort auf den Punkt kommen, stellen Sie eine geschlossene Frage, die das Gespräch in eine bestimmte Richtung lenken wird.

Sie: »Haben Sie genug Vertreter für den norddeutschen Raum?«

An den folgenden Beispielen sehen Sie, wie Sie zu Ihrer Zielperson vordringen. Sie sollten sich die einzelnen Schritte gründlich anschauen, damit Sie sich später in konkreten Bewerbungssituationen am Telefon wohl fühlen.

In drei Schritten ans Ziel

Wer mit einer Führungskraft eines größeren Unternehmens sprechen will, gelangt normalerweise in drei Schritten ans Ziel:

1. Schritt: Die Telefonzentrale
2. Schritt: Die Sekretärin
3. Schritt: Die Zielperson

Die Telefonzentrale

Normalerweise blocken Telefonistinnen in der Zentrale keine Gespräche ab, es sei denn, sie erhalten die strikte Anweisung. Daher werden Sie in neun von zehn Fällen direkt mit dem Sekretariat verbunden.

Bedenken Sie, dass Sie schon von der Telefonistin wichtige Informationen für Ihre Suche bekommen können. Sprechen Sie also in einem Ton, der Hilfsbereitschaft hervorruft. Vermeiden Sie es, autoritär oder fordernd zu klingen. Geben Sie der Dame das Gefühl, dass Sie ihre Hilfe zu schätzen wissen, denn dann kann sie einiges für Sie tun.

Bitten Sie einen Freund, mit Ihnen verschiedene Gesprächssituationen zu simulieren, die bei einem Anruf in einer Telefonzentrale eintreten können. Wenn Sie sich über den Ablauf geeinigt haben, sollten Sie ihn tatsächlich von Ihrem Apparat zu Hause anrufen. Schalten Sie Ihren Anrufbeantworter auf »Aufnahme« und hören Sie sich das Gespräch hinterher an.

Das könnte zum Beispiel so klingen:

Telefonistin: »Darf ich Sie um Ihren Namen bitten?«
Antwort: (Nennen Sie Ihren Namen)

»Für welches Unternehmen arbeiten Sie?«
Wenn Sie noch in der Firma XY angestellt sind oder gerade erst Ihren Arbeitsplatz verloren haben, können Sie sagen, Sie rufen »von« XY an. Das ist die Wahrheit.

»Darf ich Herrn Schmidt den Grund Ihres Anrufs mitteilen?«
Der Telefonistin können Sie antworten: »*Es handelt sich um eine private Angelegenheit.*« oder »*Er weiß, worum es geht.*«

»Wen möchten Sie sprechen?«
Sie: »*Herrn Schmidt*«, falls Sie bereits überprüft haben, dass er noch der Marketingleiter des Unternehmens ist.

»Geht es um eine Bewerbung in unserem Hause?«
Ihre Antwort: »Ich arbeite an einem Marketingprojekt und würde mit Herrn Schmidt gern ein paar Dinge besprechen.« Was Sie sagen, ist absolut wahr; Sie erstellen einen Marketingplan – und Sie sind das Produkt.

Mögliche Fragen oder Äußerungen von Ihnen

*   »Kann ich bitte Herrn Schmidt sprechen?« (Seien Sie selbstbewusst; Sie müssen so klingen, als wüssten Sie genau, dass Sie mit Herrn Schmidt verbunden werden.)

- »Können Sie mir bitte sagen, wer Leiter der Verkaufsabteilung ist?« (Wenn Sie nicht genau wissen, mit wem Sie am besten sprechen, hat vielleicht die Dame in der Telefonzentrale die Antwort. In diesem Fall sollte der Klang Ihrer Stimme Hilfsbereitschaft hervorrufen.)
- »Wie schreibt man seinen (ihren) Namen?« (Haben Sie Geduld. Die Telefonistin hat wahrscheinlich noch andere Anrufe entgegenzunehmen. Höflichkeit ist alles!)
- »Ich würde gern sichergehen, dass ich Ihre genaue Anschrift habe.«
- »Kann ich Herrn Schmidt noch unter dieser Adresse erreichen?«
- »Ist Herr Schmidt noch Leiter der Marketingabteilung?« (Bestätigung eines Eintrags in einem Firmenverzeichnis.)
- »Wer ist sein Nachfolger? Sind Sie bitte so nett und buchstabieren mir den Namen?«
- »Wie erreiche ich Ihr Büro von …? Ich komme mit dem Auto / Zug /…«
- »Wie sind Ihre Arbeitszeiten?«
- »Kann ich bitte die Durchwahl von Herrn Schmidt haben? Ich möchte ihn heute am späten Nachmittag noch einmal anrufen.«

Die Sekretärin

Die meisten Sekretärinnen von Führungskräften verstehen es ausgezeichnet, ihre Vorgesetzten von der unerwünschten Außenwelt abzuschirmen. Arbeitgeber erhalten täglich eine Vielzahl von Anrufen. Je bekannter sie sind, desto mehr Leute rufen sie an. Alle möchten ihre Aufmerksamkeit auf sich ziehen – Sie selbst eingeschlossen.

Sekretärinnen unterscheiden sich von den Mitarbeitern der Telefonzentrale. Besser als alle anderen im Unternehmen kennen sie die Umgebung ihres Chefs. Da Sekretärinnen entscheiden können, welche Telefongespräche durchgestellt werden, sind Sie auf ihre Mithilfe angewiesen, wenn Sie mit Herrn Schmidt reden wollen.

Wenn Ihre Zielperson zum mittleren Management gehört, werden Sie es nicht allzu schwer haben, an Ihr Ziel zu gelangen. Besonders viel beschäftigte Führungskräfte geben ihren Mitarbeitern aber häufig Anweisungen, Telefongespräche vorzusortieren. Deshalb bereitet Sie die folgende Übung auf die schlimmste Situation vor: Ihr Anliegen stößt auf taube Ohren. Lernen Sie es zu verhindern, dass man Sie abblockt.

Wer eine Sekretärin dazu bewegen will, seinen Anruf weiterzuleiten, braucht eine Brücke. Sehr wahrscheinlich kennt die Sekretärin von Herrn

Schmidt die Person, die Sie ihr als Bezugsperson nennen. Sie wird Ihren Vorgesetzten nicht verärgern wollen und Sie durchstellen: »Holger Bach ist am Apparat, Klaus Brinkmann hat ihm Ihre Telefonnummer gegeben.« Vermutlich redet Herr Schmidt mit Ihnen; nicht weil Sie Holger Bach sind, sondern aus Höflichkeit und Freundschaft zu Klaus Brinkmann.

Falls die Sekretärin Ihre Bezugsperson nicht kennt, hängt alles von Ihrem Geschick und Ihrer Stimme ab. Schauen Sie sich die beiden folgenden Beispiele an:

1. Beispiel:

Sie: »Guten Morgen, ich möchte gern Herrn Schmidt sprechen.«
Die Sekretärin: »Wie ist Ihr Name bitte?«

»Holger Bach. Klaus Brinkmann schlug vor, dass ich Sie anrufe.«
»Kann ich Herrn Schmidt den Grund Ihres Anrufs nennen?«

»Es ist eine persönliche Angelegenheit.«
»Geht es um eine Bewerbung?«

»Ja, ich würde gerne für Ihr Unternehmen arbeiten, und Herr Brinkmann meinte, Herr Schmidt könnte an meinen Unterlagen interessiert sein.«
»Davon bin ich auch überzeugt. Schicken Sie uns doch bitte Ihre Unterlagen, damit ich sie an Herrn Schmidt weiterleiten kann. Er wird sich dann bei Ihnen melden.«

Hier hat der Bewerber die Kontrolle über das Gespräch verloren.

2. Beispiel:

Sie: »Guten Morgen, Frau Lange, hier spricht Holger Bach. Ich möchte gern Herrn Schmidt sprechen. Ich rufe ihn auf Empfehlung unseres gemeinsamen Freundes Klaus Brinkmann an. Es geht um ein Marketingprojekt, an dem ich arbeite.«
Die Sekretärin: »Nennen Sie mir bitte den Namen Ihres Unternehmens.«

»Ich arbeite für die Firma Bach.«
»Einen Moment, bitte.«

Es ist kein Geheimnis, nach welchem der beiden Gespräche Herr Bach mit Herrn Schmidt verbunden wurde. Wenn Sie mit Sekretärinnen sprechen, müssen Sie verschiedene Dinge beachten:

- Bitten Sie höflich, aber bestimmt darum, mit Ihrer Zielperson zu sprechen. Wenn Ihre Stimme so klingt, als erwarteten Sie gar nicht, weiterverbunden zu werden, ist der Misserfolg vorprogrammiert.
- Gebrauchen Sie Namen. Nicht »Frau...äh...«, sondern »Frau Moran, ich möchte gern Robert Schmidt sprechen«, nicht Herrn Schmidt. Wenn Sie seinen Vornamen nennen, suggerieren Sie, die Zielperson besser zu kennen. Bei Menschen in sehr hohen Positionen und bei deutlich älteren Zielpersonen sollten Sie Ausnahmen machen. Sagen Sie im Zweifelsfall lieber »Herr«.
- Zeigen Sie ganz deutlich, dass Sie an einem Marketingprojekt arbeiten. Das ist die Wahrheit, denn schließlich vermarkten Sie sich selbst. Falls Frau Lange Genaueres über das Projekt erfahren will, können Sie z.B. andeuten, es handele sich um »medizinische Produkte« oder »Finanzierungspläne«. Wenn Sie ein Projekt erwähnen, lenken Sie sofort von der unausgesprochenen Frage ab: »Handelt es sich um eine Bewerbung?«
- In dem Augenblick, in dem Sie sagen, es handele sich um eine persönliche Angelegenheit, wird die Sekretärin möglicherweise daraus schließen, dass Sie sich bewerben wollen, es sei denn, Ihre Bezugsperson Klaus Brinkmann ist ein enger Freund von Schmidt. Natürlich können Sie sich weigern, Einzelheiten Ihres Projekts zu nennen, aber wenn Sie Pech haben, bittet Sie die Sekretärin dann, Ihr Anliegen in einem Brief an Herrn Schmidt vorzubringen. Ihr Erfolg wird in sehr hohem Maße von Ihrer Stimme und Überzeugungskraft abhängen. Man muss Ihnen anhören, dass Sie Herrn Schmidt etwas sehr Wichtiges mitzuteilen haben.
- Nennen Sie der Sekretärin einen Firmennamen. Wenn Sie angestellt sind, ist das ganz einfach, ansonsten »gründen« Sie Ihr eigenes Unternehmen: »Ich bin Holger Bach von der Firma Bach.« Halten Sie sich an die Tradition, dass jeder Anrufer irgendwoher anrufen muss. Beteiligen Sie sich an diesem Spiel.
- Wenn Sie einen Doktortitel haben, sagen Sie unbedingt: »Hier spricht Dr. Bach. Ich möchte gern Robert Schmidt sprechen.« Der »Dr.« lässt auf alles Mögliche schließen, und die Chancen, dass Sie weiterverbunden werden, erhöhen sich enorm. Wenn Sie als »Dr. Bach« von einer »persönlichen Angelegenheit« sprechen, wird die Sekretärin nicht gleich denken, dass Sie auf Jobsuche sind.
- Wenn Sie aus weiter Entfernung anrufen, sollten Sie darauf hinweisen:

»Guten Morgen, Frau Lange, hier spricht Holger Bach aus München. Ich möchte gern Robert Schmidt sprechen.« Ferngespräche werden in den meisten Büros bevorzugt behandelt. Falls Sie erst seit kurzem in der Stadt wohnen, in der Sie sich jetzt bewerben, können Sie folgende Einleitung wählen: »Guten Morgen, Frau Lange, ich komme gerade aus München und möchte gern Robert Schmidt sprechen.« Frau Lange wird Sie fragen, ob Herr Schmidt Sie kennt, und Sie können antworten: »Die Anregung zu dem Gespräch kommt von Klaus Brinkmann.« Mit diesen Worten vermitteln Sie den Eindruck, Sie seien nur für kurze Zeit erreichbar und dass Sie deshalb mit Herrn Schmidt sprechen müssen, solange Sie noch in der Stadt sind.

- Wenn Sie auf eine Sekretärin stoßen, die sich weigert, Sie weiterzuverbinden, sollten Sie frühmorgens oder am späten Nachmittag anrufen – hier sind die Chancen besser, den Chef selbst ans Telefon zu bekommen. Außerdem bietet sich die Mittagszeit an, denn dann werden Sie vielleicht Frau Langes Vertretung antreffen. Wenn es gar nicht anders geht, bitten Sie noch einmal Ihre Kontaktperson Klaus Brinkmann um Hilfe. Er kann Robert Schmidt von Ihnen erzählen oder mit der Sekretärin reden.
- Sollten Brinkmann und Schmidt sich aus einen Verband oder einer Vereinigung kennen, sagen Sie einfach: »Guten Morgen, Frau Lange, hier spricht Holger Bach. Ich rufe auf Anregung von Klaus Brinkmann an. Es geht um eine Angelegenheit des Deutschen Managementverbands.« Frau Lange wird dann sofort denken, der Anruf sei wichtig für Ihren Chef, und wird Sie sicherlich weiterverbinden. Sie selbst müssen nicht gleich Mitglied im Deutschen Managementverband sein, wenn Sie auf diese Organisation zu sprechen kommen.

Falls Sie keinen gemeinsamen Bekannten als »Brücke« benutzen, müssen Sie eine andere Strategie wählen. In diesem Falle sagen Sie am besten so wenig wie möglich. Sie müssen sich anhören, als sprächen Sie täglich mit Robert Schmidt.

Noch ein Beispiel:

Sekretärin: »Guten Morgen, Sie sprechen mit dem Büro von Herrn Schmidt. Mein Name ist Lange. Was kann ich für Sie tun?«
Sie: *»Ich möchte bitte Robert Schmidt sprechen.«* (Nichts weiter; keine Erklärungen; Ihre Stimme muss so klingen, als wüssten Sie genau, dass das Gespräch durchgestellt wird.)

Seien Sie freundlich. Viele Anrufer haben es sehr eilig und geben sich keine Mühe, sympathisch zu erscheinen. Wenn Sie nett sind, werden Sekretärinnen Ihnen gern weiterhelfen.

Fortsetzung des Beispiels: Frau Lange ist noch nicht überzeugt davon, dass Sie mit Ihrem Chef reden sollten.

Sekretärin: »Darf ich bitte Ihren Namen erfahren?«
Sie: »Holger Bach. Ist es richtig, dass Robert Schmidt Produktionsleiter in Ihrem Unternehmen ist?« (Zwar wissen Sie das schon genau, aber eine »Ja-Antwort« zu Beginn verbessert das Gesprächsklima.)

»Ja, das ist richtig. Nennen Sie mir doch bitte den Grund Ihres Anrufs.«
»Ich beschäftige mich mit ähnlichen Produktionsabläufen wie Robert Schmidt und möchte gern kurz ein paar Dinge mit ihm bereden. Wann wäre denn eine gute Zeit, mit ihm zu sprechen?« (Sie vereinbaren einen Gesprächstermin, weil Sie sicher sind, mit Herrn Schmidt reden zu können.)

»Herr Schmidt kommt normalerweise gegen 7.30 Uhr ins Büro. Da es frühmorgens noch relativ ruhig im Büro ist, wäre das eine gute Zeit für Ihren Anruf.«
»Vielen Dank, Frau Lange. Sie haben mir sehr geholfen und ich freue mich auf das Gespräch mit Herrn Schmidt.«

Ihr Kunstgriff in diesem Telefongespräch ist, dass Sie mithilfe Frau Langes die günstigste Zeit für einen Anruf bei Ihrer Zielperson gefunden haben. Ihnen wurde geholfen und die Sekretärin freut sich über ihre gute Tat.

Gelegentlich kann es allerdings auch passieren, dass man Ihr Gespräch nicht weiterleiten wird. Bei perfekt abgeschirmten Führungskräften macht es keinen Sinn, die Sekretärin pausenlos mit Anrufen zu bombardieren. Versuchen Sie, Schmidt auf anderem Wege zu erreichen. Finden Sie jemanden, der ihn kennt, oder treffen Sie ihn »zufällig« in seinem Tennisclub oder Lieblingsrestaurant. Sollten alle Versuche fehlschlagen, schicken Sie Schmidt einen Brief, in dem Sie ihm mitteilen, dass Sie ihn gern treffen würden und ihn in den nächsten Tagen anrufen werden, um einen Termin zu vereinbaren.

Wenn Sie dann das nächste Mal mit der Sekretärin sprechen, können Sie sagen:

»Holger Bach. Verbinden Sie mich bitte mit Robert Schmidt.«
Sekretärin: »Weiß Herr Schmidt, wer Sie sind?«

»Er erwartet meinen Anruf.«

Jetzt wird die Sekretärin Sie entweder verbinden oder Ihnen eine weitere Frage stellen:

»Worum geht es?«
»Es betrifft meinen Brief, den ich ihm am 3. April geschickt habe.«
»Einen Moment, bitte.«

In dem Brief hatten Sie Schmidt erklärt, dass Sie über einen Stellenwechsel nachdenken und froh wären, wenn er Ihnen ein paar Ratschläge geben könnte. Da auf dem Umschlag »Persönlich« stand, hat Frau Lange den Brief vielleicht nicht gelesen.

Jetzt werden Sie vermutlich endlich mit Herrn Schmidt sprechen können, denn er weiß schon etwas über Sie. Natürlich wäre alles einfacher gewesen, wenn es gleich am Anfang einen gemeinsamen Bekannten als »Brücke« gegeben hätte.

Fragen, die Sekretärinnen Ihnen stellen werden, und Ihre Antworten darauf

Sekretärin: »Nennen Sie mir bitte Ihren Namen.«
Sie: »Mein Name ist Holger Bach.«

»Weiß Herr Schmidt, wer Sie sind?«
»Ich rufe Herrn Schmidt auf Empfehlung von Klaus Brinkmann an.« Oder: *»Klaus Brinkmann hat mich an Herrn Schmidt verwiesen.«* Oder: *»Herr Schmidt erwartet meinen Anruf.«* Oder: *»Klaus Brinkmann sagte mir, er habe mit Herrn Schmidt vereinbart, dass ich ihn anrufe.«*

Überlegen Sie sich weitere Antworten.

»Für welches Unternehmen arbeiten Sie?«
»Ich arbeite für die Firma XY.« Oder: *»Ich gehöre zur Firma Bach.«*

»Kennt Herr Schmidt Ihr Unternehmen?«
»Ich denke schon.«

»Welches Anliegen haben Sie? Herr Schmidt ist sehr beschäftigt.«
Ich arbeite an einem Marketingprojekt und benötige ein paar Hinweise von Herrn Schmidt.

»Geben Sie mir bitte Ihre Telefonnummer. Wir werden Sie dann zurückrufen.«
Ich bin den ganzen Tag unterwegs. Meine Nummer lautet ..., aber es ist besser, ich melde mich wieder bei Ihnen. Zu welcher Tageszeit erreiche ich Herrn Schmidt am besten?

»Ich verstehe natürlich, dass es sich um eine persönliche Angelegenheit handelt, aber Herr Schmidt hat mich gebeten, ihn vorab über alle eingehenden Anrufe zu informieren.«
Dafür habe ich Verständnis, ich brauche auch nur ein paar Minuten für mein Anliegen. Klaus Brinkmann glaubt, meine Vorschläge seien sehr interessant für Herrn Schmidt.

»Möchten Sie mit der Personalabteilung verbunden werden?«
Nein, vielen Dank. Ich hatte gehofft, mit Herrn Schmidt kurz direkt über mein Projekt sprechen zu können.

Üben Sie, schnell und intelligent auf diese Standardfragen und -einwände zu reagieren. Der Name des Spiels lautet: *»Mit Herrn Schmidt verbunden werden«.* Achten Sie darauf, mit Ihrer Stimme und Wortwahl zu überzeugen. Sie werden Herrn Schmidt erreichen. Wenn Sie unsicher sind und herumstammeln, wird eine erfahrene Sekretärin Ihr Gespräch jederzeit abblocken. Wer ängstlich ist, erscheint nicht wichtig genug, einen Arbeitgeber bei seiner Arbeit zu stören.

Die Zielperson
Endlich sind Sie mit Ihrer Zielperson verbunden. Jetzt möchten Sie zu einem Vorstellungsgespräch eingeladen werden. Was sagen Sie also am Telefon?

Vor Ihnen liegt Ihr Notizzettel. Sie haben sich vorher über das Unternehmen informiert oder wissen durch Freunde ein paar Dinge über Ihre Zielperson. Vielleicht wurde in letzter Zeit über die geschäftlichen Erfolge Ihres Gesprächspartners in den Medien berichtet. Bevor Sie ihn anrufen, haben Sie Ihre Hintergrundinformationen vorbereitet.

Ein Gespräch mit einer »Brücke«
Schauen Sie sich die Struktur dieses Gesprächs an:

1. Begrüßung.
2. Sie stellen sich vor.
3. Sie erwähnen den Namen Ihrer »Brücke«, entspannen das Gespräch.
4. Der Grund Ihres Anrufs.
5. Sie stellen eine »Ja-Frage«.
6. Sie sprechen von Ihren Leistungen und stellen eine Frage.
7. Sie vereinbaren ein persönliches Treffen.
8. Sie bestätigen den Termin und schließen mit einem positiven Aspekt.

Werfen Sie jetzt einen Blick auf das Gespräch selbst:

Schritte 1 und 2:
Sie: »*Guten Morgen, Herr Schmidt, mein Name ist Holger Bach.*«
Schmidt: »Guten Morgen. Was kann ich für Sie tun?«

Schritte 3 und 4:
»*Als ich mich letzte Woche mit Klaus Brinkmann unterhielt, schlug er vor, ich solle Sie einmal anrufen. Ich bin gerade dabei, mich beruflich zu verändern, und würde Sie gern um Rat bitten. Ich werde Sie nicht um eine Stelle bitten, hätte aber gern ein paar Anregungen von Ihnen, da wir in der gleichen Branche arbeiten.*«
»Ich bin mir nicht sicher, ob ich Ihnen da wirklich helfen kann.«

Schritt 5:
»*Stimmt es, dass Ihr Unternehmen ein Problem mit dem Marketing von Verpackungen für Milchprodukte hatte?*«
»Das ist sicherlich richtig.«

Schritte 6 und 7:
»*Bei meinem letzten Arbeitgeber sind wir auf die gleichen Schwierigkeiten gestoßen, sodass wir alternative Verpackungen entwickelt haben. Interessieren Sie sich unter Umständen für die Ergebnisse?*«
»Unbedingt.«
»*Ich würde mich gern in Ruhe mit Ihnen darüber unterhalten. Passt es Ihnen nächsten Dienstag oder Mittwoch besser?*«

»Lassen Sie mich sehen. Dienstag ist es schlecht. Wie wäre es mit Mittwoch?«
»Ja, Mittwoch wäre wunderbar. Ist Ihnen der Vor- oder Nachmittag lieber?«
»17.00 Uhr wäre eine gute Zeit. Dann hat sich hier die Hektik schon ein wenig
gelegt und wir können uns in Ruhe unterhalten.«

Schritt 8:
*»Ich freue mich, Herr Schmidt. Mittwoch, 14. Mai um 17.00 Uhr in Ihrem Büro. Ich bin
überzeugt, dass unsere Forschungsergebnisse interessant für Sie sein werden.«*

In dem Beispiel hat sich Folgendes ereignet:

Begrüßung und Vorstellung: Bach begrüßte Schmidt in einem freundlichen und
optimistischen Ton. Schmidt konnte Bach beinahe lächeln sehen, als er sich vor-
stellte.

Es ist wichtig, dass Sie das Gespräch in einer Weise beginnen, die Ihre Zielperson neugierig macht, was Sie wohl zu sagen haben. Sie sollten eine natür-
liche Freundlichkeit ausstrahlen, die weder zu vertraulich noch gespreizt
wirkt.

»Brücke«, Entspannung des Gesprächs: Bach erwähnte sofort den gemeinsamen
Bekannten Klaus Brinkmann und entspannte die Atmosphäre durch die Bemerkung, es handele sich nicht um eine Bewerbung. Natürlich ist er interessiert,
wenn man ihn auf eine mögliche Zusammenarbeit anspricht, aber zunächst will
er niemanden durch übertriebene Erwartungen in Verlegenheit bringen. Durch
diesen Hinweis verhindert er, dass seine Zielperson ihn im Verlauf des Gesprächs ständig daran erinnern muss, er brauche keinen neuen Mitarbeiter.

Grund des Anrufs: Bach sagt nun, weshalb er Schmidt anruft. Er möchte Rat-
schläge zum angestrebten Stellenwechsel und will wissen, wie Schmidt seine
Leistungen bewertet. Außerdem hofft Bach, dass Schmidt andere Leute kennt,
die an seinen Kenntnissen interessiert sein könnten. Da sich Bach vorher über
Schmidts Unternehmen informiert hat, kommt er auf ein aktuelles Problem der
Firma zu sprechen.

Stellen Sie eine »Ja-Frage«: »Hat es in Ihrem Unternehmen Schwierigkeiten im
Marketing von Verpackungen für Milchprodukte gegeben?« oder subtiler »Ich
glaube, auch in Ihrer Firma ist in letzter Zeit über neue Verpackungen für Milch
nachgedacht worden« oder allgemeiner »Bei der Herstellung von Milchbehäl-

tern kommt es neuerdings in den meisten Unternehmen zu Problemen. Sind Sie auch davon betroffen?«

Wichtig ist, dass Sie eine »Ja-Antwort« bekommen. Sie brauchen gleich am Anfang des Gesprächs Zustimmung, denn dann wird es zum Schluss leichter, einen Termin zu vereinbaren.

Bei Telefongesprächen kommt es darauf an, das Gespräch von vornherein in eine positive Richtung zu lenken. Überlegen Sie sich also, was in dem Unternehmen gebraucht werden könnte, und machen Sie dann Lösungsvorschläge.

Ihre Leistungen/Frage: Beschreiben Sie Ihre größten beruflichen Erfolge in einer Weise, dass Ihr Gesprächspartner mehr hören will. Wichtig sind zum einen Ihre konkreten Ergebnisse und zum anderen deren direkter Bezug auf Ihr Zielunternehmen. Wenn Schmidt glaubt, von Bach etwas lernen zu können, wird er ihn schon allein aus Egoismus einladen, um ihn auszuhorchen. Damit erreicht auch Bach sein Ziel: ein Treffen. Letztlich hoffen beide Seiten, aus einem längeren Gespräch zu profitieren.

Die meisten Führungskräfte sind »Nehmer«. Sie verschenken nichts, haben aber ein sicheres Gespür für günstige Gelegenheiten. Stellen Sie sich also auf diese Erwartungshaltung ein: schildern Sie Ihre Leistungen so, dass zu erkennen ist, welche Bereicherung Sie für das Unternehmen wären.

Terminvereinbarung: Sie sind überzeugt davon, dass man Sie einladen wird, überspringen Sie also die Bitte um einen Termin und fragen gleich nach einem günstigen Datum. (Regel: Wenn Sie kein »Nein« wollen, dürfen Sie keine »Nein-Frage« stellen.) Wenn Sie keinen Zweifel aufkommen lassen, werden andere Ihnen eher folgen. Beispiel: »Würde es Ihnen besser passen, Montagnachmittag in der kommenden Woche darüber ausführlicher zu sprechen, oder passt Ihnen der Mittwochvormittag besser?«

Bestätigung und positiver Abschluss: Sie wiederholen Datum und Uhrzeit und schließen das Gespräch mit einer optimistischen Perspektive, damit der andere es nicht sofort bedauert, einen Termin mit Ihnen vereinbart zu haben. »Herr Schmidt, ich freue mich wirklich sehr auf unser Treffen und ich bin überzeugt, dass unsere Forschungsergebnisse Sie interessieren werden.«

Ein Anruf ohne »Brücke«
Diese Strategie sollten Sie erst anwenden, nachdem Sie genügend Erfahrung in Telefongesprächen sammeln konnten, die durch Vermittlung von Bezugspersonen zustande kamen.

Sie werden viele Gemeinsamkeiten zwischen diesen Gesprächsvarianten feststellen.

Der einzige Unterschied ist, dass Sie sich bei Anrufen ohne »Brücke« nicht auf einen Dritten berufen können. Deswegen sollten Sie sich vorher besonders gründlich über das Unternehmen und Ihre Zielperson informieren.

Hier ein Beispiel:

Sie (mit fragender Stimme zur Telefonistin): »Können Sie mir bitte sagen, ob Robert Schmidt noch Direktor Ihres Unternehmens ist?«

Die andere Person: »Ja, Herr Schmidt ist der Direktor.«

»Das ist gut, denn ich möchte ihn gern sprechen. Wenn Sie mir bitte auch den Namen seiner Sekretärin verraten.«

»Marie Weiß. Einen Moment, bitte.«

»Das Büro von Herrn Schmidt, Sie sprechen mit Marie Weiß.«

Mit selbstsicherer, aber freundlicher Stimme: »Frau Weiß, verbinden Sie mich bitte mit Robert Schmidt.«

»Herr Schmidt ist gerade in einer Besprechung. Wie ist Ihr Name, bitte?«

»Holger Bach. Wir arbeiten an den gleichen Marketingprojekten und ich möchte ihn über die neuesten Ergebnisse informieren.«

»Wie heißt Ihr Unternehmen?«

»Ich bin von der Firma Bach.«

»Einen Moment, bitte.«

»Guten Tag. Robert Schmidt am Apparat.«

(Mit freundlicher Stimme): »Herr Schmidt, mein Name ist Holger Bach. Ihr Unternehmen und die Firma XYZ, für die ich bisher gearbeitet habe, sind in derselben Branche tätig. Ich würde gern Ihre Meinung zu einigen Punkten hören. Ich rufe Sie also nicht an, um mich bei Ihnen zu bewerben. Ich hörte kürzlich, dass Sie planen, eine Zweigstelle in Köln zu eröffnen. Ist das richtig?«

Vorsichtig: »Ja, das ist richtig. Was möchten Sie mit mir besprechen?«

»Ich verkaufe medizinische Produkte und steigerte in meinem letzten Jahr bei der Firma XYZ den Umsatz um 20 Prozent. Ich denke nun über einen Stellenwechsel nach und will mich mit Leuten treffen, die Interesse an dieser Art von Ergebnissen haben. Können wir uns im Laufe der nächsten Woche zu einem kurzen Gespräch zusammensetzen, vielleicht Mittwoch oder Donnerstag?«

»Ich würde Sie gern kennen lernen, weiß allerdings wirklich nicht, ob ich Ihnen helfen kann. Ein paar Minuten Zeit habe ich sicherlich für Sie. Können Sie nächsten Mittwoch gegen 11.45 Uhr in meinem Büro sein?«

»Nächsten Mittwoch um 11.45 Uhr kann ich es gut einrichten.«
»Geben Sie mir für alle Fälle noch Ihre Telefonnummer, bevor Sie auflegen.«
»Meine Nummer ist 02 21/13 4 34 21. Ich bin überzeugt, dass wir ein interessantes Gespräch führen werden. Auf Wiederhören.«

Das ist Telefonmarketing in eigener Sache. Sie wissen im Voraus, was Sie erreichen wollen, und benutzen bewährte Verkaufs- und Marketingtechniken.

Vorbereitung auf Telefongespräche

- Sie schneiden Stellenanzeigen aus und kleben diese in ein Notizheft. Auf manche Annoncen antworten Sie schriftlich, anderen Unternehmen nähern Sie sich durch Kontaktpersonen. Fragen Sie diese nach Namen, Telefonnummer und Anschrift Ihrer Zielpersonen.
- Sie haben verschiedene Notizzettel bereitliegen, sodass Sie für unterschiedliche Gesprächssituationen gerüstet sind.
- Ihr Lebenslauf liegt für den Fall vor Ihnen, dass man genaue Daten von Ihnen verlangt.
- Ihr Terminkalender ist zur Hand, damit Sie sofort Zeit, Ort und Datum aufschreiben können, wenn Sie Verabredungen treffen.
- Wenn Sie am Telefon ein Informationsgespräch vereinbaren wollen, sollte eine Liste mit Fragen vor Ihnen liegen, denn unter Umständen lässt sich Ihre Zielperson nicht auf ein Treffen ein, ist aber bereit, kurz am Telefon mit Ihnen zu sprechen.
- Seien Sie auch darauf vorbereitet, dass man Sie zurückweist. Niemand gewinnt jedes Spiel, aber je mehr Sie üben, desto eher haben Sie das Glück auf Ihrer Seite. Experten schätzen auf 10–20 Versuche eine verfolgenswerte Perspektive, die Chance, eine Runde weiter zu kommen...
- Versuchen Sie jeden Tag, am Telefon Verabredungen zu arrangieren. Aus jedem Kontakt können sich weitere Möglichkeiten ergeben.
- Notieren Sie Namen, Telefonnummer und Adresse Ihres Gesprächspartners und eventuelle Tipps zur Anreise.
- Beenden Sie das Gespräch so schnell wie möglich, nachdem Sie Datum, Uhrzeit und Adresse bestätigt haben.

Ihr ganz persönlicher Werbespot

Um in Telefongesprächen mit Personalfachleuten selbstsicher und gelassen auftreten zu können, sollten Sie einen perfekten Werbespot in eigener Sache vorbereiten, den Sie immer dann einsetzen, wenn Sie nach Ihrem Lebenslauf gefragt werden. Den Begriff »Werbespot« haben wir gewählt, weil er genau für das steht, worauf es bei Ihrem mündlich vorgetragenen Lebenslauf ankommt: Es muss Ihnen in kurzer Zeit mit wenigen, prägnanten Worten gelingen, Ihr Gegenüber vom Produkt – in diesem Fall Ihrer Arbeitskraft – zu überzeugen.

Wiederholen Sie diese kurze, aber prägnante Verkaufsbotschaft, bis Sie diese flüssig und natürlich vortragen können, sowie Ihre Eckdaten: wer Sie sind, was Sie machen und wo Sie gearbeitet haben. Wir meinen so etwas wie Ihren Lebenslauf, der aber nicht notwendigerweise die so oft stereotyp-langweilige Version sein muss, im Sinne von: geboren, aufgewachsen, Grundschule, Oberschule, Ausbildung, erste Arbeitsstelle, x-te Arbeitsstelle usw.

Sie müssen vor allem engagiert klingen, damit deutlich wird, wie wichtig Ihnen die Angelegenheit ist. Stellen Sie sich beispielsweise vor, wie begeistert Sie sich anhören, wenn Sie Ihrem besten Freund über Ihren letzten Urlaub erzählen, von dem Sie gerade zurückgekehrt sind.

Die Stichworte für Ihren Werbespot können Sie natürlich Ihrem schriftlichen sog. »Lebenslauf« entnehmen – vorausgesetzt, Sie haben ihn bereits verfasst. Kommen Sie aber bitte nicht auf die Idee, aus Ihrer Bewerbungsmappe vorzulesen, wenn Sie am Telefon etwas über sich und Ihren beruflichen Werdegang erzählen wollen. Spätestens nach zehn Sekunden ist der potenzielle Arbeitgeber eingeschlafen, wenn er sich detailliert anhören muss, wann Sie auf welche Schule gingen und in welchem Monat Sie Ihre Ausbildung beendeten.

Genau wie der traditionelle Lebenslauf in Ihrer Bewerbungsmappe entsteht die erste Version Ihres Werbespots zunächst einmal auf dem Papier und wird anschließend überarbeitet und verfeinert, bis eine überzeugende Zusammenfassung vorliegt. Formulieren Sie die einzelnen Punkte in einen gängigen Konversationsstil um. Am Telefon würde es doch recht gestelzt klingen, wenn Sie von »vertieften Kenntnissen der Betriebsysteme Windows 95 und MS-DOS und der Programmierumgebung Borland Turbo Pascal 6.0« sprechen. Solche exakten Angaben gehören in Ihre Unterlagen.

Verwechseln Sie erste Telefonkontakte mit potenziellen Arbeitgebern nicht mit Fachgesprächen. Es muss Ihnen bei dieser ersten telefonischen Kontaktaufnahme einfach nur gelingen, so viel Interesse zu wecken, dass Ihre schriftlichen Bewerbungsunterlagen erwartet und mit spezieller Aufmerksamkeit gewürdigt werden. Natürlich spricht auch nichts dagegen, dass man Sie sofort zu einem Vorstellungsgespräch einlädt, aber dieses traumhafte Ziel ist es ja bescheidenerweise gar nicht, was Sie unmittelbar anstreben.

Die folgenden Punkte werden Ihnen beim Zusammenstellen Ihres Werbespots helfen.

Nachdem Sie sich vorgestellt und erkundigt haben, ob man einen Moment Zeit für Sie hat, können Sie das Telefongespräch mit dem Personalverantwortlichen beispielsweise so fortsetzen:

»Wenn es Ihnen recht ist, erzähle ich Ihnen ganz kurz, was ich bisher gemacht habe, weswegen ich mich beruflich verändern will und worauf es mir bei meiner nächsten Stelle ankommt.«

In den meisten Fällen wird die Person am anderen Ende der Leitung damit einverstanden sein, und Sie können fortfahren, indem Sie kurz über Ihre Berufserfahrung sprechen. Als Diplom-Kaufmann beispielsweise erklären Sie:

»Ich arbeite seit zehn Jahren im Vertrieb von Industriegütern und leite seit fünf Jahren eigene Projekte.«

Anschließend können Sie auf Ihre Ausbildung zu sprechen kommen. Erwähnen Sie Ihre Abschlüsse, ggf. Hauptfächer und eventuell die Namen und Orte der Ausbildungsstätten, insbesondere dann, wenn diese für etwas Besonderes stehen. Halten Sie sich mit diesen Punkten aber bloß nicht zu lange auf (weniger als 30 Sekunden – bitte trainieren!!). Erklären Sie z. B. nicht in epischer Breite, warum Sie sich für Ihr Fachgebiet entschieden oder wie nett das Studentenleben war …

»Nach dem Abitur absolvierte ich zunächst eine Lehre als Werbekaufmann, bevor ich BWL mit dem Schwerpunkt Marketing an der Universität Mannheim studierte und mit dem Diplom abschloss.«

(Ca. zwölf Sekunden Sprechzeit – stoppen Sie einfach mal die Zeit bei den von Ihnen entwickelten Texten.)

Im nächsten Punkt geht es um Ihre Berufserfahrung und um wichtige Ergebnisse. Anders als im geschriebenen Lebenslauf, in dem der aktuelle Arbeitgeber (in der sog. amerikanischen Version) zuerst angeführt wird, beginnen Sie im obigen Beispiel mit den ersten Stationen Ihrer Karriere, ohne dabei im Detail auf jede Veränderung einzugehen. Ausführlicher sprechen Sie dann von Ihrer letzten Beschäftigung. Nennen Sie das Unternehmen, Ihre Position, Ihren Verantwortungsbereich und Ihre Erfolge. Heben Sie Ihre besonderen Stärken ganz deutlich hervor:

»Zunächst arbeitete ich nach dem Studium als Marketingassistent in einer Maschinenfabrik in Frankfurt, bis ich dann vor fünf Jahren Projektleiter in der Däumler AG hier in Köln wurde. Ich war für den Vertrieb der Werkzeugmaschinen im Verkaufsgebiet Niedersachsen zuständig. Dabei gelang es mir, Geschäftspartner durch fachliche Kompetenz und Zuverlässigkeit zu überzeugen, und so stieg der Umsatz meiner Abteilung zwischen 1998 und heute um gute 35 Prozent.«

Schließlich sollten Sie selbst begründen, weshalb Sie den Arbeitsplatz wechseln wollen. Wenn Sie das Thema nicht anschneiden, entsteht leicht der Eindruck, Sie hätten etwas zu verbergen. Bevor Ihr Wunsch-Arbeitgeber also nachforscht, bieten Sie lieber von sich aus eine plausible Erklärung. Die könnte dann so klingen:

»Ich habe sehr gern für die Däumler AG gearbeitet. Es gab interessante Aufgaben und ein angenehmes Betriebsklima, jedoch kann ich mich innerhalb des Unternehmens nicht so entfalten, wie ich es mir vorstelle. Ich suche deshalb nach einer neuen Herausforderung und blicke optimistisch in die Zukunft, weil ich gerade im Export nach Osteuropa große Chancen sehe.«

Hier nun noch einmal zusammengefasst die einzelnen Gliederungspunkte für Ihren eigenen Werbespot:
- Sie kündigen an, dass Sie kurz von sich erzählen werden.
- Sie nennen Ihr Spezialgebiet.
- Sie sprechen von Ihrer Ausbildung und Ihren besonderen Fähigkeiten.
- Sie schildern Ihren Berufsweg und zählen wichtige Erfolge auf.
- Sie erklären, weshalb Sie sich beruflich verändern wollen.

Hier ein Beispiel für einen vollständigen Werbespot:

»Ich möchte Ihnen gern kurz erzählen, was ich bisher gemacht habe. Ich bin Journalist mit langjähriger Erfahrung in Zeitungsredaktionen und Presseabteilungen.
    Nach dem Abitur war ich zunächst Volontär bei den Lübecker Nachrichten und habe anschließend BWL und Publizistik in Hamburg studiert.

Nach Abschluss des Studiums war es leicht, den Einstieg in die Wirtschaftsredaktion des Hamburger Abendblatts zu schaffen. Ein wichtiger Nebeneffekt: Ich war immer gut über anstehende Veränderungen in den Unternehmen informiert. Als in der Müller AG die Stelle des Pressesprechers neu zu besetzen war, nutzte ich 1999 die Chance, auch diese Seite der Medienarbeit kennen zu lernen.

Es gelang mir, den Bekanntheitsgrad des Unternehmens zu steigern, was letztlich auch zu einem größeren Marktanteil und zu höherer Akzeptanz der Kosmetikprodukte der Firma Müller führte.

In der Müller AG gibt es zurzeit keine Entwicklungsmöglichkeiten für mich. Ich möchte mich daher neu orientieren. Mich reizt der Gedanke, in Zukunft innerhalb einer PR-Agentur für verschiedene Klienten zu arbeiten und im Team überzeugende Konzepte zu entwickeln.

Es wäre schön, wenn Sie in der nächsten Woche eine halbe Stunde Zeit für ein Gespräch in Ihrer Agentur hätten. Ich würde gern von Ihnen hören, was Sie von meinen Überlegungen zu innovativen PR-Kampagnen halten.«

Es ist gut möglich, dass Ihr telefonisches Gegenüber hinter jedem Absatz »einhakt« und inhaltliche Nachfragen stellt. Besonders gegen Ende Ihres »Werbespots« wird diese Möglichkeit immer größer. Also »schnurren« Sie den Text bloß nicht herunter, lassen Sie »Atempausen« für eventuelle Nachfragen entstehen. Hintereinander gesprochen hat der obige Werbespot eine Sprechzeitlänge von ca. 1 Minute 20 Sekunden und ist damit keinesfalls kurz.

Auch mit kürzeren Werbespots können Sie die Aufmerksamkeit des Arbeitgebers auf sich ziehen. Schauen Sie sich an, wie die Bewerberin im folgenden Beispiel ihre Werbebotschaft exakt auf den Wunsch-Arbeitgeber zugeschnitten hat:

»Guten Tag, mein Name ist Helma Feldmann. Ich bin Produktionsassistentin mit einem Diplom in Kommunikationswissenschaften. In den letzten vier Jahren habe ich in den Bereichen Fernsehproduktion und Öffentlichkeitsarbeit gearbeitet. Dabei konnte ich sehr viel Erfahrung im Recherchieren von Programmbeiträgen, in Vorgesprächen mit Talkshowgästen und in der Produktion von Vor-Ort-Filmaufnahmen sammeln.

Ich war schon immer großer Fan Ihrer Programme und bewundere Ihre besondere Herangehensweise an Themen, die sicherlich auch Grund für Ihren stetig wachsenden Marktanteil ist. Ich rufe Sie nun an, um Sie zu fragen, ob Sie Interesse hätten, sich mit mir zu treffen, um Fragen einer Mitarbeit zu besprechen?«

Falls Sie den Mut für den letzten Satz so nicht aufbringen können, wäre auch die klassische Formulierung möglich:

»Ich rufe Sie heute an, um Sie zu fragen: Haben Sie zurzeit Bedarf an einer neuen Mitarbeiterin mit meinem Ausbildungs- und Erfahrungshintergrund?«

Um Ihnen einmal den ganzen Ablauf eines solchen Telefonats näher zu bringen, folgen nun drei Telefonprotokolle.

Bewerbungstelefonate – Drei Erfahrungsberichte

»Ich schlage vor, wir lernen uns einmal persönlich kennen!«
Diplom-Kauffrau Anja S. aus Frankfurt berichtet:

»Ich schlage vor, wir lernen uns einmal persönlich kennen. Passt es Ihnen nächsten Montag um 11 Uhr? Bringen Sie bitte dann auch Ihre Unterlagen mit.« Eine solche direkte Einladung zum Vorstellungsgespräch ist wohl das schönste Ergebnis einer Telefonbewerbung.

Gegen Ende des Studiums stand mir mein Berufsziel klar vor Augen: Ich wollte promovieren und parallel dazu meiner Qualifikation entsprechend als Betriebswirtin arbeiten. Allerdings nur Teilzeit, um genügend Zeit für die Dissertation zu haben. Mögliche Arbeitgeber fielen mir ohne Probleme ein, die Adressen fand ich im Telefonbuch. Außerdem wünschte ich mir eine schnelle Rückmeldung, ob mein Vorhaben realistisch sei, und last, but not least so schnell wie möglich einen entsprechenden Arbeitsplatz. So formulierte ich mein Anliegen nicht schriftlich, sondern griff zum Telefonhörer: »Guten Tag, ich hätte gern die zuständige Person für Einstellungen von Hochschulabsolventen im kaufmännischen Bereich gesprochen.«

Die Bewerbung via Telefon hat zu vielen positiven Ergebnissen geführt. Am Ende des Telefonwegs stand nicht sofort die erhoffte Stelle, dafür aber ein Überblick über unterschiedliche Tätigkeiten, die ich ausüben könnte; Informationen dazu, wann welche Stellen besetzt werden und wer die Ansprechpersonen sind, sowie ein Vorstellungsgespräch und ein Angebot für eine Aushilfsbeschäftigung – damit ich ohne finanziellen Druck den passenden Arbeitsplatz suchen kann.

Die Gesprächspartnerinnen und -partner in den jeweiligen Unternehmen wurden mir von der Telefonzentrale meist direkt vermittelt. Mein immer gleicher Einstiegssatz enthielt bereits fast alle für sie wesentlichen Informationen: »Guten Tag. Ich bin Studentin der Betriebswirtschaftslehre und schließe gerade mein Studium ab. Im Anschluss daran möchte ich gern promovieren und parallel dazu in der Praxis tätig sein. Haben Sie in Ihrem Unternehmen zurzeit Vakanzen und besteht die Möglichkeit, in Teilzeit zu arbeiten?« – Fast alle angerufenen Personen waren offen und interessiert. Fragen wurden zu meinen Studienschwerpunkten und dem Studienort gestellt, dem Promotionsthema und dazu, wie ich mir eine Teilzeittätigkeit vorstelle.

Eine Teilzeitbeschäftigung für Diplom-Kaufleute schloss man überall gleich aus. »Wir schaffen unsere Arbeit schon nicht in Vollzeit. Teilzeit gibt es, wenn überhaupt, nur nach dem Mutterschutz auf der Sachbearbeiterebene.« Mit Bezug auf meine Studienschwerpunkte wurden Bereiche genannt, in denen eine entsprechende Beschäftigung möglich wäre – allerdings waren zu dem Zeitpunkt, zu dem ich anrief, in keinem der Unternehmen freie Stellen in diesen Bereichen vorhanden. Einige der Angerufenen verwiesen mich von sich aus auf einen späteren Termin oder nannten mir weitere Ansprechpersonen.

Diese Tipps waren sehr hilfreich und sollten mich mit Sicherheit nicht abwimmeln. Sie stellten die entscheidenden Hinweise dar, die schließlich zu dem oben erwähnten Vorstellungsgespräch und der Aushilfstätigkeit geführt haben. Bekam ich lediglich ein »Nein, in diesen Bereichen haben wir zurzeit keine Vakanzen« zu hören, fragte ich nach, ob ich mich wieder melden dürfe und wann sich in den entsprechenden Bereichen etwas ergeben könnte. In der Regel bekam ich auf diese Fragen ein »Ja« als Antwort und eine relativ konkrete Zeitangabe, in der Regel nach drei Monaten.

Nach diesem – für mich recht erfreulichen – Muster verliefen jedoch nicht alle Gespräche mit den »Personalleuten«. Es gab bemerkenswerte negative, aber auch sehr positive Ausnahmen.

Etwas deprimierend, da mich diese kaum weiterbrachten, waren Telefonate mit Personen, die nicht auf mich eingingen und pauschal antworteten: »Senden Sie Ihre Unterlagen an die Personalabteilung.« Selbst auf Nachfrage bekam ich in solchen Fällen keine Informationen oder Ansprechpersonen genannt.

Wesentlich fröhlicher stimmten mich dagegen Telefonate mit Frauen (es waren nur Frauen, die dies von sich erzählten), die – ebenso wie ich – nach dem Studium in Betracht gezogen hatten zu promovieren, dieses Vorhaben jedoch zugunsten des Berufseinstiegs aufgegeben haben. Nachdem ich mein Anliegen genannt hatte, kamen sie selbst bald auf die Frage Promotion versus Berufseinstieg und ihre diesbezüglichen Erfahrungen zu sprechen.

Realistisch – so ihre Einschätzung – sei entweder das eine oder das andere.

Wähle man die Promotion, so habe man kaum eine Chance, parallel dazu qualifiziert tätig zu sein. Nicht nur finanzielle Durststrecken seien die Folge, sondern bei einem späteren Berufseinstieg auch eine geringe Chance, Karriere zu machen, d.h. in der Hierarchie aufzusteigen. Meine Gesprächspartnerinnen wiesen mich mit ein wenig Wehmut in der Stimme jedoch auch darauf hin, dass man kaum noch den Absprung schafft, wenn man erst einmal anfängt, in einem interessanten Beruf zu arbeiten – und die Promotion dann meist auf der Strecke bleibt.

Mein persönliches Fazit: In den Telefongesprächen wurde mir mehr Offenheit entgegengebracht, erhielt ich vielfältigere Informationen – aber auch weniger Zustimmung zu dem von mir angestrebten Weg –, als ich erwartet hatte. Deutlich zeigte sich, dass ich mich hinsichtlich meines Berufsziels neu orientieren und mich zwischen Berufseinstieg und Promotion entscheiden musste.

Einige erfolgreiche Strategien werde ich auch bei meiner nächsten Telefonbewerbungsaktion anwenden:

- Telefoniert habe ich nur an Tagen, an denen ich »gut drauf« war, Lust hatte, mich selbst zu verkaufen, und von dem Gelingen meines Tuns überzeugt war.
- Ich habe versucht, freundlich, aber bestimmt zu sein, mich nicht abweisen zu lassen.
- Meinen Namen habe ich klar und deutlich genannt – damit er notiert werden konnte.
- Die Namen meiner Gesprächspartnerinnen und -partner habe ich mir immer notiert, damit ich diese Namen nennen konnte und, was noch wichtiger war, damit ich mich bei weiteren Kontaktaufnahmen auf diese Person bzw. das mit ihr geführte Gespräch beziehen konnte.
- Ich habe das in den Personalabteilungen übliche Vokabular benutzt (Vakanzen, Personalrecruitment), das ich mir während der verschiedenen Telefonate angeeignet habe.
- Während des Gesprächs habe ich versucht herauszubekommen, worauf besonderer Wert gelegt wird (z.B. Berufserfahrungen auf dem Gebiet XY), damit ich diese Punkte bei meiner Bewerbung oder erneuten Kontaktaufnahme herausstellen kann.
- Und nicht zuletzt habe ich Folgendes sehr aktiv praktiziert: meinem telefonischen Gegenüber zuzuhören, ihn ausreden zu lassen, nachzufragen – um möglichst viele Informationen zu gewinnen.

»Bitte schreiben Sie dazu, dass wir miteinander telefoniert haben!«

»Wir suchen Bezirksleiterinnen für die Betreuung unserer Filialen in ganz Hessen«, war im Anschluss an eine große Stellenanzeige zu lesen, in der es um die Position eines Haupteinkäufers im Bereich Damenoberbekleidung (DOB) ging.

Kenne ich doch schon, denke ich für mich, danach sucht die Firma doch schon mindestens seit einem halben Jahr. Wär doch interessant zu erfahren, was man sich unter einer idealen Bezirksleiterin vorstellt. Ich schreibe mir stichwortartig ein paar Fragen auf und greife zum Hörer. Unter der angegebenen Telefonnummer erreiche ich auch sofort die genannte Ansprechpartnerin, die die Personalleiterin des Unternehmens ist.

»Weber!«

Kurz, hart, ruppig, trocken. Die Stimme klingt wie die einer Börsenmaklerin beim Absturz des Aktienmarkts.

»Katharina Bach aus Hamburg. Guten Tag. Ich habe eine paar Fragen zu einer Ihrer Stellenanzeigen. Sie hören sich an, als wären Sie in Eile. Ist es Ihnen lieber, wenn ich mich später noch mal melde?«
»Es passt mir momentan überhaupt nicht, Sie hören ja, ich stehe hier mitten auf dem Gang. Aber, auf der anderen Seite – ich habe eigentlich nie Zeit. Also, schießen Sie schon los. Um welche Stellenanzeige handelt es sich denn?«
»Eine Anzeige aus der MW vom 18. August, in der es hieß, Sie würden noch Bezirksleiterinnen suchen. Ob Sie so nett wären, mir Aufgabenfeld und Anforderungsprofil einer Bezirksleiterin kurz zu beschreiben?«
»Ja, ganz kurz über unsere Marke Kantex und unsere Philosophie. Wir sind ein stark expandierendes Unternehmen in der Damenoberbekleidung, und da wir immer neue Filialen gründen ...«

Pause. Ich warte auf die Beschreibung der Unternehmensphilosophie. Aber anscheinend soll der Satz unvollendet bleiben.

»Erfolgreich wachsende Unternehmen in der Textilbranche sind ja momentan eher selten anzutreffen. Wie erklären Sie sich denn Ihren Erfolg auf dem eher rückläufigen Markt?«
»Also, das ist so: Aufgrund unserer Unternehmensphilosophie gehören wir mit zu den erfolgreichsten Marken in Deutschland.«

»Können Sie mir Ihre Unternehmensphilosophie kurz beschreiben?«

Wir bieten Coordinates im fairen Preis-Leistungs-Verhältnis an, und unsere Standorte sind ausschließlich in großen Einkaufszentren und wirklichen 1a-Lagen. Am besten, Sie schauen sich unsere Ladengeschäfte einmal an, dann wird Ihnen auch sicherlich klar, warum wir so erfolgreich sind.

»Ja, ich kenne einige Ihrer Filialen in Hamburg.«

Prima, dann wissen Sie ja schon einiges über uns. Also, in erster Linie ist der Bezirksleiter für die Führung und Motivation der Filialleiter zuständig und dann hat er noch die Warenpräsentation zu überwachen.

»Das heißt, er ist nicht für die Konzeption und Gestaltung des Visual Merchandising verantwortlich, sondern ...«

Nein, er ist dafür da, dass die in der Zentrale genau festgelegten Gestaltungsrichtlinien eingehalten werden, er muss so nur kontrollieren, ob die Bestimmungen eingehalten worden sind.

Das hört sich genau nach der Kreativität an, die ich immer gesucht habe. Antreiber und Überwacher – genau der Job, von dem ich träume.

»Um wie viele Filialen handelt es sich denn in einem Verkaufsbezirk und mit wie vielen Mitarbeitern hat man da zu tun?«

15 bis 20 Filialen mit je fünf Mitarbeitern. Immer eine Vollzeitkraft als Filialleiterin und vier Teilzeitkräfte.

Dürfte ja eigentlich gar nicht so schwierig sein, denke ich und frage:

»Mir ist aufgefallen, Sie suchen schon lange nach Bezirksleitern?«

Ja, wissen Sie, wie gesagt expandieren wir, da suchen wir immer gute Leute. Und außerdem, manche Frauen werden schwanger, andere übernehmen weiterführende Aufgaben in unserer Firma, da herrscht schon eine ganz schöne Fluktuation. Und wir sind da auch sehr wählerisch und nehmen nicht jeden, sondern suchen uns unsere Mitarbeiterinnen auch ganz genau aus.

»Nach welchen Kriterien suchen Sie aus? Wie sieht denn Ihre Idealbewerberin aus? Welche Anforderungen an Ausbildung und Qualifikation stellen Sie?«

Einzelhandelserfahrungen in der DOB sind auf jeden Fall unentbehrlich. Und sie sollte auch schon ein wenig Führungserfahrung haben.

»Was das Thema Mitarbeiterführung anbelangt, so habe ich auf diesem Gebiet sieben Jahre Erfahrung und bin da recht gut geschult. Ich war Geschäftsführerin im Einzelhandel des oberen Genre der DOB und hatte Verantwortung nicht nur für 30 Mitarbeiter, sondern auch für einen Umsatz von etwa zweieinhalb Millionen Mark. Hinzu kam der Bereich des Visual Merchandising.«

»Ah, das ist ja interessant, dann kennen Sie sich ja mit den Schwierigkeiten unserer Branche aus. Sie sagen, Sie waren Geschäftsführerin. Sind Sie da zurzeit nicht mehr tätig?«

»Das Geschäft ist verkauft worden und die neue Inhaberin hat die Geschäftsführung übernommen. Jetzt…«

»Ja, was machen Sie denn momentan?«

»Ich arbeite jetzt ich als Kontakterin in einer Werbeagentur, möchte aber gern wieder in der Modebranche zurück.«

»Ja, Werbung ist ja auch eine interessante Sache. Aber ich kann Sie gut verstehen, wenn man einmal in der Mode gearbeitet hat, zieht's einen immer wieder hin. Noch etwas anderes: Wären Sie denn überhaupt bereit, aus Hamburg wegzuziehen?«

»Natürlich, selbstverständlich, andernfalls würde ich mich doch gar nicht auf Ihre Anzeige melden.«

»Könnte ich mir gar nicht vorstellen, Hamburg ist doch eine ganz aufregende und interessante Stadt.«

»Wenn man viel arbeitet, kommt man doch meistens gar nicht dazu, sich seine Stadt näher anzuschauen, man hat ja sowieso keine Zeit. Und wenn man wirklich mal fürs Wochenende nach Hamburg möchte – die Welt ist ja so klein geworden, mit dem Flieger oder der Bahn ist man ja in immer kürzerer Zeit da.«

Kurzes Lachen am anderen Ende: *»Stimmt, da haben Sie auch Recht. Wie alt sind Sie eigentlich?«*

»37.«

»Prima, ein gutes Alter. Frau Bach, ich freue mich auf Ihre Unterlagen. Bitte schreiben Sie dazu, dass Sie mit mir telefoniert haben.«

»Ja, Frau Weber. Vielen Dank für das Gespräch. Auf Wiederhören.«

Die Bewerberin ruft ohne große Vorbereitung an, einer spontanen Eingebung folgend. Die Personalleiterin – obwohl zu einem unglücklichen Moment erwischt – ist neugierig. Dass sie so komplexe Frage wie nach der Firmenphilosophie und dem Erfolgsrezept nur so knapp oder gar nicht beantwortet, ist ihr nachzusehen und spielt eigentlich für den weiteren Verlauf des Gesprächs keine Rolle. Ganz wichtig die Bemerkung der Anruferin, dass sie die Läden kennt.

Dann endlich werden ihr Fragen gestellt, die Personalchefin hat »angebissen«, zeigt Interesse. Bis zu einem bestimmten Punkt wird sie sogar persönlich (Umzugsidee). Am Ende des Telefongesprächs, das klar durch die Personalchefin bestimmt wird, legt sie Wert darauf, in den ihr zugesandten Unterlagen den

Hinweis auf dieses vorab geführte Telefonat zu finden. Sicher ein gutes Zeichen dafür, dass hier eine emotionale Brücke entstanden ist.

»Von welcher Firma rufen Sie eigentlich an?«

In der Stellenanzeige wird ein Verkaufsleiter im Foodbereich gesucht. Geschaltet hat die Anzeige eine mir nicht näher bekannte Personalberatungsgesellschaft.

Zunächst hatte ich die Sekretärin am Telefon und erst im zweiten Telefonat komme ich bis zum zuständigen Personalberater.

Mit der vorbereiteten Frageliste vor mir und dem festen Vorsatz im Hinterkopf, eine »emotionale Brücke« zu bauen, wähle ich die Nummer der Personalberatung Hipp.

»Hipp-Personalberatung, Heppl, Grüß Gott, was kann ich für Sie tun?«

So schnell, so undeutlich, dass ich es kaum verstehe und denke, ich habe mich doch nicht etwa verwählt – oder?

»Guten Tag, mein Name ist Klaus Beck. Ich rufe Sie aus Berlin an und habe ein paar Fragen zu einer Ihrer Stellenanzeigen in der Lebensmittelwelt.«
»Grüß Gott, Herr Beck, da müsste ich Sie aber weiterverbinden, um welche Anzeige geht's denn?«
»Um die aus der *Lebensmittelwelt* vom 16. Juli, in der Sie einen Verkaufsleiter suchen.«
»Ja, das bearbeitet Herr Hipp persönlich. Der ist jedoch momentan nicht zu erreichen. Möchten Sie es in einer Stunde noch mal versuchen?«
»Gern, vielen Dank, auf Wiederhören!«

1 Stunde später.

»Hipp-Personalberatung, Heppl, Grüß Gott, was kann ich für Sie tun?«

Wie aus der Pistole geschossen, und obwohl ich schon darauf vorbereitet war, bin ich nicht ganz sicher, ob ich den Namen der Sekretärin wirklich richtig verstanden habe.

»Guten Tag, mein Name ist Klaus Beck aus Berlin. Ich möchte bitte Herrn Hipp sprechen.«

»Von welcher Firma kommen Sie denn?«

»Ich rufe in eigener Sache an und habe an Herrn Hipp eine paar Fragen zu einer speziellen Stellenanzeige.«

Lachen am anderen Ende: *»Einen Moment!«*

»Hipp, Grüß Gott.«

»Guten Tag, mein Name ist Klaus Beck. Ich rufe Sie aus Berlin an und habe ein paar Fragen zu Ihrer Stellenanzeigen in der *Lebensmittelwelt*, in der ein Verkaufsleiter gesucht wird.«

»Hmgrmm.« Das hört sich fast wie ein Knurren an.

»Ich rufe Sie gern später noch mal an, wenn es Ihnen jetzt zeitlich nicht passt.«

»Hmmgrmm.« Es ist ein Knurren, und zwar ein höchst unfreundliches und abweisendes. *»Wir geben generell keine Auskunft zu unseren Stellenanzeigen und beantworten auch keine Fragen dazu. Schicken Sie uns einfach Ihre Bewerbungsunterlagen zu und dann werden wir Sie benachrichtigen.«*

»Bevor ich mich bei Ihnen schriftlich bewerbe, würde ich gern wenigstens ein paar Fragen stellen, um in Erfahrung zu bringen, ob eine Bewerbung für mich und auch für Sie überhaupt von Interesse ist.«

»Ja, wie ich schon sagte, wir geben da keine Auskünfte.«

»Eine kleine Frage können Sie mir doch sicher beantworten. Um welches Genre der Lebensmittelbranche handelt es sich denn bei Ihrem Auftraggeber?«

»Hmgrmm, ein überregional bekannter Billigdiscounter.«

»Und noch etwas, Sie schreiben, es würde sich um ein alternatives Unternehmen handeln. Was verstehen Sie darunter?«

Pause.

Verflixt noch mal, aber vielleicht hätte mir doch noch eine bessere Frage einfallen können. Auf diese Situation des Schweigens war ich überhaupt nicht vorbereitet.

»Versteh'n Sie darunter flache Hierarchien, oder…?«

»Ja, genau, flache Hierarchien.«

Bloß weg hier und ganz schnell auflegen, selbst gezwungenermaßen würde ich jetzt keine Fragen mehr stellen wollen, von »emotionalem Brückenbau« ganz zu schweigen.

»Okay, Herr Hipp, vielen Dank, das war's schon. Ich möchte Sie nicht weiter aufhalten. Darf ich Ihnen meine Unterlagen zusenden?«
»Ja, tun Sie das.«

Nach zwei recht positiv und ermutigend verlaufenen Berichten hier die Stagna-
tion auf der ganzen Linie. Wenn auch das Telefonat recht unerfreulich verlaufen
ist, so wurde der Kandidat doch nach Abgabe seiner Bewerbungsunterlagen zu
einem persönlichen Gespräch eingeladen. Hier zeigte sich der Personalberater
freundlich-zugewandt und es entstand eine bessere kommunikative Beziehung,
als nach der ersten telefonischen Begegnung zu erwarten war.

Wer schreibt, der bleibt – wer telefoniert, brilliert

Wir wollten Ihnen in diesem Exkurs und Sonderkapitel über das Telefonieren
keineswegs ein neues Bewerbungs-Allheilmittel verkaufen. Mit dem Telefon
allein werden Sie Ihren neuen Job kaum finden, geschweige denn erobern. Die
einzelnen Strategien – also auch persönliche Kontakte und Gespräche, Briefe
und Unterlagen – müssen ineinander greifen. Aber es ist sicherlich deutlich geworden, dass die Suche nach einem neuen Arbeitsplatz ohne den optimalen Einsatz des Mediums Telefon gar nicht oder nur sehr schlecht funktionieren kann.

Auch auf die Gefahr hin, dass wir uns wiederholen: Sie müssen beim Telefonieren ein klares Ziel vor Augen haben – in der Bewerbungssituation wird dieses Ziel in der Regel eine Einladung zum Vorstellungsgespräch sein. Nehmen
Sie niemals den Telefonhörer in die Hand mit den Gedanken: »Ach, ich glaube,
ich ruf jetzt mal in der Firma XY an, vielleicht kann ich mich ja kurz mal mit
jemandem aus der Personalabteilung unterhalten. Mal schauen, wie sich das Gespräch so entwickelt …«

Wenn Sie zum Telefonhörer greifen, muss Ihnen bereits klar sein, mit welchen Kommunikationszielen, Botschaften und Argumenten Sie den Arbeitgeber überzeugen wollen. Solange Sie noch ungeübt sind, sollten Sie vorher
aufschreiben, was Sie vermitteln, was Sie sagen wollen. Betrachten Sie es als in-
tellektuelle Herausforderung, einen Plan zu erstellen und zu überlegen: Was
könnte der Personalchef auf meine Frage antworten, und wie reagiere ich dann
darauf?

Gespräche sind wie Schachpartien. Es geht Zug um Zug. Keiner der Spieler
kann sich vor Beginn eine endgültige Strategie zurechtlegen. Jeder muss flexibel
sein. Wer Erfahrung mitbringt, ist im Vorteil.

Seien Sie darauf vorbereitet, dass man Sie am Telefon zurückweisen wird, insbesondere am Anfang, wenn Sie noch nicht so eloquent sind. Natürlich müssen Sie an sich arbeiten, um Ihre Ziele am Telefon zu erreichen. Wichtig ist es, sich freundlich, optimistisch und gut organisiert zu zeigen. Sie kennen es aus eigener Erfahrung: Viel hängt davon ab, *wer* etwas *wie* sagt.

Beim Arbeiten an Ihrer Telefontechnik sollten Sie niemals vergessen, dass überzeugendes Auftreten immer auch Respekt vor Ihrem Gesprächspartner voraussetzt. Wenn Ihre Bitte, weiterverbunden zu werden, sich so anhört wie »Nun spring mal, du blöde kleine Tippse«, dann lässt diese Arroganz sich auch nicht mit der ausgefeiltesten Wortwahl tarnen.

Das Anliegen »Verbinden Sie mich bitte mit Frau Meier« kann je nach Stimme und Stimmung des Sprechers Abwehrhaltung (die Person am anderen Ende der Leitung denkt: »Da können Sie aber lange warten, so eingebildet und unfreundlich wie Sie sind...«) oder große Hilfsbereitschaft hervorrufen (Der andere sagt und meint es auch: »Ich werde mich persönlich darum kümmern, dass Frau Meier Sie sofort zurückruft, wenn sie ins Büro kommt«).

Es gibt Menschen, die mit Ihrem natürlichen, aber gleichzeitig auch präzisen, zielstrebigen Telefonstil beinahe alles erreichen. Analysieren Sie Ihr eigenes Verhalten am Telefon. Beobachten Sie, wie Sie auf Menschen reagieren, die Sie anrufen. Lernen Sie von denjenigen, deren Präsenz am Telefon Sie dazu bewegt, freudig und engagiert zu helfen.

Man wird Sie schon allein deshalb zum persönlichen Gespräch einladen, weil man neugierig auf den sympathischen, motivierten und kompetenten Anrufer ist. Lassen Sie es auf einige Versuche ankommen! Viel Glück!

Und so müssten wir jetzt eigentlich am Ende dieses Kapitels formulieren: Wer schreibt, der bleibt. Wer telefoniert, brilliert. Wer im Gespräch überzeugt – gewinnt.

Das Wichtigste in Kürze

In diesem Vorbereitungskapitel haben wir Ihnen hoffentlich verdeutlichen können, wie wichtig die Recherche vor Ihrem großen Auftritt ist und mit welchen Methoden Sie sich Informationen beschaffen können. Auch das hilfreiche Medium Telefon, das von vielen Bewerbungskandidaten zu Unrecht gemieden wird, kann Ihnen dabei gute Dienste erweisen. Nur Mut, zeigen Sie, wie kommunikativ begabt Sie sind.

Entscheidend aber bleibt die Grundarbeit an Ihrem Kommunikationsziel und den daraus abgeleiteten Botschaften. Ihre wohl überlegte Argumentation und Ihre Vorarbeit an der Entwicklung eines interessant und prägnant vorgetragenen Werdegangs werden sich in der Vorstellungsgesprächssituation als die großen Unterstützer erweisen.

Die Vorstellung kann beginnen

Das Fragenrepertoire

Nach der Orientierung und Vorbereitungsphase geht es jetzt konkret um die Ausführung Ihrer Antworten auf die entscheidenden Fragen im Vorstellungsgespräch. Dabei kann es nicht unsere Aufgabe sein, Ihnen konkret vorzugeben, was Sie antworten sollten. Wir haben Ihnen aber neben dem umfassenden Ablauf- und Fragenrepertoire Hintergründe und hilfreiche Hinweise vorbereitet, um Sie auf eventuelle Schwierigkeiten optimal vorzubereiten. Mit diesem Fragenkatalog und Ihrer sich daran anschließenden Beantwortung und Selbstreflexion sind Sie bestens gewappnet.

Auch alle Gesprächssonderformen wie z.B. das Stressinterview und vor allen Dingen Hintergrundinfos zu neurotisch entgleisten Interviewpartnern, denen Sie leider nicht so selten begegnen werden, wie es wünschenswert wäre, finden Sie hier – ebenso wie die für Sie wichtige Gehaltsverhandlung.

Am Vorstellungsgespräch führt kein Weg vorbei. Wie es aber konkret abläuft, liegt auch mit in Ihrer Hand. Sie beeinflussen, ja bestimmen ganz wesentlich den Gesprächsverlauf.

Beweis: Wetten, dass ein relativ ausgefallenes Hobby wie z.B. Fallschirmspringen in Ihrem Lebenslauf Ihr Gegenüber mit an Sicherheit grenzender Wahrscheinlichkeit veranlasst, mehr darüber von Ihnen erfahren zu wollen?

Ein Teil der Fragen im Vorstellungsgespräch werden sich immer von Ihren Angaben im Bewerbungsanschreiben, Lebenslauf und den Anlagen (z.B. Arbeitszeugnissen) ableiten.

Die (Lebenslauf-)Tatsache beispielsweise, dass Sie Ihre beiden vorletzten Arbeitgeber jeweils bereits nach einem Dreivierteljahr wieder verlassen haben, wird unweigerlich intensiveres Nachfragen provozieren.

Mit anderen Worten: Die Art und Weise, wie Sie antworten, wie glaubwürdig und nachvollziehbar, was Sie wie ausführlich und in welchem Stil mitteilen, hat immer Einfluss auf den weiteren Verlauf des Gesprächs.

Bevor wir inhaltlich auf den Ablauf und die konkreten Fragen kommen, möchten wir Ihnen zunächst verdeutlichen, mit welchen Fragearten Sie rechnen müssen. Fünf Möglichkeiten gibt es:

- Faktenfragen
- Erzählfragen
- Bewertungsfragen
- Einschätzfragen
- Handlungsfragen

Faktenfragen

Wie der Name schon sagt, werden hier schlicht Fakten abgefragt, z. B.: »Wo haben Sie Ihre Ausbildung gemacht?«, »Welche Studienschwerpunkte hatten Sie?« etc. Hier sollten Sie nicht lange um den heißen Brei herum reden, sondern kurz und knapp auf den Punkt kommen. Also nicht: »Ach ja, Studienschwerpunkte. Da war ich mir am Anfang gar nicht sicher, ob ich mich lieber auf die Klassiker oder die neue deutsche Literatur konzentriere. Wissen Sie, beides hat ja seine Vorteile. Man kann davon ausgehen, dass jemand, der … blabla blabla blabla.« Ermüden Sie Ihr Gegenüber nicht mit unwichtigem Geplapper. Verhindern Sie, dass man Sie als Schwätzer einstuft.

Erzählfragen

Man möchte Sie gern zum Reden bringen, um möglichst viel von Ihnen zu erfahren, um sich ein Bild von Ihnen zu machen und um zu sehen, was Sie von sich preisgeben. Typische Frage: »Erzählen Sie doch einmal etwas von sich. Wir möchten Sie gern näher kennen lernen.« (siehe auch S. 157) Anders als beim ersten Typ geht es bei der Erzählfrage schon darum, etwas ausführlicher zu werden und nicht nur kurz und knapp ein, zwei Sätze anzubieten. Wenn man meint, genug von Ihnen gehört zu haben, dann signalisiert man das schon deutlich. Diese Art der Fragen dienen dazu abzuchecken, wie leicht oder schwer es ist, mit Ihnen ins Gespräch zu kommen, kurz: wie es um Ihre kommunikativen Fähigkeiten bestellt ist. Ein paar Minuten sollten Sie am Stück schon erzählen können – das ist auch kein Problem, wenn Sie sich entsprechend vorbereitet haben.

Bewertungsfragen

Haben Sie eine eigene Meinung und sind Sie auch mutig genug, diese zu vertreten, ohne sich erst zu vergewissern, ob Ihr Gegenüber dem zustimmt? Typische Fragen sind z. B.: »Wie stehen Sie zur Teamarbeit?«, »Stichwort BSE – sind unsere Lebensmittel sicher?« Es ist wichtig, dass Sie klar und deutlich Ihre Meinung kundtun. Seien Sie mutig und stehen Sie zu Ihrer Haltung. Aber denken Sie daran, dass es sich wirklich nur um eine Meinung handelt. Geben Sie keine Statements ab, die den Eindruck vermitteln, Sie hätten die »Weisheit mit Löffeln gefressen« à la: »Sehen Sie, es ist doch folgendermaßen …« Sagen Sie besser: »Ich persönlich denke …« oder »Meiner Meinung nach ist es so …« Damit bringen Sie zum Ausdruck, dass Sie eine eigene Ansicht haben, aber nicht rechthaberisch sind und durchaus andere Haltungen als die Ihre neben sich dulden.

Einschätzfragen

Mit diesem Fragentyp möchte man herausfinden, ob Sie in die Zukunft denken, ob Sie ein Gespür für Trends und Entwicklungen haben. Typische Fragen vor diesem Hintergrund: »Was glauben Sie, wie wird sich der Benzinpreis langfristig entwickeln? Wird er weiter steigen?« oder »Welche Maßnahmen sind geeignet, um den Rechtsradikalismus einzudämmen?« Auch hier sind Ihre kommunikativen Fähigkeiten gefragt. Mit Antworten der Marke »Tja, gute Frage. Muss man mal sehen« sammeln Sie keine Pluspunkte. Erläutern Sie ausführlich, wie Sie die Lage einschätzen und wie Sie zu Ihrer Beurteilung gekommen sind.

Handlungsfragen

Um herauszufinden, ob Sie Probleme rasch analysieren können und schell auf »des Pudels Kern« kommen, stellt so mancher Interviewer gern Handlungsfragen. Beispiele: »Wie würden Sie die Marketingkampagne für einen neuen Joghurt planen?« oder »Was kann man tun, um die interne Kommunikation innerhalb eines Unternehmens zu verbessern?« Fragen dieser Art sind typisch, um Ihre analytischen und konzeptionellen Fähigkeiten zu testen. Denken Sie bei der Beantwortung daran, nicht alles im Alleingang zu bewältigen. Gerade als Führungskraft wird von Ihnen Delegationsbereitschaft und -fähigkeit erwartet (s. S. 198). Wie gelingt es Ihnen, andere einzubeziehen und zu motivieren? Auch daraufhin wird Ihre Antwort abgeklopft. Oft geht es bei derlei Fragen weniger um Inhalte und ihre tatsächliche Umsetzbarkeit. Viel interessanter ist es herauszufinden, welcher Typ Mensch Sie sind, ob Sie kooperativ und verträglich sind und ins Team passen oder eher eigenwilliger Querulant, der womöglich Unruhe ins Haus bringt (vgl. Hedwig Kellner: *Das geheime Wissen der Personalchefs.* Frankfurt a. M. 1998, S. 25 ff.).

Achtung, Nachfrageketten!

Neben den eben aufgeführten fünf großen Fragentypen, müssen wir Sie noch auf eine andere Besonderheit aufmerksam machen. In dieser Klarheit verdanken wir sie Eberhardt Hoffmann, einem Personalpsychologen, der gerade in einem neuen Buch mit dem reißerischen Untertitel *Bewerber aus der Reserve locken* seinen Kollegen, den Personalauswählern, rät, Bewerbern schärfere Fragen zu stellen. Dazu präsentiert er sechs Spezialfrageformen, die einen unvorbereiteten, etwas naiven Kandidaten ganz schön ins Schwitzen bringen können. Im Einzelnen handelt es sich um

- Konkretisierungsfragen
- konträre Fragen zum gängigen Stereotyp
- zirkuläre Fragen
- projektive Fragen
- abstrakte Fragen
- mehrteilige Fragen

Konkretisierungsfragen

Darunter ist eine Reihe von Nachfragen zu verstehen, die es dem Personalentscheider erleichtern sollen, besser abzuschätzen, ob der Kandidat sich nur oberflächlich vorbereitet hat und eventuell sogar flunkert oder ob das von ihm Gesagte tatsächlich persönliche Substanz enthält und somit halbwegs der Wahrheit und Arbeitsalltagsrealität entspricht. Ein Beispiel hilft dies zu verdeutlichen:

In der Regel kommt es vonseiten des Auswählers zu der Frage: »Warum bewerben Sie sich bei uns…?«

So oder ähnlich gefragt, bekommt der Personalauswähler eine mehr oder minder ausführliche Antwort des Bewerbers in Richtung:

»Ich suche eine neue Herausforderung…, sah Ihre Anzeige…, habe gehört…, kenne die Produkte/Dienstleistungen Ihres Unternehmens.«

Meistens wird hierauf wenig eingegangen und es folgt eine nächste Frage an den Bewerber. Was immer hier auch im ersten Moment geantwortet wird, Personalpsychologe Hoffmann schlägt vor, nachzufragen und sich alles konkret(er) erklären zu lassen. Also:

»Helfen Sie mir bitte, wie muss ich mir Ihre Situation vorstellen ...?« oder
»Warum suchen Sie ..., lesen Sie die Stellenanzeigen?«
»Wieso suchen Sie eine neue Herausforderung?«
»Was verstehen Sie unter einer neuen Herausforderung?«
»In welcher Situation befinden Sie sich arbeitsmäßig momentan?«
»Was konkret kennen Sie von uns ..., haben Sie gehört ... etc.?«

Die inhaltliche Qualität der Kandidatenantworten auf die Nachfragen, so der Personalpsychologe, erlauben eine bessere Abschätzung, ob es sich um »ehrliche« oder um eher taktische Antworten handelt.

Für Sie als Bewerbungskandidat liegt es also auf der Hand, durch sorgfältige Vorbereitung und Flexibilität im Denken solchen Nachfragen gegenüber souverän zu begegnen und inhaltlich etwas Ordentliches zu präsentieren. Dies gelingt Ihnen umso besser, je mehr Energie Sie in die Vorbereitung des Vorstellungsgesprächs und vor allem in das, was Sie als Botschaft vermitteln wollen, investiert haben.

Konträre Fragen zum gängigen Stereotyp

Nicht zu Unrecht weist Hoffmann darauf hin, dass eine Frage wie z.B.: »Wie stehen Sie zur Teamarbeit?« stereotyp mit einer bejahenden, positiven Bewerberbewertung beantwortet wird.

Was kann man schon anderes antworten, werden Sie zu Recht jetzt denken, und selbst wenn Sie kein großer Freund von Teamarbeit sein sollten, halten Sie sich doch besser bedeckt. Das weiß aber auch die andere Seite, und um nun an Ihren Erfahrungskern zu gelangen, um herauszufinden wie Sie wirklich darüber denken, muss sich der geschickte Ausfrager schon etwas mehr einfallen lassen.

Daher, schreibt der gewitzte Personalpsychologe, empfiehlt es sich hier an dieser und ähnlichen Stellen, gründlich nachzuhaken, um z.B. mit folgenden Fragen den Kandidaten besser »auf den Zahn fühlen«, ihn klarer einschätzen zu können:

»Wo sehen Sie die Grenzen für Teamarbeit?«
»Wann ist aus Ihrer Sicht Teamarbeit nicht angezeigt?«
»Welche Rahmenbedingungen müssen nach Ihrer Erfahrung vorhanden sein, damit Teamarbeit erfolgreich sein kann?«

»Teamarbeit bringt auch immer wieder Probleme mit sich. Wo sehen Sie die Hauptprobleme, die Knackpunkte?«

»Kann man wirklich in vielen Fällen von Teamarbeit sprechen, oder lügt man sich da nicht oftmals in die eigene Tasche?«

Anhand der Fragenbatterie merken Sie schon, dass Sie als Beantworter und Bewerbungskandidat nicht mit einem so einfachen Statement wie »Teamarbeit ist in der heutigen komplexen Arbeitswelt unbedingt notwendig und stets positiv zu fördern« davonkommen. Sollten Sie dennoch darauf lediglich stereotyp positiv reagieren, wird man Sie bestenfalls für unerfahren im Umgang mit Teamarbeit und im schlimmsten Fall schlicht für dumm halten. Hier ist also eine differenzierte Beantwortung notwendig, und dabei werden Sie – zumindest wenn Sie nicht ordentlich vorbereitet sind – ein Menge von sich und Ihrer Wertewelt preisgeben.

Das muss nicht unbedingt schlimm sein, kann aber doch zu einem Problem werden, wenn Sie z.B. von Ihrer negativen Erfahrung im jetzigen oder vorherigen Arbeitsteam sprechen, von den Kollegen, die sich als Ideen-Klauer profiliert haben, den Vorgesetzten, die nicht durchblicken, der allgemeinen Ungerechtigkeit und überhaupt … Sie merken schon, was wir damit an Gefahren andeuten wollen.

Der kluge Beantworter weiß um die Aspekte und Problematiken und antwortet u.a. so:

• Der Koordinierungsaufwand ist bei Teamarbeit nicht unerheblich.
• Teams benötigen eine längere Anlaufzeit, um produktiv zu werden.
• Es besteht immer die Gefahr, dass Einzelne ein Team dominieren.
• Konformitätseffekte können leicht in einer Gruppe auftreten.
• Entscheidungsprozesse können länger dauern, stets verschoben werden.
• Ein Einzelner kann sich als Trittbrettfahrer verstecken.
• Ein Profilneurotiker kann ein ganzes Team sprengen.
• Die Risikobereitschaft kann ungünstig erhöht sein.

Das Konstruktionsprinzip dieses Fragentyps lautet: Auf welche Frage antwortet der Bewerber stereotyp wie alle Bewerber mit etwa den gleichen Inhalten und Wertungen? Und wie reagiert er, wenn er genötigt wird, eine konträre Position zu formulieren bzw. zu kommentieren?

Hier wird nicht nur die Glaubwürdigkeit der Aussagen überprüft, sondern auch die geistige Flexibilität. Grund genug, sich vorher mit dieser Frageform zu beschäftigen. Entscheidend bleibt: Was wollen Sie von sich »rüberbringen« und wie geschickt positionieren Sie Ihren Standpunkt? Achten Sie in jedem Fall darauf, nicht einfach aus dem »Nähkästchen zu plaudern«.

Die nachfolgenden drei Fragentypen ähneln sich, greifen ineinander und sind ein ziemlich scharfes Arbeits- und Handwerkzeug in den Händen der Personalauswähler. Zirkuläre, projektive und abstrakte Fragen, wie sie Hoffmann vorstellt und benennt, haben die Qualität eines Skalpells in der Hand eines Chirurgen. Also gut aufgepasst!

Zirkuläre Fragen

Dieser Fragentyp ist besonders immer dann geeignet, wenn es um die Einschätzung der eigenen Person, der Stärken und Schwächen des Bewerbers gehen soll. Schließlich legt sich jeder Kandidat beeindruckende Stärken und harmlose Schwächen zurecht.

Daher wird der Auswähler nicht fragen:

»Was können Sie gut, was weniger gut?«

Er wird den Bewerber lieber mit der Formulierung verblüffen:

»Was schätzen Ihre Kollegen an Ihnen ... was Ihr direkter Vorgesetzter?«
»Was würde mir Ihr Chef über Sie nicht gern so offen sagen?«
»Was mögen Ihre Kunden an Ihnen (nicht) so besonders gern?«
»Wie würde Ihr Vorgesetzter, Kollege, Ausbilder etc. Sie beschreiben?«
»Was, meinen/glauben Sie, würde der/die Person über Sie sagen/denken/meinen in Bezug auf ...?«

Das Fragesystem ist Ihnen jetzt klar. Wir haben schon erlebt, dass Fragen dieser Art selbst vorbereitete Kandidaten dazu verführt haben, unreflektiert aus dem »Nähkästchen« zu plaudern. In einer Prüfungs- und damit Stresssituation, wie sie nun mal beim Vorstellungsgespräch üblich ist, kann dieser kleine gedankliche Umweg (Was würde XY über Sie zum Thema ZZZ sagen?) einen Bewerbungskandidaten ziemlich weit öffnen. Das ist für diesen nicht immer von Vorteil ...

Wenn dann noch nachgehakt wird mit der Frage: »Warum, glauben Sie, würde Ihr Vorgesetzter Sie so und so einschätzen?«, müssen Sie als Bewerbungskandidat schon sehr gut präsent sein, um nicht das Falsche, zumindest Nachteiliges zu erzählen.

Projektive Fragen

Diese Art von Fragen ähnelt den eben beschriebenen zirkulären Fragen. Hierbei will man etwas von Ihnen erfahren und fragt Sie vordergründig, was Sie glauben oder zu wissen meinen, wie der/die/das… denkt, handeln würde oder etwas einschätzt. Statt Sie also direkt zu fragen, was Sie am liebsten in Ihrem Betrieb ändern würden oder deutlich zu kritisieren haben, bietet man Ihnen an, dieses stellvertretend über bzw. durch eine dritte Person zu äußern. Beispiel:

»Womit sind Ihre Arbeitskollegen zurzeit besonders unzufrieden…?«
»Welche Prioritäten bei der Arbeit haben Ihre Kollegen/der Vorgesetzte…?«
»Was, denken Sie, kritisieren Ihre Kunden an dem Unternehmen, der Dienstleistung, den Produkten etc.… gelegentlich, öfter, am häufigsten…?«
»Beschreiben Sie bitte die Werthaltung Ihres Vorgesetzten.«
»Wie stehen Sie dazu?«
»Warum denken Sie dies?«

Auch hier können Ihre Antworten intensiv hinterfragt und Sie um Konkretisierung gebeten werden. Gut zu wissen…

Abstrakte Fragen

Ein andere Möglichkeit, Sie zum Erzählen zu bringen, eröffnet dieser Fragentypus. Statt Sie konkret nach diesem und jenem zu fragen, bietet man Ihnen eine ganz offene Frage an:

»Was ist Ihr Lebenstraum?«
»Wovor fürchten Sie sich?«
»Welche Ziele verfolgen Sie?«
»Was ist Ihr Lebensmotto?«
»Was sind Ihre Grundwerte?«
»Was bedeutet Erfolg/Arbeit/Qualität etc. für Sie?«
»Was können Sie nicht leiden, was bringt Sie zum Wahnsinn… etc.?«
»Worüber können Sie sich so richtig schön ärgern?

Das Prinzip ist klar. Wer hier erzählt, macht in der Regel bedeutsame Aussagen über sich und seine »Welt«; kurzum: der perfekte Persönlichkeitstest.

Besonders in der Mischung – erst eine ganz konkrete, dann eine abstrakte Frage – kann man Sie beträchtlich aus der Reserve locken. Gut, wenn Sie sich darauf vorbereitet haben!

Mehrteilige Fragen

Mit diesem Fragentyp soll angeblich die »Mehrgleisigkeit« des Denkens eines Bewerbers überprüft werden können. Es geht um die clevere Beantwortung solcher Fragen:

»Was war das bisher größte Problem in Ihrem Arbeitsleben und wie sind Sie damit umgegangen?«
»Wer oder was hat Ihnen dabei geholfen, wie lange haben Sie gebraucht, um das Problem zu lösen, und welche Lehren für die Zukunft können Sie daraus ziehen?«

Hier will man sehen, welchen Teil Sie zuerst beantworten und welchen eventuell auch gar nicht. Gut vorstellbar, dass es in dieser angespannten Situation bei Ihnen nur zu Teilantworten kommt. Schrecklich die Vorstellung, dass Ihr Gegenüber, der Personalauswähler, auf die Idee käme, Sie würden vielleicht nicht ganz fit sein (s. a. S. 219 ff.).

Der Gesprächsablauf

Kommen wir nun zum Gesprächsablauf, genauer gesagt zu den zehn Phasen bzw. Themen eines Vorstellungsgesprächs:

1. Begrüßung und Einleitung des Gesprächs
2. Motive der Bewerbung und Leistungsmotivation
3. Ausbildung und beruflicher Werdegang
4. Persönlicher, familiärer und sozialer Hintergrund
5. Gesundheit
6. Berufliche Kompetenz und Eignung
7. Informationen für den Bewerber/die Bewerberin

8. Arbeitskonditionen
9. Fragen des Bewerbers/der Bewerberin
10. Abschluss des Gesprächs und Verabschiedung

Abgesehen von der Begrüßungs- und Verabschiedungsphase kann selbstverständlich die Reihenfolge variieren. Auch müssen nicht gleich beim ersten Vorstellungsgespräch alle Themen ausführlich behandelt werden (z.B. Arbeitskonditionen). Diese Übersicht gibt Ihnen jedoch einen optimalen Eindruck, welche Themen insgesamt auf Sie zukommen können.

Nach diesem Überblick möchten wir Ihnen die zehn Phasen des Vorstellungsgesprächs detailliert erläutern. Dazu haben wir das folgende Schema gewählt:

- Frage(n) – die an Sie gerichtet werden
- Hintergrund – dieser Fragen
- Hinweise – für eine optimale Beantwortung

Die nachfolgenden Abschnitte dieses Buches informieren Sie umfassend darüber, welches Fragenrepertoire Personalchefs heutzutage »draufhaben«, welche **Fragen** im Einzelnen zu den oben genannten Themen auf Sie zukommen können.

Sehr wichtig ist es uns, Sie mit dem eigentlichen **Hintergrund** der einzelnen Fragen vertraut zu machen, der sich – insbesondere in der Stresssituation Vorstellungsgespräch – nicht auf den ersten Blick erschließt.

So klingt z.B. die aufmunternde Aufforderung: »Erzählen Sie doch mal etwas über sich« wie eine Einladung zum harmlos-lockeren Partygeplauder. In Wirklichkeit steckt dahinter ein komplexer Persönlichkeitstest, ein »Einbruchsversuch« in Ihre Privatsphäre, der Wunsch, Ihre Seelenlandschaft auszuforschen.

Unsere **Hinweise** sind keine Antwortvorgaben oder gar konkrete Formulierungsvorschläge, sondern sollen Chancen und Gefahren einzelner Beantwortungsmöglichkeiten verdeutlichen. Sie können Ihr Bemühen, zu jeder Frage jeweils Ihre ganz persönliche Antwortstrategie zu entwickeln, nicht ersetzen.

Für die nun vorgestellten rund 300 Fragen gilt: Nicht alle können Ihnen in einem ersten Gespräch gestellt werden. Rechnen Sie mit einer Auswahl von etwa zehn bis zwanzig Fragen für eine Stunde Vorstellungsgespräch. Nach dem Studium unseres umfassenden Fragenkatalogs wissen Sie aber, was potenziell auf Sie zukommen kann, und können sich entsprechend vorbereiten. Böse Überraschungen sind somit praktisch ausgeschlossen, Angst und Aufregung werden wirksam reduziert.

1. Auftakt: Begrüßung und Einleitung des Gesprächs

Ihr Auftritt. Der berühmte erste Eindruck, wechselseitig. Versuchen Sie, gelassen zu wirken, einigermaßen selbstsicher zu erscheinen. Vermeiden Sie es, abgehetzt, angespannt und nervös aufzutreten. Lächeln Sie Ihr Gegenüber freundlich an, schauen Sie ihm oder ihr in die Augen. Stellen Sie sich, falls Ihr Name noch nicht gefallen ist, deutlich, aber in angemessener Lautstärke vor. Merken Sie sich die Namen Ihres oder (das ist schon schwerer) Ihrer Gesprächspartner. Es dient dazu, Ihr Gegenüber ganz direkt namentlich ansprechen zu können (nichts hört man bekanntlich lieber als seinen eigenen Namen). Auch für spätere Nachfassaktionen (s. S. 259 f.) muss man unbedingt wissen, mit wem man gesprochen hat. Schauen Sie sich ruhig ein bisschen um. Enthalten Sie sich jedoch jeder Kommentierung oder Frage (»Was für ein herrlicher Kandinsky!« / »Ist der Perser echt?« / »Das sind wohl Ihre Frau und Kinder, da auf dem Foto?«).

Hintergrund: Es geht in dieser allerersten Phase um die direkte persönliche Kontaktaufnahme, um Ihr Äußeres, Ihr Auftreten und Ihre Umgangsformen. Kommen Sie pünktlich oder auf die letzte Minute? Wirken Sie gehetzt, ängstlich-nervös oder ruhig, natürlich und gelassen – ohne übertriebene Selbstsicherheit, »Wurschtigkeit« oder sogar Arroganz? Sind Sie anpassungsfähig – vor allem aber: Machen Sie einen sympathischen (ersten) Eindruck?

Hinweise: Die bereits beschriebenen generellen Hintergrundaspekte des Vorstellungsgesprächs spielen von den ersten Sekunden an eine wichtige Rolle. Wer dem Gesprächspartner – ob Personalchef oder Firmeninhaber – unpünktlich, abgehetzt und transpirierend gegenübertritt oder wie unter Tranquilizern stehend unterkühlt bis gelangweilt wirkt, vielleicht sogar deutlich genervt reagiert, weil er/sie 20 Minuten warten musste, reagiert auf die Eröffnung der Schachpartie Vorstellungsgespräch sicherlich nicht optimal.

Ein zu kräftiger Händedruck (Marke »Knochenbrecher«) oder verschämte Laschheit (»tote Hasenpfote«) erzeugen wenig Sympathie in den ersten wichtigen Sekunden dieser für Sie bedeutsamen Begegnung mit Ihrem potenziellen Arbeitgeber. Das Abwischen der schweißfeuchten Hand an Rock oder Hose wirkt absolut peinlich. Der verschämte Blick nach unten oder an die Decke, der enttäuscht-verkrampfte Gesichtsausdruck, weil der Gesprächspartner nicht Ihren Erwartungen entspricht (zu jung, zu alt, nicht Ihr Typ), könnte folgenschwer auf Sie selbst zurückfallen, die Weichen gänzlich falsch stellen (aufs Abstellgleis: weg- statt angestellt).

Unsere Empfehlung: freundlich anlächeln, mitten ins Gesicht schauen, angemessen (wieder-)grüßen.

Smalltalk: Wir danken Ihnen für Ihr Kommen ... / Haben Sie gut hergefunden ...? / Was für ein schöner Tag! / Was für schlechtes Wetter ...

Hintergrund: Ihre Gesprächspartner wollen – wenn diese entsprechend geschult sind – Sie und sich selbst in einer ersten so genannten »Warming-up«-Phase einstimmen, eine freundliche Gesprächsatmosphäre herstellen und Ihre eventuelle Verkrampfung abbauen helfen.

Hinweise: Das ist zunächst alles ganz nett, sollte Sie aber nicht dazu verführen, zu ausführlich auf die angebotenen Themen einzugehen (Wetter, Parkplatzsuche, evtl. Anreise, Unterkunft usw.). Wer sich hier beklagt, dass das Hotelbett nicht seinen Erwartungen entsprach, dass er keinen Parkplatz gefunden hat, dass das Wetter ja jedes Mal so schlecht ist, wenn er zu Bewerbungsgesprächen anreisen muss, könnte eigentlich schon gleich wieder seine Sachen packen und gehen.

Nörgler und Pessimisten entsprechen nicht den Erwartungen des Personalchefs an die Charaktermerkmale zukünftiger MitarbeiterInnen. Natürlich dürfen Sie das Smalltalk-Angebot nicht ablehnen – etwa mit dem Unterton: »Geht's hier ums Wetter – jetzt aber bitte zur Sache!« –, sondern sollten diplomatisch und angemessen darauf eingehen.

Bisweilen wird Ihnen vielleicht sogar etwas angeboten: Kaffee, andere Getränke (Säfte, Mineralwasser), etwas zu rauchen, möglicherweise sogar Alkoholisches. Letzteres ist ohne Zögern klar abzulehnen. Aber auch das Rauchen ist problematisch, vor allem, wenn Ihr Gegenüber keinen Ascher auf dem Tisch hat bzw. selbst keine Zigarette in den Händen. Die Nichtraucher sind auf dem Vormarsch. Besser also, falls Sie überhaupt rauchen: Sie lehnen dankend ab. Rauchen ist nicht mehr in, schon gar nicht während der ersten Vorstellungsgesprächsminuten.

Gibt es eine Kaffeerunde oder wird Mineralwasser bzw. Saft angeboten, sollten Sie sich nicht ausschließen. Falls Sie einen Getränkewunsch äußern dürfen, machen Sie es nicht kompliziert, bringen Sie niemanden in Verlegenheit, vor allem nicht sich selbst. Nicht jede Bürogetränkebar hat Tomatensaft mit Salz, Pfeffer und kleinen Eisstückchen vorrätig. Auch ein Pfefferminztee ist extrem unüblich und provoziert vielleicht vollkommen falsche Rückschlüsse auf den Gesundheitszustand Ihres Magen-Darm-Traktes.

Warten Sie einen günstigen Moment ab, um geschickt herauszufinden (falls Sie es noch nicht wissen), wie viel Zeit für Ihr Gespräch vorgesehen ist. Diese wichtige Information dient Ihnen dazu, Ausführlichkeit und Länge Ihrer Antworten dem vorgegebenen Zeitrahmen anzupassen. Weniger als eine halbe Stunde Gesprächszeit wäre enttäuschend, dagegen über eine oder gar mehrere Stunden schon etwas außergewöhnlich für die erste Begegnung.

Bereits in dieser »Warming-up«-Phase ist es nicht unüblich, dass Ihr Gegenüber die Gesprächsphase 7 (Informationen für den Bewerber/die Bewerberin, s. S. 174) vorzieht. Dann wird Ihnen über die Firma/Institution, die Produkte/Dienstleistungen und deren Bedeutung referiert.

Hören Sie interessiert zu, hier erfolgt ein Stück Arbeitgeber-Selbstdarstellung, deren narzisstischen Anteil Sie durch erhöhte und demonstrative Aufmerksamkeit wertschätzen müssen. Möglicherweise erfahren Sie Dinge, die im späteren Gesprächsverlauf erneut Thema werden (z. B. dann, wenn man offen erzählt, wie man sich seinen »Traumkandidaten« für diesen Arbeitsplatz vorstellt).

2. Bewerbungsmotive und Leistungsmotivation

* *Wie ist es eigentlich zu ihrer Bewerbung als ... bei unserem Unternehmen/unserer Institution gekommen?*
* *Was reizt Sie an dieser Aufgabe/Position?*
* *Warum wollen Sie gerade bei uns, in unserem Unternehmen/unserer Institution arbeiten?*
* *Wie gut kennen Sie unsere Produkte/Dienstleistungen etc.?*

Hintergrund: Alle Fragen dienen der Überprüfung Ihrer Motivation, Ihres Interesses. Wie fundiert ist beides? Was bewegt Sie wirklich? Aus welcher Situation heraus bewerben Sie sich? Ist dieser Arbeitsplatz (das Unternehmen/die Aufgabe) erste Wahl oder nur Kompromiss- bzw. sogar Notlösung?

Wie sind Image und Stellenwert des potenziellen Arbeitgebers bei Ihnen gewichtet? Wissen Sie den eventuellen neuen Arbeitgeber zu schätzen?

Hinweise: Auf diese Standardfragen müssen Sie wirklich gut vorbereitet sein, Sie sollten wenigstens fünf Minuten flüssig sprechen können. Es handelt sich hierbei um die wichtigsten, entscheidendsten Fragen und Themen im ganzen Gespräch!

Dabei darf der Unterhaltungs- und Spannungswert auf keinen Fall zu kurz kommen, was Sie übrigens generell für viele Antworten berücksichtigen sollten. Langweilen Sie bloß nicht!

* *Warum haben Sie vor, den Arbeitsplatz zu wechseln?*
* *Weshalb wollen Sie Ihre jetzige Tätigkeit/Position aufgeben?*
* *Warum haben Sie in Ihrer jetzigen Firma/Institution keine Aufstiegschancen?*
* *Was sind die Gründe für Ihre Unzufriedenheit?*

Hintergrund: Es geht weiter um die Motive Ihrer Bewerbung, um die »Ausleuchtung« Ihrer Ausgangs- und Hintergrundsituation. Sind Sie in einer beruflichen/persönlichen Drucksituation, und wenn ja, warum? Wie hoch ist der Grad Ihrer Unzufriedenheit, und wodurch ist diese bedingt?

Hinweise: Wie begründen Sie den Wunsch nach einem Arbeitsplatzwechsel oder einem Neu- bzw. Wiedereinstieg? Hier muss Ihnen eine plausibel klingende, überzeugende Argumentation gelingen. Verlieren Sie sich nicht in Details, beklagen Sie sich auf keinen Fall über Ihren jetzigen bzw. über frühere Arbeitgeber/Vorgesetzte oder über Ihre Aufgabenbereiche.

Gern wird gehört: Man will vorankommen, die neue Aufgabe wird als Herausforderung betrachtet, ist reizvoll, man möchte es sich und anderen beweisen. Das provoziert übrigens die nächste Frage:

* *Was reizt Sie an der neuen Aufgabe?*
* *Was erwarten Sie speziell von uns, was erhoffen Sie sich?*

Hintergrund: Weiterhin geht es um die Überprüfung Ihrer Motivation. Wie gut sind Sie vorbereitet, wie realistisch sind Ihre Einschätzungen?

Hinweise: Wieder müssen Sie überzeugend argumentieren, Geduld zeigen, variantenreich argumentieren und sich nicht in Widersprüche oder simple Wiederholungen verstricken. Sind die von Ihnen angeführten Bewerbungsgründe nachvollziehbar? Machen Sie deutlich, dass Sie sich auf die beruflichen Aufgaben und den potenziellen Arbeitgeber gut vorbereitet haben.

Gern gehört sind Stichworte wie »Zukunftschancen« und »Image der Firma« – aber vermeiden Sie plumpe Schmeicheleien.

- *Üben Sie Ihre jetzige berufliche Tätigkeit gern aus?*
- *Was hat Ihnen bisher an Ihrer Aufgabe/Position gefallen, was missfallen, und warum?*
- *Was, glauben Sie, ist bei uns anders?*

Hintergrund: … ist die Sorge, dass Sie Ihre eventuell bestehende Unzufriedenheit quasi als »chronische Erkrankung« mit an den neuen Arbeitsplatz bringen und dass somit nicht objektive, sondern negativ-subjektive Gründe den gewünschten Wechsel bedingen.

Hinweise: Selbstverständlich üben Sie Ihre jetzige berufliche Tätigkeit gern aus, identifizieren sich mit Ihrem Beruf. Einerseits möchte man Sie (ab-)werben, andererseits hat man Angst, dass sich hinter Ihrer Wechselbereitschaft unangenehme Überraschungen auch für den potenziellen neuen Arbeitgeber und Arbeitsplatz verbergen. Es geht um die Befürchtung des Arbeitgebers, sich mit Ihnen ein »Kuckucksei« ins Nest zu holen. Schildern Sie Ihre jetzigen Aufgaben zu negativ, wird man an Ihnen zweifeln, bei zu positiver Darstellung wirkt Ihr Wunsch nach einem Arbeitsplatzwechsel unglaubwürdig.

Ein Ausweg aus diesem Dilemma ist die plausible Darstellung, worin die Verbesserung durch den Wechsel oder Neustart/Wiedereinstieg für Sie besteht.

- *Woher ist Ihnen unser(e) Unternehmen/Institution bekannt?*
- *Wie gut kennen Sie uns bereits, unsere … (z.B. Produktion/Marktposition/Dienstleistungen usw.)?*
- *Wie stellen Sie sich Ihre Tätigkeit bei uns vor?*

Hintergrund: Die Fragen zur Überprüfung der Qualität Ihrer Vorbereitung auf das Vorstellungsgespräch werden konkreter und detaillierter. Wie überzeugend ist Ihre Darstellung, und wie ziehen Sie sich auch bei unangenehmen Fragen aus der Affäre?

Hinweise: Bei guter Vorbereitung haben Sie einiges über das Unternehmen/die Institution in Erfahrung gebracht und machen jetzt bei den Fragen zu diesem Punkt einen kompetenten Eindruck. Das darf Sie aber nicht dazu verleiten, sich bei der Frage, wie Sie sich die Tätigkeit beim neuen Arbeitgeber vorstellen, zu sehr zu exponieren. Es ist eigentlich Sache Ihres Gesprächspartners, Ihnen eine

Arbeitsplatzbeschreibung zu geben. Es besteht leicht die Gefahr, dass Sie sich »vergaloppieren« und als notorischer Besser- oder Alleswisser unangenehm auffallen.

- *Haben Sie einen besonderen persönlichen Bezug zu unserem Unternehmen?*
- *Kennen Sie Mitarbeiter aus unserem Haus?*
- *Was haben die Ihnen denn so alles über uns erzählt?*

Hintergrund: Welche Wertschätzung bringen Sie Ihrem potenziellen Arbeitgeber entgegen? Woher beziehen Sie Ihre Informationen? Wissen Sie, was man wie sagt und was man lieber für sich behält?

Hinweise: Ein persönlicher Bezug zum Unternehmen kann von Vorteil sein. Wenn Sie sich auf diese Frage vorbereitet haben und die Auskunft glaubwürdig klingt, sammeln Sie Pluspunkte. Lassen Sie sich nicht dazu verleiten, eventuelle Kenntnisse aus der internen Firmen-Gerüchteküche auszuplaudern. Wenn Sie angeben möchten, jemanden aus dem Unternehmen zu kennen, sollten Sie dessen Position und Ansehen einschätzen können.

- *Haben Sie zurzeit noch andere Bewerbungsverfahren laufen?*
- *Gibt es schon konkrete Verhandlungen bzw. Ergebnisse?*

Hintergrund: Wieder geht es um Ihre Motivation, die Ernsthaftigkeit Ihres Arbeitsplatzwechsel-Wunsches, die Frage, wie viel Druck hinter diesem Anliegen steckt. Aber auch die besondere Wertschätzung gegenüber dem speziellen potenziellen Arbeitgeber soll mit diesen Fragen erforscht werden. Ist diese Firma/Institution erste Wahl, oder rangiert sie irgendwo unter »ferner liefen«? Setzen Sie alles auf eine Karte, oder haben Sie – aus welchem Druck und Antrieb auch immer – eine Vielzahl von Bewerbungsschreiben »ausgestreut«?

Hinweise: Wie hoch ist Ihre Identifikation mit dem jetzt gerade ablaufenden Bewerbungsverfahren? Also: Kein Wort über evtl. Absagen und Fehlschläge, und besser nichts über parallele Verhandlungen, es sei denn, Sie haben ein ganz konkretes Angebot, das für Sie ernsthaft in Betracht kommt. Gefahr: Sie wirken unglaubwürdig bis erpresserisch und vermasseln sich Ihre Chancen.

- *Was bewog Sie damals – im Jahre 19XX und dann 20XX –, den Arbeitsplatz zu wechseln?*

Hintergrund: Wechseln bzw. wechselten Sie im Frieden oder Unfrieden? Gibt es bei Ihnen sich wiederholende Motive, die Sie zum Arbeitsplatzwechsel veranlassen? Spielen dabei in Ihrer Person begründete Probleme eine Rolle (vor denen man sich aus Arbeitgebersicht bewahren möchte)?

Hinweise: Seien Sie darauf vorbereitet, (auch frühere) Arbeitsplatzwechsel plausibel darstellen zu können. Schuldzuweisungen kommen immer extrem schlecht an, diese addieren sich letztlich nur auf dem Negativkonto der Person, die sie ausspricht.

- *Was hat für Sie Priorität bei Ihrer Arbeit?*
- *Wie stellen Sie sich im Idealfall Ihre Arbeit und Ihre Aufgaben vor?*
- *Was sind – aus Ihrer Sicht – die Vor- und Nachteile der von uns angebotenen Position, und wie wollen Sie damit umgehen?*

Hintergrund: Wie intensiv haben Sie diese Themen bereits durchdacht? Wie realistisch sind Ihre Einschätzungen? Welche »Arbeits-Persönlichkeit« sind Sie? Wie präsentieren Sie sich? Welche Merkmale (auch: Persönlichkeit) zeigen Sie bzw. lassen Sie erkennen? Welche Prognose für Ihre Leistungsmotivation kann man bei Ihnen aufgrund Ihrer Antworten wagen?

Hinweise: Stellen Sie sich geschickt an im Umgang mit schwierigen, weil komplexen Themen? Empfehlung: Nicht in Details verlieren, nicht zu sehr »Überflieger« sein. Das realistische Mittelmaß – aber nicht zu glatt! – wird honoriert. Wer hier in ein zwanzigminütiges Referat verfällt oder Extrempositionen vertritt, ist »out«.

Leistungsmotivation manifestiert sich aus Arbeitgebersicht daran, dass ein Bewerber immer zu den Besten gehören will, gern viel arbeitet, optimistisch und eher extravertiert eingestellt ist usw. Damit erklären sich auch Fragen wie folgende, die diesen Aspekt überprüfen sollen.

- *Wie wichtig ist es für Sie, sich mit Kollegen zu messen?*
- *Unterscheidet sich Ihr Leistungsverhalten von dem anderer Menschen und wenn ja, auf welche Weise?*
- *Was ist Ihnen neben Ihrem Beruf wichtig?*
- *Was treibt Sie zu Höchstleistungen?*
- *Wie wichtig ist Geld für Sie?*
- *Was macht Ihnen bei der Arbeit am meisten Spaß?*

- *Was gefällt Ihnen nicht und verursacht Stress?*
- *Was tun Sie, um Ihre Leistungsfähigkeit zu erhalten?*
- *Wie motivieren Sie sich selbst?*
- *Was demotiviert Sie? Warum?*
- *Welche kurzfristigen, welche langfristigen Ziele haben Sie?*
- *Was tun Sie, wenn Sie Ihr Ziel nicht erreichen?*

Interessiert wird der Interviewer Ihre Einschätzung der eigenen Leistung registrieren, z. B. mit folgenden Fragen:

- *Auf welche Ihrer beruflichen Leistungen und Erfolge sind Sie besonders stolz?*
- *Und jetzt zu Ihren Misserfolgen …*

Hintergrund: Was haben Sie als Leistungsnachweis anzubieten? Nebenbei: Wie gehen Sie mit heiklen, komplexen Fragen um?

Hinweise: Ihr mögliches Erschrecken beim Lesen dieser Frage (»Mein Gott, was würde ich denn darauf antworten?«) dokumentiert noch einmal die Sinnhaftigkeit einer guten Vorbereitung. Sie erspart das Schockiertsein mit nachfolgendem Stammeln oder Verplappern in der Realsituation Vorstellungsgespräch.

An Ihren Erfolgen und besonders an den von Ihnen eingestandenen Misserfolgen werden Sie gewogen. Wer keine Misserfolge zu berichten weiß, macht sich extrem verdächtig, und wer eingesteht, ein »Millionending« in den Sand gesetzt zu haben, »outet« sich selbst.

Während man bei den Erfolgsberichten etwas großzügiger (aber nicht unglaubwürdig) sein darf – insbesondere die Teamleistung sollte hervorgehoben werden –, gilt es bei den Misserfolgen, eher bei sich selbst zu bleiben (Ich …), ohne jedoch wirklich gravierende, irreparable Schäden zu beichten.

Die Analyse Ihrer Erfolgs- und Misserfolgsberichte lässt viele Rückschlüsse auf Sie als potenziellen Mitarbeiter zu.

- *Ihr Arbeitszeugnis ist ja nicht besonders gut ausgefallen. Können Sie das erklären?*

Hintergrund: Auch hier wieder der Test, wie Sie mit unangenehmen Fragen umgehen. Natürlich möchte der potenzielle Arbeitgeber herausfinden, ob etwas »dran ist« an der nicht so positiven Beurteilung.

Hinweise: Sollten Sie mit einem unbefriedigenden Arbeitszeugnis in Ihren Bewerbungsunterlagen zu einem Vorstellungsgespräch gehen, müssen Sie auf Fragen zu Aussagen im Zeugnis vorbereitet sein und Erklärungen abgeben können. Sehr wahrscheinlich kennen Sie die Nachfragen am besten, die Sie bezogen auf den letzten Arbeitsplatz und das nicht so tolle Zeugnis in Verlegenheit bringen könnten. Also bereiten Sie sich vor, damit Sie wissen, was Sie auf entsprechende Stichworte antworten werden.

Übrigens: Vorsicht bei Schuldzuweisungen, die Sie als Erklärung oder gar Rechtfertigung vornehmen. Ihr Gegenüber, der potenzielle neue Arbeitgeber, wird sehr genau hinhören, wie Sie verbal damit umgehen und Sie im schlimmsten Fall als »schwierigen Mitarbeiter« einschätzen. Beachten Sie auch den Grundsatz, dass Sie sich niemals negativ über den ehemaligen Vorgesetzten äußern dürfen. Der neue potenzielle Arbeitgeber könnte davon ausgehen, dass sie später genauso über ihn massive Kritik verbreiten würden, wenn Sie irgendwann einmal sein Unternehmen verlassen.

- *Wie sehen Sie Ihre Zukunft?*
- *Was sind Ihre Ziele?*
- *Was möchten Sie in drei und was in fünf Jahren erreicht haben?*

Hintergrund: Es geht um Leistungsbereitschaft und Motivation, um »Biss«, »Drive«, »visionäre Begabung« oder schlicht um Ihre Zukunftsplanung.

Hinweise: Hier behandeln Sie natürlich zunächst ausschließlich Ihre beruflichen Perspektiven. Als leistungsmotivierter Mitarbeiter sind Sie zuversichtlich, was Ihren beruflichen Werdegang anbetrifft. Aber: Exponieren Sie sich nicht zu sehr, damit man vor Ihnen keine Konkurrenzangst bekommt und glaubt, Sie würden gleich die Säge am Stuhl Ihres Chefs/Vorgesetzten ansetzen...

3. Beruflicher Werdegang

- *Wie verlief Ihr bisheriger Berufsweg?*
- *Aus welchen Gründen haben Sie sich für den Beruf/die Branche/die Arbeitsplätze X, Y und Z entschieden?*
- *Und warum jetzt für diese neue Position in unserem Haus?*

Hintergrund: Planung oder Zufall? Ist ein roter Faden bei Ihren Motiven für Arbeitsplatz- und Positionswechsel erkennbar?

Hinweise: Was Sie in Ihren Bewerbungsunterlagen kunstvoll zu Papier gebracht haben, müssen Sie jetzt überzeugend und gegebenenfalls auch ausführlich darstellen und begründen können. Wichtig ist dabei die Präsentation eines logischen Zusammenhangs zwischen einzelnen beruflichen Stationen. Mit dem gereizten Hinweis »Aber das steht doch bereits alles in meinen Unterlagen!« würden Sie sich sofort aus dem Bewerbungsverfahren katapultieren.

* *Berichten Sie uns etwas über die wichtigsten Aspekte Ihrer bisherigen Tätigkeiten.*

Hintergrund: Gelingt es Ihnen, komplexe Sachverhalte überzeugend auf den Punkt zu bringen, und passt dies inhaltlich zu der angebotenen Stelle?

Hinweise: »Aufgrund meiner Arbeitsgebiete/Tätigkeiten X, Y und Z glaube ich, für die Aufgabe/Position gut vorbereitet zu sein« – ohne dies wörtlich so auszusprechen, könnte so ungefähr der Tenor bei der Beantwortung dieser Frage lauten.

* *Was sind zurzeit Ihre konkreten Arbeitsaufgaben?*
* *Was machen Sie davon gern, was ungern?*
* *Schildern Sie einmal den Ablauf eines typischen Arbeitstages.*

Hintergrund: Hier geht es dem Interviewer darum, einen tieferen Einblick in Ihre derzeitigen Aufgaben zu bekommen und zu überprüfen, ob der gute Eindruck aufgrund Ihrer schriftlichen Bewerbungsunterlagen Bestand hat. Mit anderen Worten: Man versucht, Ihre beruflichen Schwachstellen zu enttarnen.

Hinweise: Diese auf den ersten Blick harmlos klingenden Fragen sind schwieriger zu beantworten, als Sie glauben. Deshalb erfordern sie eine besonders gute Vorbereitung im Hinblick auf den angestrebten Arbeitsplatz. Wer z. B. behauptet, an seinem aktuellen Arbeitsplatz alles nur gut und gern gemacht zu haben, lügt ausgesprochen ungeschickt. Warum dann wohl der angestrebte Wechsel?

* *Warum haben Sie Ihren Arbeitgeber öfter bzw. selten gewechselt?*

Hintergrund: Schwachstellen aufdecken; den Bewerber durch diese Frage mit einer schwierigen, u.U. peinlichen Situation konfrontieren und beobachten, wie er sich verhält.

Hinweise: Vorbereitet sein; gut argumentieren können; glaubwürdige Darstellung, auch mit Anerkennung von eigenen Fehlern; sich nicht aus der Ruhe bringen lassen; nicht aggressiv reagieren.

- *An welchen Fortbildungsmaßnahmen haben Sie teilgenommen? Wer hat diese initiiert?*

Hintergrund: Überprüfung von Leistungsmotivation und Kompetenz. Fortbildung aufgrund von Eigeninitiative oder nur auf Anordnung?

Hinweise: Wenige Sätze reichen aus. Es kommt darauf an, dass Sie etwas Relevantes zu berichten wissen. Fachliteratur und der regelmäßige Austausch mit Kollegen in einem vergleichbaren Arbeitsbereich ist das unterste Niveau, das hier inhaltlich beschritten werden kann. Besser sind Tagungen, Messen, Fortbildungsveranstaltungen etc.

- *Was zeichnet Ihrer Meinung nach einen guten Vorgesetzten aus?*
- *Was einen guten Mitarbeiter?*
- *Jetzt diese beiden Fragen mit umgekehrten Vorzeichen – »schlechten« Vorgesetzten … usw.*
- *Was schätzen Sie an Ihren Arbeitskollegen/Vorgesetzten – und was nicht?*

Hintergrund: Was sind Ihre Maßstäbe bei der Beurteilung von Vorgesetzten und Kollegen? Worauf kommt es Ihnen an? Erneut: Wie gehen Sie mit schwierigen Fragen um?

Hinweise: Zeigen Sie Wertschätzung für Vorgesetzte und KollegInnen, machen Sie aber gegebenenfalls auch deutlich, dass Sie in bestimmten Situationen anders entschieden hätten. Vermitteln Sie Respekt und die richtige Mischung aus Selbstbewusstsein und Loyalität.

- *Was vermissen Sie an Ihrem jetzigen Arbeitsplatz?*
- *Glauben Sie, dass Sie sich bei uns wohler fühlen werden?*
- *Erläutern Sie noch einmal: Warum möchten Sie sich verändern?*
- *Warum sind Sie in dem letzten Unternehmen nicht weiter aufgestiegen?*

- *Was war Ihre größte berufliche Enttäuschung?*
- *Was könnte Ihr jetziger Arbeitgeber besser machen?*
- *Als Sie damals zur Firma XY gegangen sind – warum haben Sie sich nicht da schon bei uns beworben?*

Hintergrund: Apropos Loyalität. Natürlich will jeder Personalentscheider Mitarbeiter, die loyal zu der Firma stehen. Das allerdings lässt sich nur schwer im Bewerbungsgespräch feststellen. Deshalb fragt man Sie nach Ihrem bisherigen Arbeitgeber. Wenn Sie sich ihm gegenüber loyal verhalten bzw. äußern, wird man daraus den Schluss ziehen, dass Sie diese Haltung auch künftig einem neuen Arbeitgeber entgegenbringen.

Hinweise: Lassen Sie sich auf gar keinen Fall dazu hinreißen, etwas Negatives über das bisherige Unternehmen zu sagen. Auch nicht, wenn Ihr Gegenüber Sie mit entsprechenden Bemerkungen lockt: »Wir wissen doch beide, dass es dort Probleme gibt. Und es hat sich herumgesprochen, dass auch das Betriebsklima …« Selbst wenn es noch so sehr auf der Hand liegt, dass in dem Unternehmen einiges im Argen ist, schweigen Sie besser. Denken Sie daran: Das hier ist ein Test. Und Sie werden ihn glänzend bestehen, wenn Sie nicht in die Falle tappen. Also Vorsicht auch bei Fragen wie folgenden:

- *Fühlen Sie sich in Ihren beruflichen Leistungen von Ihren früheren Vorgesetzten angemessen beurteilt?*

Hintergrund: Wie gehen Sie mit dem heiklen Thema Leistungsbeurteilung um? Lassen Sie sich provozieren, und nehmen Sie Schuldzuweisungen vor? Ergreifen Sie die erstbeste Gelegenheit, über andere herzuziehen? Sind Sie der Typ des ewig verkannten Genies?

Hinweise: Halten Sie sich bedeckt, und lassen Sie sich nicht provozieren. Vermeiden Sie vor allem Klagen über Ihre früheren Vorgesetzten und eine unglückliche Selbstdarstellung.

- *Was würden Sie gern an Ihrem jetzigen Arbeitsplatz verändern, wenn Sie Veränderungen durchführen könnten, wie Sie wollen?*

Hintergrund: Sind Sie ein notorischer Besserwisser oder gar ein »Revolutionär«? Ein reiner Provokationstest – es geht hier nicht um Kreativität.

Hinweise: Natürlich gibt es Dinge, die veränderungswürdig sind, aber dies ist nicht der Rahmen, detailliert und angemessen die Probleme an Ihrem derzeitigen Arbeitsplatz auszubreiten. Halten Sie sich einfach bedeckt.

- *Was war bisher Ihr schlimmstes, unangenehmstes (Arbeits-)Erlebnis?*

Hintergrund: Ein Persönlichkeitstest in Frageform. Es geht darum, Ihnen »auf den Zahn zu fühlen«, eventuelle Widersprüche zum Thema bisherige Misserfolge aufzudecken.

Hinweise: Aufgepasst – was war Ihre Antwort bei der Frage nach Ihrem größten Misserfolg? Welches Bild geben Sie von sich ab?

4. Persönlicher, familiärer und sozialer Hintergrund

In dieser Gesprächsphase geht es um drei Bereiche:
- Wer und wie sind Sie?
- Mit wem leben Sie zusammen, und wie sind diese Personen?
- Wie sieht Ihr erweitertes soziales Umfeld (Freunde, Bekannte, Kollegen) aus?

Zu Ihrer Person

- *Wir wollen Sie gern kennen lernen, erzählen Sie uns etwas über sich.*
- *Wie würden Sie sich kurz charakterisieren?*

Hintergrund: Ein umfassender Persönlichkeits-Check-up, der mit zwei Fragen auskommt. Ein unverstellter Versuch, in die Schränke und Schubladen Ihrer Persönlichkeit zu schauen. Es geht um die zentrale Frage: Passt der Bewerber in unser Unternehmen?

Hinweise: Hier haben Sie es mit aufdringlichen Besuchern, unter Umständen sogar mit »Einbrechern« in Ihre Privatsphäre zu tun. Es liegt an Ihnen, sich auf Derartiges gut vorzubereiten. Wichtig: Beginnen Sie bei so genannten offenen Fragen wie dieser immer erst damit, die berufliche Ebene anzusprechen und später – wenn überhaupt notwendig – die private.

- *Was sind Ihre Stärken, was Ihre Schwächen?*
- *Was ist Ihr größter Erfolg/Misserfolg (beruflich/privat)?*
- *Was war bisher in Ihrem Leben Ihr schlimmstes Erlebnis?*

Hintergrund: Wie stellen Sie sich dar? Wie glaubwürdig wirken Sie dabei? Lassen sich ungeahnte Schwächen entdecken?

Hinweise: Sie sollten mit Gelassenheit sowohl die positiven als auch einige harmlose negative Dinge darstellen und vertreten (die berufliche Seite zuerst; vielleicht geht der Interviewer schon zur nächsten Frage über, bevor Sie zur Darstellung von natürlich unverfänglichen Schwächen und Misserfolgen im privaten Bereich kommen).

Überlegen Sie sich genau, welche Offenheit Sie sich bei der Darstellung von Schwächen und Misserfolgen leisten können. Und nie vergessen: Sie befinden sich nicht auf der Couch Ihres Psychoanalytikers oder beim Pfarrer im Beichtstuhl!

- *Schätzen andere Menschen Sie richtig ein?*
- *Unter- oder überschätzt man Sie des Öfteren?*
- *Sind Sie eher intro- oder extravertiert?*
- *In welche Richtung möchten Sie sich persönlich entwickeln?*
- *Wie gehen Sie mit persönlichen Niederlagen um? Nennen Sie ein Beispiel.*

Interessant ist für den Interviewer natürlich nicht nur, wie Sie sich selbst sehen, sondern was Sie von Ihrer Umwelt halten, wie Sie mit anderen zurechtkommen, denn das wiederum sagt auch eine Menge über Ihre Persönlichkeit aus.

- *Was schätzen Sie generell an anderen Menschen, was nicht (Arbeitskollegen/Vorgesetzte/Freunde/Bekannte)?*
- *Haben Sie Leitbilder?*

Hintergrund: »Persönlichkeitsdiagnostik« (s.a. entsprechende Fragen im vorigen Abschnitt).

Hinweise: Hier gilt wieder der generelle Hinweis, dass jede Aussage über andere immer auch eine Mitteilung über Sie selbst bedeutet.

- *Warum sollten wir gerade Sie einstellen?*

Hintergrund: Ein fundamentaler Test Ihres Selbstbewusstseins und Selbstvertrauens. Sind Sie in der Lage, die für Sie sprechenden Eigenschaften im Hinblick auf die angestrebte Position prägnant zusammenzufassen?

Hinweise: Obwohl diese Frage zu den absoluten Standardfragen gehört, trifft sie viele Bewerber völlig überraschend und unvorbereitet. Ihnen sollte es nicht so gehen. Das ist Ihre große Chance. Aber bitte keinen 20-Minuten-Monolog (Vorschlag: Eine Argumentation erstens, zweitens, drittens reicht aus).

- *Wir wollen Sie als Mensch kennen lernen. Was machen Sie neben Ihrer Berufstätigkeit?*
- *Welche Interessen, welche Hobbys haben Sie?*
- *Welche Sportarten betreiben Sie?*

Hintergrund: Es geht um das Kennenlernen der »ganzen Person«, um Ihr Interessenspektrum, um Besonderheiten, Hobbys, kulturelle Aktivitäten und Neigungen (z. B. Lesen – Kant oder Konsalik?). Denken Sie auch an Ihre körperliche Fitness (Fußball spielen oder Fußball gucken?).

Hinweise: Die Beantwortung sollten Sie nicht dem Zufall überlassen. Die Antwort »Polospielen« macht einen anderen Eindruck als die Beschäftigung mit Briefmarken. (Vorsicht beim Bluffen – auf Nachfragen vorbereitet sein!). Sehr viel Sport ist leider wegen der begrenzten Freizeit nicht möglich, aber zu Ihrem Körper haben Sie natürlich ein gesundes Verhältnis. Vorsicht bei Risikosportarten wie z. B. Drachenfliegen (nicht zu verwechseln mit Drachen steigen lassen…).

Wie zuvor beschrieben, ist die Persönlichkeit von BewerberInnen von entscheidender Bedeutung für Arbeitsplatzanbieter. Man möchte wissen, wie gut der Kandidat sich ins vorhandene Team eingliedert, wie er sich verhält, wenn es mal zu Konflikten kommt, ob es ihm gelingt, auch mit Niederlagen und Frustrationen konstruktiv umzugehen. Mit Fragen wie folgenden »klopfen« Interviewer BewerberInnen auf diese Aspekte ab:

Integrationsfähigkeit

- *Wie gehen Sie mit Konflikten um? Machen Sie das an einem Beispiel aus Ihrem Erfahrungsbereich deutlich.*

- *Haben Sie schon einmal einen Streit geschlichtet?*
- *Was tun Sie, wenn man Sie bittet, einen Streit zwischen zwei Seiten zu schlichten, obwohl Sie damit eigentlich gar nichts zu tun haben?*
- *Kann man Ihrer Meinung nach Mobbing im Team verhindern und wenn ja, wie?*
- *Halten Sie es für besser, grundsätzlich, also auch kleinere Meinungsverschiedenheiten zu besprechen, oder glauben Sie, dass man nicht jede Kleinigkeit zum Thema machen sollte?*
- *Was tun Sie, wenn ein Konflikt noch nicht ausgebrochen ist, aber Sie das Gefühl haben, dass etwas »schwelt«?*
- *Wie verhalten Sie sich in Konferenzen, wenn Sie bemerken, dass Vielredner andere nicht zu Wort kommen lassen?*

Hintergrund: Letztlich geht es bei all den gerade aufgeführten Fragen auch um Ihre Integrierbarkeit.

Hinweise: Machen Sie deutlich, dass Sie kein Eigenbrötler, Quertreiber oder Aufwiegler sind, sondern eher ein »Teammensch«, der sich einfügt, dem es wichtig ist, gemeinsam mit anderen etwas zu erarbeiten.

Teamfähigkeit

- *Was bedeutet Teamarbeit für Sie?*

Hintergrund: In engem Zusammenhang mit der Integrationsfähigkeit steht die Teamarbeit. Das heißt, ein Team braucht integrationsfähige Menschen, die auch mal vermitteln und schlichten können, die bereit sind, auch andere Meinungen gelten zu lassen.

Sind Sie eher extra- oder introvertiert, ist hier die Frage. Sind Sie lieber Einzelkämpfer oder Gruppenmensch?

Hinweise: Was wird wohl bei der von Ihnen angestrebten Position eher gewünscht? Heutzutage werden insbesondere teamfähige Leute gesucht – auch wenn dann später in der Realität jeder gegen jeden (an-)tritt.

- *Mit welchen Menschen arbeiten Sie gern/ungern zusammen?*
- *Hatten Sie schon mal Schwierigkeiten mit Vorgesetzten und/oder Kollegen?*
- *Wenn ja: Mit wem? Warum? Wie sind Sie damit umgegangen? Was haben Sie daraus gelernt?*

- *Können Sie sich eine Firma/Institution vorstellen, in der Teamarbeit nicht sinnvoll wäre?*
- *Warum haben Ihrer Meinung nach manche KollegInnen Probleme mit der Teamarbeit?*
- *Worin sehen Sie die Vor- und Nachteile der Teamarbeit?*
- *Was macht erfolgreiche Teamarbeit aus?*
- *Was kann man tun, um das kollegiale Miteinander zu fördern?*
- *Waren Sie schon einmal Außenseiter in einem Team? Wie kam es dazu und was haben Sie unternommen?*
- *Stellen Sie sich vor, Sie wären Teamleiter. Was tun Sie, wenn das Team nicht mitzieht und Sie als Teamleiter ablehnt?*
- *Was würden Sie tun, wenn Sie sehen, dass ein Kollege nicht ins Team integriert ist?*
- *Wie lassen sich Probleme zwischen sehr leistungsstarken und leistungsschwachen MitarbeiterInnen bewältigen?*
- *Was kann man tun, um zu verhindern, dass Leistungsstarke demotiviert werden bzw. Leistungsschwache sich permanent überfordert fühlen?*

Hintergrund: Es geht weiter ganz unverstellt zur Sache (Psychodiagnostik), hier um den Aspekt: Zusammenarbeit mit anderen.

Hinweise: Wenn es Ihnen bei diesen Fragen die Sprache verschlägt, spricht das gegen Sie. Jeder Mensch bevorzugt bestimmte Kollegen und hat schon mal Schwierigkeiten mit seinem Chef gehabt. Nur gerade jetzt müssen Sie wissen, was Sie darüber preisgeben wollen und auf welche Weise.

Konfliktfähigkeit

- *Wie schätzen Sie sich selber ein – sind Sie konfliktfähig?*
- *Wie gehen Sie mit Kritik um?*
- *Was tun Sie, wenn jemand Sie persönlich beleidigt oder ausfallend wird?*
- *Worauf kommt es bei Kritikgesprächen vor allem an?*
- *Trauen Sie sich, auch einen Vorgesetzten zu kritisieren? Wie machen Sie das?*
- *Wie verhalten Sie sich, wenn ein Kunde sich beschwert?*
- *Haben Sie schon einmal im Streit zwischen zwei KollegInnen vermittelt? Schildern Sie den Vorfall.*
- *Was macht es so schwierig, Kritik zu äußern?*
- *Was ist Ihnen unangenehmer – kritisiert zu werden oder selbst zu kritisieren?*

Hintergrund: Wo Menschen zusammenarbeiten, da kann es zu Meinungsverschiedenheiten, Auseinandersetzungen und Streitereien kommen.

Hinweise: Wie steht es mit Ihrer Konfliktfähigkeit? Gehen Sie gleich an die Decke oder können Sie sachlich mit kritischen Worten umgehen? Vermeiden Sie schwierige Gespräche oder stellen Sie sich der Herausforderung?

Wenn Sie jemand sind, der sehr harmoniebedürftig ist, der es gern allen recht macht, dem sehr viel daran liegt, was andere über ihn denken, dann wird es Ihnen schwer fallen, Konflikte anzusprechen oder auch gegenüber einem Vorgesetzten Kritik zu äußern. Streben Sie eine Führungsposition an, sollten Sie sich klarmachen, dass Konfliktfähigkeit eine wesentliche Voraussetzung ist für eine leitende Position. Denn Sie können es unmöglich allen recht machen, sie müssen Dinge durchsetzen, die möglicherweise bei den MitarbeiterInnen nicht auf große Gegenliebe stoßen. Sie können nicht »everybody's darling« sein.

Und weiter geht's mit der Psychodiagnostik. Am liebsten möchte man Sie durchleuchten. Da das nur schwer möglich ist, versucht man es mit Fragen wie folgenden:

- *Worüber können Sie sich so richtig ärgern?*
- *Was macht Sie wütend?*
- *Was bereitet Ihnen Sorgen?*

Hintergrund: Fortsetzung der Psychodiagnostik. Wie gehen Sie mit derartigen Fragen um? Kann man Sie damit ärgern oder gar verängstigen?

Hinweise: Machen Sie sich nicht ganz zu (verkrampfen Sie nicht), aber lassen Sie auch nicht die Katze völlig aus dem Sack. Bei diesen Fragen ständen Sie ohne Vorbereitung vermutlich ziemlich geschockt mit dem Rücken an der Wand.

Da Sie hier eigentlich nur die Wahl zwischen Pest und Cholera haben, also nur schlechte Zensuren ernten können, kommt es darauf an, diese kritische Stress-Interview-Phase (s. S. 225 ff.) mit Format und Gelassenheit durchzustehen. Weichen Sie nicht auf, sondern aus – am besten auf Unverfängliches (die letzte Heimniederlage Ihres Lieblingsclubs, Ihre Schwiegermutter, Hundekot auf der Straße, die Vernichtung von Lebensmitteln im EU-Raum, schlechte kulturelle Leistungen bei Theater- und Konzertaufführungen Ihrer Lieblingsstücke usw.).

Frustrationstoleranz

An jedem Arbeitsplatz gibt es auch mal Zeiten, wo etwas schief läuft, jemand mit Ihrer Arbeit nicht so zufrieden ist wie sonst oder einfach einen schlechten Tag hat und den Ärger an Ihnen auslässt. Wie schnell haut Sie so etwas um? Sind Sie der Typ, der am liebsten gleich den ganzen Kram hinschmeißt oder reißen Sie sich am Riemen nach der Devise: Euch wird ich's zeigen – jetzt erst recht? Folgende Fragen sollen dabei Licht ins Dunkel bringen:

- *Welche Gefühle haben Sie, wenn Sie richtig hart kritisiert werden?*
- *Erinnern Sie sich noch an einen beruflichen Rückschlag – wie sind Sie damit umgegangen?*
- *Sind Sie von Ihrem Vorgesetzten schon einmal richtig enttäuscht worden? Was ist da vorgefallen? (Vorsicht – gehen Sie nicht in diese Falle. Sprechen Sie niemals schlecht über Exvorgesetzte.)*
- *Was für ein Typ sind Sie? Werden Sie laut, wenn Sie sich richtig ärgern, oder fressen Sie den Ärger eher in sich hinein?*
- *Wie befreien Sie sich selbst aus einer Fruststimmung?*

Alle Fragen zielen wieder auf das eine: Welcher Typ Mensch sind Sie? Dabei möchte man auch wissen, wie wichtig Ihnen das Weiterkommen, Ihre persönliche Entwicklung ist:

- *Was sind Ihre ganz persönlichen Lebensziele?*
- *Was möchten Sie persönlich für sich in naher/ferner Zukunft erreichen?*

Hintergrund: Eine gewisse Lebensplanung mit beruflichen und privaten Zielsetzungen rundet das Idealbild eines guten Bewerbers ab.

Hinweise: Lernen, Leistung, Vorwärtskommen. Haben Sie ein Gespür dafür, was man hier wohl von Ihnen hören will? Achtung: Es geht primär um Berufliches – vermeiden Sie private Offenbarungen.

- *Was sind Ihrer Meinung nach die größten Missstände*
  – in der Welt,
  – in unserem Land,
  – in Ihrer Heimatstadt,
  – in dem Unternehmen, in dem Sie zurzeit arbeiten?

Hintergrund: Wie differenziert ist Ihre Kritikfähigkeit, welchen Einblick erlauben Ihre Antworten in persönliche Grund- und Werthaltungen, ja sogar in Ihre Persönlichkeitsstruktur? Im letzten Frageteil geht es um Ihre Loyalität zu Ihrem jetzigen Arbeitgeber.

Hinweise: Wer z. B. auf allen vier Ebenen (Welt, Land, Stadt, Firma) das unerträgliche Umsichgreifen der Korruption in markant-larmoyanten Worten beklagt, sagt damit (unwissentlich) mehr über sich als über die beklagten objektiven Missstände. Sie können das Wort »Korruption« durch Pornographie, Werteverfall, Egoismus auf allen Ebenen usw. ersetzen – jede Aussage beleuchtet mehr die Persönlichkeit des Antwortenden als die vordergründig abgefragten Missstände. Achtung: Damit ist diese Frage ein knallharter (unzulässiger) Persönlichkeitstest!

Übrigens: Auch wenn Sie auf den verschiedenen Ebenen unterschiedliche Missstände benennen, wird der geschulte Zuhörer den gemeinsamen Oberbegriff herauszuhören versuchen, um Rückschlüsse auf Ihre Persönlichkeit vorzunehmen.

Der Interviewer will Sie mit den Fragen nach größeren Zusammenhängen (Welt, Land, Stadt) u.U. von dem für ihn eigentlich interessanten Aspekt ablenken: welche Kritikbereitschaft Sie Ihrem aktuellen Arbeitgeber gegenüber einnehmen (Stichwort Loyalität).

Bei den globalen Missständen könnten Sie auf Kriege, Umweltzerstörung, Hunger in der dritten Welt etc. hinweisen, in unserem Land eventuell auf die Arbeitslosigkeit und das Problem der Steuerumverteilung, in Ihrer Stadt auf Verkehrs-, Bau- und Umweltprobleme, in Ihrer Firma sehr vorsichtig auf die noch nicht optimal organisierte Gleitarbeitszeit etc.

Zu Ihrer Familie

- *Wie sieht Ihre aktuelle Lebenssituation aus?*

Hintergrund: Mit wem leben Sie zusammen? Als Single, mit Lebens- oder EhepartnerIn?

Hinweise: Verliebt, verlobt, verheiratet, geschieden, verwitwet, Kinder? Alles Themen, die den Arbeitgeber eigentlich absolut nichts angehen. Aber allzu häufig fragt er nun mal leider danach. Und wenn Sie dann beichten müssen, noch immer mit Ihrer 93-jährigen Frau Mama zusammenzuleben, entstehen vielleicht grundsätzliche Zweifel an Ihrer »Muttivation«.

- *Stellen Sie uns doch bitte mal Ihre Familie vor.*
- *(Ihre Gegenfrage: Welche? Meine Ursprungsfamilie oder meine jetzige?)*

Hintergrund: Neugieriges Informationsbedürfnis über den Bewerber und das Milieu, das ihn umgibt, aus dem er kommt (möglicherweise also beide Familien...).

Hinweise: Gehen Sie nicht zu sehr ins Detail, Sie müssen sich nicht rechtfertigen, warum Sie z.B. geschieden, wieder verheiratet oder überhaupt nicht verheiratet bzw. liiert sind. Ebenso: Warum Sie sich keine oder zahlreiche (ab 3) Kinder leisten und was Ihre eigenen Eltern gemacht bzw. versäumt haben, wie es bei Ihnen zu Hause damals zuging... (vgl. auch S. 86ff.).

- *Was macht Ihre Frau/Ihr Mann beruflich, und wo?*

Hintergrund: Abchecken der sozialen Verhältnisse. Devise: Zeige mir deinen Partner, und ich weiß ein bisschen mehr, wer und wie du bist.

Hinweise: Seien Sie sich darüber im Klaren, dass Sie eine relativ konfliktfreie, weitgehend problemlose heile Welt präsentieren müssen.

- *Was sagt Ihr Lebenspartner zu Ihren Plänen? Gibt es da eventuell Probleme (Umzug/Arbeitszeiten etc.)?*

Hintergrund: Bekommen Sie Unterstützung? Ist Ihr Lebenspartner mit Ihren Plänen einverstanden, oder gibt es da Hemmnisse?

Hinweise: Wer hier nicht überzeugend positiv auftritt oder gar zugeben muss, noch nichts besprochen, nichts geklärt zu haben, sammelt Minuspunkte.

Zu Ihrem sozialen Hintergrund

- *Gibt es Bereiche, in denen Sie sich besonders engagieren?*

Hintergrund: Wie sieht es mit politischen oder sozialen Prioritäten aus, für die Sie sich bisher engagiert haben (Parteien, Gewerkschaften, Bürgerinitiativen, Kirche, Vereine, soziale Institutionen – z.B. Telefonseelsorge, Anonyme Alkoholiker, Spastikerhilfe, Greenpeace, amnesty international, DRK etc.)?

Hinweise: Machen Sie sich bewusst, welches Bild Sie von sich entwerfen, wenn Sie sich zu dem einen oder anderen sozialen oder politischen Engagement bekennen, und wie das wohl von Ihrem potenziellen Arbeitgeber eingeschätzt wird.

- *Mit welchen Menschen sind Sie gern zusammen, und was verbindet Sie mit diesen?*

Hintergrund: »Zeige mir deine Freunde, und ich sage dir, wer du bist« – Informationen über Dritte sind Informationen über einen selbst. Sind Sie kontaktorientiert?

Hinweise: Natürlich geht es nicht wirklich um Herrn oder Frau XY aus Ihrem Freundes- und Bekanntenkreis, sondern um Sie. Wie sehen Ihre sozialen, zwischenmenschlichen Beziehungen aus – quantitativ und qualitativ?

5. Gesundheitszustand

- *Waren Sie schon mal ernstlich erkrankt?*
- *Bestehen bei Ihnen gesundheitliche Einschränkungen mit beruflichen Auswirkungen?*
- *Gab es Krankenhausaufenthalte/Unfälle, leiden Sie an Allergien?*

Hintergrund: Wie steht es um Ihre uneingeschränkte gesundheitliche Leistungsfähigkeit?

Hinweise: Absolute Gesundheit gibt es wohl heutzutage kaum. Lassen Sie trotzdem keine Zweifel daran aufkommen, dass es bei Ihnen keine berufsrelevanten

Beeinträchtigungen gibt (Sie sind hier ja nicht beim Arzt; siehe auch Rechtsprobleme des Vorstellungsgesprächs, S. 86 ff.).

Der Arbeitgeber darf sich nur nach aktuellen Erkrankungen erkundigen, die die berufliche Leistungsfähigkeit einschränken. Hier werden sehr häufig die rechtlich zulässigen Grenzen überschritten – also aufgepasst! Sollten Sie Zweifel haben, ob Sie ganz gesund sind, fragen Sie Ihren Arzt, aber lassen Sie keine Zweifel im Vorstellungsgespräch aufkommen. Bagatellerkrankungen, wie z. B. auch ein kleinerer, jährlich wiederkehrender Heuschnupfen, gehen den Arbeitgeber nichts an.

- *Waren Sie im letzten Jahr mehr als zwei Mal beim Arzt?*
- *Haben Sie einen Hausarzt?*

Hintergrund: Fangfragen zur Überprüfung des Gesundheitszustands im Hinblick auf befürchtete Fehlzeiten.

Hinweise: Achtung, aufgepasst – nicht (ver)plappern. Das sind üble Rhetoriktricks, auf die man nicht hereinfallen darf (siehe dazu auch S. 213 ff.).

6. Berufliche Kompetenz und Eignung

- *Wie gut kennen Sie sich in unserer Branche, in unserem Metier aus?*
- *Wie schätzen Sie die aktuelle (zukünftige) Marktsituation ein?*

Hintergrund: Wie sieht Ihr aktueller Wissensstand aus? Können Sie kompetent mitreden, einschätzen, beurteilen?

Hinweise: Es gilt das schon mehrfach zum Thema Vorbereitung/Recherche Gesagte. Sollten Sie bei einer dieser Fragen trotz guter Vorbereitung nicht genug Hintergrundwissen haben, bekennen Sie sich dazu. Es macht Sie nicht unsympathisch, wenn Sie in Maßen Kenntnislücken zugeben.

- *Kennen Sie … (dieses Verfahren, die Person, die Diskussion um etc.)?*
- *Was ist Ihre Meinung über …?*
- *Wie beurteilen Sie …?*
- *Was würden Sie machen, wenn …?*

Hintergrund: Test von Informationsstand und Fachwissen bis hin zur Aufforderung, spontan im Gespräch eine »Mini-Arbeitsprobe« abzulegen.

Hinweise: Hier werden Sie selbst am besten wissen, wie Sie zu reagieren haben. Möglicherweise handelt es sich auch um eine Testfrage, mit der man Sie aufs Glatteis führen will, und das XYZ-Verfahren, von dem man suggestiv behauptet, dass Sie es doch sicherlich kennen, existiert in Wirklichkeit überhaupt nicht. Also bekennen Sie sich gegebenenfalls lieber zum Nichtkennen.

- *Welche Publikation (Fachbuch/Artikel) aus Ihrem Arbeitsgebiet hat Sie in der letzten Zeit besonders beschäftigt?*
- *Welche Fachzeitschriften haben Sie abonniert, lesen Sie regelmäßig?*
- *Welche Kongresse, Fachtagungen, Weiterbildungen etc. haben Sie in der letzten Zeit besucht?*

Hintergrund: Überprüfung von Engagement, Motivation und Kompetenz in fachlicher Hinsicht.

Hinweise: Siehe Hinweis zur vorigen Frage. Eine aktuelle, auch fachwissenbezogene Vorbereitung (in Maßen) zahlt sich hier aus.

- *Auf welchem Sektor lag Ihr Ausbildungsschwerpunkt, und wie kam es dazu?*
- *Was würden Sie als Ihren aktuellen, spezifischen Arbeitsschwerpunkt bezeichnen?*

Hintergrund: Wie kompetent können Sie sich und Ihr Arbeitsgebiet darstellen? Auch die Art und Weise Ihres Vortrags wird an dieser Stelle mit bewertet.

Hinweise: Fragen nach Ihrer Ausbildung (evtl. Lehre, Studium) und der ersten beruflichen Einstiegsposition kommen sicherlich bei einem gestandenen Praktiker seltener vor. Dennoch ist es wichtig, auf derartige Nachfragen, bei denen es auch um die Verknüpfung von Vergangenheit und Gegenwart geht, nicht ganz unvorbereitet zu sein.

Natürlich möchte ein Arbeitsplatzvergeber wissen, was von dem bzw. der »Neuen« zukünftig zu erwarten ist. Schafft er oder sie es, sich in neue Bereiche/Themen einzufinden, neue Ideen zu entwickeln? Ist die Bereitschaft da, etwas dazuzulernen, wie organisiert wird gearbeitet und schließlich – gerade wenn's um einen Job in der Dienstleistungsbranche geht – wie ausgeprägt ist die Kontaktstärke und Kundenorientierung?

Lernbereitschaft

- *Was haben Sie in den letzten drei, vier Jahren hinzugelernt?*
- *Was möchten Sie künftig noch lernen?*
- *Wenn Sie auf Ihr Berufsleben zurückblicken – was war Ihr größter Lernerfolg?*
- *Wie schätzen Sie Ihren aktuellen Wissensstand ein?*
- *Welches Seminar, das Sie in letzter Zeit besucht haben, hatte einen großen Nutzen für Ihre berufliche Tätigkeit?*
- *Was für ein Lerntyp sind Sie?*
- *Was interessiert über den Beruf hinaus?*

Hintergrund: Fragen nach längst Vergangenem dienen auch noch einem anderen Zweck. Man möchte möglicherweise Ihre Lernbereitschaft testen. Wer einen lernfördernden Lebensweg mit sehr unterschiedlichen Erfahrungen hinter sich hat, der ist es gewohnt, sich auf Neues einzustellen. Anders sieht es unter Umständen bei jemandem aus, der seit 20 oder 30 Jahren nahezu dieselbe Tätigkeit ausübt, nur selten Fortbildungen besucht hat etc.

Hinweise: Bedenken Sie bei allen Fragen dieser Art: Unter Lernbereitschaft verstehen Personalentscheider nicht nur, dass Sie ab und zu mal ein Buch, das berufliches Fachwissen vermittelt, zur Hand nehmen, oder sich hin und wieder einen Vortrag anhören. Es geht viel weiter. Nämlich für den Interviewer ist es interessant zu wissen, wie weit Sie wirklich bereit sind, z.B. ein bestimmtes gewohntes Verhalten zu ändern, sich auf etwas ganz Neues einzulassen, auch sich selbst infrage zu stellen und auf neue Strategien zu setzen, wenn Sie mit den alten keinen Erfolg haben.

Damit stellt sich auch die Frage, wie realistisch Sie sich selbst und Ihre Aktivitäten einschätzen. Kennen Sie Ihre Defizite und sind Sie interessiert, daran zu arbeiten? Ihr Interviewer fragt dann z.B.:

- *Was schätzen Sie: Wie lange brauchen Sie, um sich bei uns in Ihr neues Aufgabengebiet einzuarbeiten?*
- *Auf welchem Gebiet haben Sie noch größere Defizite, und was gedenken Sie dagegen zu tun?*

Hintergrund: Wie realistisch ist Ihre Selbsteinschätzung, und wie gehen Sie mit kritischen Fragen zu Ihrer Person um?

Hinweise: Bei der ersten Frage wären Ihrerseits Hinweise auf Unterstützung und Kooperation durch den Arbeitgeber, Fachvorgesetzte und Kollegen angemessen, auf die Sie in der ersten Zeit angewiesen sind. Natürlich haben Sie Defizite, die Sie aber vielleicht jetzt noch nicht ganz überblicken und dank der betrieblichen Unterstützung und Ihres besonderen Einarbeitungsengagements sowie Ihrer Fortbildungsbereitschaft schnellstens beheben werden können. Empfehlung: Bloß nicht kränken oder provozieren lassen.

Veränderungs- und Innovationsbereitschaft

- *Haben Sie in Ihrem Berufsleben größere Veränderungen oder Umbrüche erlebt? Wie sind Sie damit umgegangen?*
- *Wenn Sie sich eine Meinung zu einem bestimmten Thema gebildet haben, bleiben Sie dabei oder haben Sie Ihre Ansicht schon mal völlig geändert?*
- *Wenn Sie an das Unternehmen denken, bei dem Sie zuletzt tätig waren – welche Änderungen haben Sie dort initiiert?*
- *Gab es Veränderungen, die Sie abgelehnt haben? Warum?*
- *Hat es in Ihrem Leben größere Umbrüche gegeben? Wie sind Sie damit umgegangen?*
- *Was tun Sie, um zu verhindern, dass schlechte Gewohnheiten sich einschleifen?*
- *Stellen Sie sich vor, Sie sind Chef/in einer Abteilung und wollen grundsätzlich die Form der Zusammenarbeit ändern. Ihre MitarbeiterInnen sind dagegen und wehren sich. Was tun Sie?*
- *Was glauben Sie, worin liegen die größten Schwierigkeiten, wenn man Änderungen durchsetzen will?*
- *Was möchten Sie in den nächsten Jahren noch lernen?*
- *Stellen Sie sich vor, Sie arbeiten seit einiger Zeit an einem Projekt. Dann erfahren Sie, dass die Arbeit praktisch hinfällig ist, weil alles anders gemacht werden soll. Wie reagieren Sie?*
- *Wenn Sie Ihren jetzigen Beruf nicht mehr ausüben könnten – welche andere Tätigkeit käme für Sie noch infrage?*
- *Wie Informieren Sie sich über Trends und neue Entwicklungen?*
- *Welche Gewohnheiten sollte man beibehalten?*
- *Sie haben sich im Vorfeld sicher mit unserem Unternehmen beschäftigt. Gibt es Änderungen, die Sie uns empfehlen würden?*

Hintergrund: Eng verbunden mit der Frage nach der Lernfähigkeit ist der Aspekt Veränderungs- und Innovationsbereitschaft. Verwaltungen organisieren sich neu, in Kaufhäusern wird der Kundenservice ausgebaut, Unternehmen bilden flachere Hierarchien – immer wieder hat man im Arbeitsleben mit Veränderungen und Umstrukturierungen zu tun. Das erfordert von den Mitarbeiter/innen ein hohes Maß an Flexibilität.

Hinweise: Kommen Sie mit neuen Situationen zurecht? Wie mächtig ist das Gewohnheitstier in Ihnen? Was tun Sie, wenn sich Situationen grundlegend ändern?

Bedenken Sie – nicht nur angesichts der letzten Frage –, dass ein gewisses Maß an Veränderungsbereitschaft erwünscht ist. Das heißt aber nicht, dass nun alles und jedes ganz neu, ganz anders gemacht werden sollte. Vieles, was sich jahrelang bewährt hat, muss deshalb nicht schlecht sein.

Üblicherweise kommt man dann noch mal direkt auf Sie und Ihre Vorzüge zu sprechen – mit Fragen wie den folgenden:

* *Können Sie uns noch einmal verdeutlichen: Was spricht für und was gegen Sie als KandidatIn?*
* *Warum sollten wir gerade Sie einstellen?*

Hintergrund: Abermals ein Test zur Selbsteinschätzung und -darstellung.

Hinweise: Eine Kurzzusammenfassung der Argumente, die für Sie sprechen, ist jetzt gefordert. Gut, dass Sie darauf vorbereitet sind ... An Argumenten gegen Ihre Person fällt Ihnen höchstens eins ein, maximal anderthalb. Natürlich etwas relativ Harmloses, was jeder potenzielle Arbeitgeber leicht entkräften könnte. Sie werden doch nicht selbst den Stab über sich brechen.

* *Was machen Sie, wenn Sie den Arbeitsplatz bei uns nicht bekommen, wenn wir uns für einen anderen Bewerber entscheiden?*

Hintergrund: Wie verarbeiten Sie Frustrationen, und inwieweit zeigen Sie dies?

Hinweise: Weder wären Sie völlig zerknirscht oder am Boden zerstört noch heilfroh und glücklich, wenn Ihnen dieser Job erspart bliebe. Bringen Sie zum Ausdruck, dass Sie eine Entscheidung gegen Sie als Kandidat bedauern, aber akzeptieren würden (was bleibt Ihnen auch übrig!). Sie sind – wie auch immer – derzeit gut verankert und keinesfalls auf den neuen Arbeitsplatz absolut angewiesen.

Kundenorientierung und Kontaktstärke

- *Was halten Sie von dem Sprichwort: Der Kunde hat immer Recht?*
- *Was bedeutet für Sie Kundenorientierung?*
- *Was tun Sie, damit im Kundengespräch eine angenehme Atmosphäre herrscht?*
- *Erinnern Sie sich an eine unangenehme Begegnung mit einem Kunden?*
- *Wie verhalten Sie sich, wenn ein Kunde Ihnen gegenüber ausfallend wird?*
- *Warum fällt vielen Kundenorientierung so schwer?*
- *Was kann man tun, um den Kundenstamm zu erweitern?*
- *Welche Kundschaft ist Ihnen am liebsten, welche sehen Sie lieber von hinten?*
- *Fällt es Ihnen schwer, mit anderen ins Gespräch zu kommen?*
- *Was tun Sie, wenn Sie auf einer Party sind, auf der Sie niemanden kennen?*
- *Können Sie gut Smalltalk halten? Worüber plaudern Sie dann?*
- *Wie gelingt es Ihnen, auf Messen, Kongressen, Tagungen Kontakte zu knüpfen?*

Hintergrund: Die berufliche Eignung eines Bewerbers machen Arbeitgeber insbesondere in der Dienstleistungsbranche davon abhängig, wie ausgeprägt dessen Kundenorientierung ist. Viele Unternehmen haben erkannt, dass Service zunehmend von größerer Bedeutung ist. Dementsprechend wichtig ist es, Personal zu haben, das ebenso denkt und vor allem handelt. Man benötigt also MitarbeiterInnen, denen es nicht schwer fällt, auf andere zuzugehen, und die auch mit sehr unterschiedlichen Menschen gut kommunizieren können.

Hinweise: Stellen Sie Ihre kommunikativen Fähigkeiten unter Beweis, berichten Sie davon, wie Sie mit anderen ins Gespräch kommen. Nennen Sie ein, zwei Beispiele, wo es Ihnen gelungen ist, das Eis zu brechen.

Arbeitstechniken

- *Haben Sie sich mit den Theorien des Zeitmanagements befasst?*
- *Welche sind Ihnen geläufig?*
- *Nutzen Sie diese und wenn ja, wie und in welchem Ausmaß?*

- *Wie bewältigen Sie die tagtägliche Papierflut?*
- *Was tun Sie, um Stress abzubauen?*
- *Welchen Raum nimmt bei Ihnen die Arbeitsvorbereitung ein?*
- *Erzählen Sie einmal, wie ein typischer Arbeitstag bei Ihnen aussieht.*
- *Schildern Sie, wie Sie sich auf eine Präsentation vorbereiten.*
- *Wie funktioniert Ihr Ablagesystem? Ist es für andere leicht durchschaubar?*
- *Auf welche Planungshilfen greifen Sie zurück? Wie nutzen Sie diese?*
- *Wie steht es mit Ihrer Erfahrung mit Datenbanken?*
- *Wie ist Ihre Kundenkartei aufgebaut?*
- *Was sagt Ihnen der Begriff Mindmapping (siehe dazu auch S. 231 f., Stichwort Präsentation)?*
- *Wie bringen Sie berufliche und private Pläne in Einklang?*

Hintergrund: Ihre Kompetenz wird auch daraus abgeleitet, ob Sie effizient arbeiten und die Hilfsmittel kennen und sinnvoll einsetzen. Mit anderen Worten: Es geht um Arbeitstechniken, wie geläufig Ihnen diese sind und wie Sie sie nutzen. Die einzelnen Fragestellungen sind natürlich von dem jeweiligen Beruf bzw. der Branche abhängig.

Hinweise: Wie gesagt: Nicht jede/r muss mit all diesen Fragen rechnen – das Ganze ist selbstverständlich branchen- und berufsabhängig. Grundsätzlich kommt es jedoch in jedem Job darauf an, durchdacht an die Arbeit zu gehen, eine gewisse Planungssicherheit an den Tag zu legen und Prioritäten setzen zu können.

Kreativität

- *Glauben Sie, dass man Kreativität lernen kann oder ist sie angeboren?*
- *Welche Bedingungen müssen in einem Unternehmen gegeben sein, damit Kreativität sich entwickeln kann?*
- *Auf welche kreative Idee sind Sie stolz?*
- *Wie gehen Sie vor, wenn man von Ihnen neue Ideen erwartet?*
- *Stellen Sie sich vor, unser Unternehmen hat ein Haarwuchsmittel entwickelt, das sensationell wirkt. Ein paar Tropfen reichen und schon sprießt neues Haar. Wie würden Sie das Mittel vermarkten?*
- *Haben Sie Ideen in der Schublade, die Sie noch umsetzen möchten?*
- *Was kann ein Unternehmen wie unseres dazu beitragen, dass die MitarbeiterInnen kreativer werden?*

- *Welche Kreativitätstechniken kennen Sie?*
- *Welche dieser Techniken wenden Sie an?*
- *Lassen sich kreative Ideen auch zusammen mit anderen entwickeln? Wie machen Sie das?*
- *Zu Weihnachten lassen wir uns immer eine Aktion einfallen – beim letzten Mal musste man einen Schlüssel finden, der zu einer Tür des Adventskalenders passte, um zu gewinnen. Was könnten wir beim nächsten Mal machen?*
- *Wie gelingt es uns, dass auf der nächsten Messe unser Stand viel Aufmerksamkeit bekommt?*

Hintergrund: Nicht überall ist Kreativität gefragt. Manchmal möchte man von einem Mitarbeiter lediglich, dass er seine Arbeit ordentlich und anständig macht – also das tut, was ihm aufgetragen wird. Eigene Ideen und Neuerungen sind nicht gewünscht oder werden mit Skepsis betrachtet, weil das den gewohnten Ablauf möglicherweise durcheinander bringt oder Alteingesessene nicht bereit sind, sich zu verändern, weil »wir das hier schon immer so gemacht haben«. Es gibt aber auch Berufe, bei denen Kreativität unabdingbar ist – man denke nur an Branchen wie Werbung/Medien, Mode, Forschung etc.

Hinweise: So wichtig Kreativität auch ist – denken Sie immer daran, zumindest hier bei der Beantwortung der Fragen, dass der Realitätsbezug nicht verloren geht. Ein bisschen Spinnerei darf sein, doch bei zu viel befürchten Unternehmen womöglich, einen unrealistischen Schaumschläger vor sich zu haben, der zwar haufenweise Ideen entwickelt, die jedoch kaum umsetzbar sind.

7. Informationen für den Bewerber/die Bewerberin

Früher oder später im Gespräch kommt der Moment, dass Ihr Gegenüber berichten will, wie es bei ihm in der Firma/Institution zugeht. Das ist eine wichtige Gesprächsphase, in der es vor allem auf Ihre demonstrative Zuhörfähigkeit ankommt – im Psychojargon »aktives Zuhören« genannt.

Hintergrund: Selbstdarstellungslust und Imagepflege auf Arbeitgeberseite.

Hinweise: Hören Sie wirklich aufmerksam zu, unterbrechen Sie nicht leichtfertig, machen Sie einen stark interessierten Eindruck, fragen Sie nach und eröffnen Sie Ihrem Gegenüber auf diese Weise neue Selbstdarstellungsfelder. Er wird es Ihnen danken.

Verdeutlichen Sie aber auch, dass Sie sich vorbereitet haben und einige Informationen bzw. Details bereits wussten, ohne arrogant »heraushängen« zu lassen: »Weiß ich schon alles.« So sammeln Sie auf leichte Art und Weise Sympathiepunkte.

Häufig steht ein Teil der Informationen für den Bewerber bereits am Anfang des Gesprächs, um einzuleiten und die Aufregung des Bewerbers abzubauen. Dennoch besteht auch immer mitten im Gespräch die Chance, den Gesprächspartner zur Selbstdarstellung anzuregen und so viele angenehme (Zuhör-)Minuten mit leicht verdienten Sympathiepunkten zu verbringen.

Spätestens in dieser Phase des Gesprächs ist nun auch Ihr Gegenüber in einer Bewerbungsposition, und das Rollenspiel verändert sich.

Übrigens: An der Qualität und Quantität des Informationsangebots und seiner Vermittlung können Sie durchaus das Interesse an Ihrer Person sowie Ihren Stellenwert als Bewerber erkennen.

8. Arbeitskonditionen

Es liegt auf der Hand: In einer ersten Vorstellungsrunde sind Sie eine/r von mehreren KandidatInnen. Möglicherweise hat der Arbeitsplatzanbieter noch nicht alle BewerberInnen kennen gelernt, sodass die Arbeitskonditionen in einem ersten Gespräch nicht die gleiche wichtige Rolle spielen wie zu einem späteren Zeitpunkt des Bewerbungsverfahrens, z.B. in einem zweiten Vorstellungsgespräch.

Trotzdem geht es natürlich darum, schon in der ersten Gesprächsrunde grob abzuklären, ob man sich auf die Rahmenbedingungen einigen könnte.

Diese beinhalten auch inhaltliche Aspekte des potenziellen Arbeitsplatzes. Am Beispiel der Unterpunkte eines fiktiven Arbeitsvertrags zeigen wir auf, wo rum es hier gehen kann:

Aufgabengebiet; Arbeitszeit; Probezeit; Kündigungsfristen; Kompetenzen und Vollmachten; Urlaubsregelung; Bezahlung; Geheimhaltungspflichten; Konkurrenz-/Wettbewerbsschutz; Nebenbeschäftigung; Vertragsänderungen; sonstige Abmachungen, Sondervereinbarungen wie z.B. Dienstwagen, Altersversorgung, Umzugskosten, Trennungsentschädigung, Reisekostenvergütung, Unfallversicherung, Sonderzahlungen bei längerer Erkrankung etc.

Wie gesagt: Detailliert verhandelt werden diese Aspekte erst, wenn man wirklich in die absolut engere Wahl gekommen ist, sehr selten gleich beim ersten Vorstellungsgespräch. Halten Sie sich also mit Fragen in dieser Richtung stark zurück. Jetzt ist dafür noch nicht der richtige Zeitpunkt.

Trotzdem fallen an dieser Stelle bereits zwei Kernfragen:

- *Welche Gehaltsvorstellung haben Sie?*
- *Wie hoch sind Ihre aktuellen Bezüge?*

Hintergrund: Das alte Spiel: Der Preis ist heiß. Zahlemann & Söhne.

Hinweise: Können Sie den Wert Ihrer Arbeitsleistung angemessen einschätzen? In welchem Verhältnis steht Ihre Forderung zu Ihren jetzigen Bezügen? (s. S. 264)

- *Wann könnten Sie bei uns anfangen?*
- *Wenn wir uns für Sie entscheiden, brauchen wir Sie sofort. Ist das möglich?*

Hintergrund: Wie integer sind Sie, wie loyal Ihrem alten Arbeitgeber gegenüber? Wie weit lassen Sie sich unter Druck setzen und manipulieren?

Hinweise: Tappen Sie nicht in die Loyalitätsfalle, auch wenn Ihnen viel an diesem neuen Job liegt. Sie verlassen Ihren alten Arbeitsplatz nicht »Hals über Kopf«, laufen nicht einfach davon, weder jetzt bei Ihrem alten noch später bei dem neuen Arbeitgeber. Die vertraglichen und arbeitsrechtlichen Spielregeln sind allgemein bekannt. Trotzdem: Gegen eventuelle Sondierungsgespräche mit Ihrem alten Arbeitgeber bezüglich eines früheren Austrittstermins ist nichts zu sagen.

9. Fragen des Bewerbers/der Bewerberin

In jedem Vorstellungsgespräch gibt es einen programmierten Rollenwechsel in der Art, dass Sie als Bewerber nun Fragen stellen dürfen, die Ihr Gesprächspartner beantworten wird.

Hintergrund: An den klugen Fragen erkennt man »einen klugen Kopf«, einen motivierten und kompetenten Bewerber. Was Sie jetzt wissen wollen, wird hinterfragt, auf Sinngehalt und aktives Interesse hin überprüft.

Hinweise: Sollten Sie mit Themen auffallen, die Sie eigentlich im Vorfeld hätten klären können oder durch aufmerksames Zuhören an einer anderen Stelle des Gesprächs längst hätten »speichern« müssen, erzielen Sie einen negativen Effekt.

Wer zuerst auf die Betriebsrente oder den Urlaub zu sprechen kommt, ist für sein Negativimage selbst verantwortlich. Sinnvolle Fragen können sich u. a. auf folgende Aspekte beziehen: Aufgabengebiet, Zuständigkeit, Verantwortung, Kooperationspartner, globale Bezahlung. Gehen Sie hier nicht weiter ins Detail.

Übrigens: Es macht keinen schlechten Eindruck, wenn Sie schriftlich vorbereitete Fragen »aus der Tasche ziehen« und sich auch während der verbalen Ausführungen Ihres Gegenübers gelegentlich dezent Notizen machen.

Hier einige Beispielfragethemen (eventuell auch für das zweite Vorstellungsgespräch geeignet, s. S. 263):

- *Ist diese Position/dieser Arbeitsplatz neu geschaffen worden oder fester Bestandteil in Ihrem Unternehmen?*
- *Wer hat diese Aufgabe bisher wahrgenommen?*
- *Mit welchem Erfolg, was gab es für Probleme?*
- *Warum ist der Arbeitsplatz frei geworden?*
- *Was macht der ehemalige Stelleninhaber jetzt?*
- *Haben Sie eine detaillierte Stellenbeschreibung, darf ich die sehen, mitnehmen?*
- *Gibt es ein Organigramm (Organisationsplan), in dem der ausgeschriebene Arbeitsplatz dargestellt wird?*
- *Mit welchen Personen, Abteilungen werde ich zusammenarbeiten?*
- *Wer ist mein direkter Vorgesetzter?*
- *Welche speziellen Erwartungen haben Sie an den neuen Stelleninhaber?*
- *Was, meinen Sie, sollte dieser als Erstes tun, was ist das Wichtigste?*
- *Ist die Möglichkeit gegeben, die neuen Kolleginnen und Kollegen, mit denen ich zusammenarbeiten würde, vorab kennen zu lernen?*
- *Welchen beruflichen Hintergrund haben die zukünftigen Kollegen, Vorgesetzten?*
- *Wie ist die Einarbeitungsphase geplant? (Ansprechpartner, Programm, auch: wo, wie lange?)*
- *Wie viel Verantwortung habe ich in diesem Job?*

- *Welche späteren Entwicklungsmöglichkeiten gibt es für mich von dieser Position aus?*
- *Welche Fort- und Weiterbildungsangebote gibt es in Ihrem Unternehmen?*
- *In Ihrer Anzeige (in Ihren Unterlagen) schreiben Sie ... Was verstehen Sie darunter?*
- *Welche aktuellen Vorhaben stehen in Ihrem Hause für die nahe Zukunft an?*
- *Welche Probleme in Ihrem Unternehmen bedrücken Sie am meisten?*
- *Wie würden Sie den Führungs- und Umgangsstil in Ihrem Haus charakterisieren?*

Hinweise: Noch einmal: Machen Sie nicht den Fehler, Fragen zu stellen, als ob Sie bereits sicher wären, morgen anfangen zu können und im nächsten Moment den Arbeitsvertrag zu unterschreiben. Dieser und seine Konditionen sind noch weitestgehend tabu. Aber auch ein Nachfragen in Richtung: »Wie werden Sie sich entscheiden, wann höre ich von Ihnen und wie sind meine Chancen«, sind zu diesem Zeitpunkt noch nicht opportun.

Zeigen Sie abermals Geduld und Gelassenheit. Geben Sie Ihrem Gegenüber nicht das Gefühl, bedrängt zu werden. Zeigen Sie sich interessiert, aber auch abwartend.

10. Abschluss des Gesprächs und Verabschiedung

- *Warum sollten wir gerade Ihnen den Arbeitsplatz geben?*
- *Können Sie bitte noch einmal kurz zusammenfassen, was Ihre Stärken, aber auch Ihre Schwächen sind?*

Hintergrund: Wie auch in der Gesprächsphase 4 (Zu Ihrer Person) erläutert, geht es um negative, aber vor allem um positive Eigenschaften, die Sie charakterisieren und vor allem in einen Bezug zum angestrebten Arbeitsplatz bringen sollten.

Hinweise: Diese Aufforderung können Sie gut benutzen, um noch einmal die wichtigsten Argumente für Ihre Person und Bewerbung zusammenfassend vorzutragen (im Stil etwa: Erstens..., zweitens..., drittens...). Negative Argumente fallen Ihnen nicht ein bzw. überlassen Sie diese (später) Ihrem Gesprächspartner. Achtung: Wiederholungsfrage!

Zum Schluss kommt es auf den Versuch eines angenehmen »Abgangs« an, auch unter dem Aspekt der Imagepflege für den Arbeitsplatzanbieter. Man wird sich bei Ihnen für Besuch, Bewerbung und das Interesse an der Firma/Institution bedanken.

Wichtig ist nun eine Klärung, wie es weitergeht, wer voraussichtlich wann zu einer Entscheidung gelangt. Dies alles sollte aber ohne Bedrängung, Ungeduld oder gar Selbst-(Ver-)Zweifel(ung) vorgetragen werden.

Kommen Sie also bloß nicht auf die Idee, direkt oder verklausuliert zu fragen: »Wie finden Sie mich?« oder: »Wie werden Sie sich entscheiden?« Das braucht naturgemäß Zeit, und die haben Sie, denn Sie stehen ja nicht (erkennbar) unter Druck. Unser Vorschlag: »Was meinen Sie, wie sollten wir verbleiben? Soll ich Sie anrufen – sagen wir in einer Woche –, oder melden Sie sich, bekomme ich Nachricht von Ihnen?«

Nun unser letzter Hinweis: Keep smiling. Beim Rausgehen vor der Bürotür auf jeden Fall die Contenance bewahren. Die Tür nicht zuknallen, nicht erleichtert aufatmen (und wenn, nur ganz leise), keine Flüche, weiterhin aufrecht gehen, angemessenen Schrittes ...

Kurz zusammengefasst

Bevor wir im folgenden Abschnitt zu speziellen Fragen an ganz bestimme Personenkreise kommen, hier nochmals die wichtigsten Erkenntnisse. Das Vorstellungsgespräch verläuft nach einem »Fahrplan« und ist somit gut berechenbar. Im Prinzip stehen alle großen Fragenkomplexe fest. Was sich hinter den Fragen verbirgt, ist Ihnen jetzt direkt zugänglich. Sie können sich bestens darauf vorbereiten, mittels der eben präsentierten Fragen auch Ihre persönliche Beantwortungsstrategie durchdenken und die Beantwortung einüben. Vor bösen Überraschungen sind Sie somit gefeit. Und selbst raffinierte Hinterfragungstechniken durchschauen Sie jetzt viel besser.

Spezialfragen an Azubis, Arbeitslose, Frauen, Führungskräfte und ältere Arbeitsuchende

Jetzt geht es um Spezialfragen an besondere Bewerbergruppen wie Azubis, Arbeitslose, Führungskräfte und ältere Arbeitsuchende. Leider sehen sich auch Frauen beim Vorstellungsgespräch immer noch häufig mit speziellen Vorbehalten, Vorurteilen und daraus resultierenden Fragen konfrontiert. Dieser Fragenkatalog lässt nichts mehr offen. Ihrer ganz gezielten Vorbereitung auch unter sehr individuellen Aspekten steht daher nichts mehr im Wege.

Fragen an Azubis

Nachfolgend das modifizierte Ablaufschema für Vorstellungsgespräche mit Lehrstellensuchenden:

1. Begrüßung und Einleitung des Gesprächs (s. S. 145)

2. Bewerbung und Berufswahl

- *Warum bewerben Sie sich für den Beruf der/des ... /die Ausbildung für ...? (Die wichtigste Frage im ganzen Gespräch!)*
- *Wie sind Sie darauf gekommen, und seit wann interessieren Sie sich für diesen Beruf?*
- *Welche Vor- und Nachteile sehen Sie an diesem Beruf?*

Hintergrund: Motivation, Interesse und der Informationsstand zu dem gewünschten Beruf sollen mit diesen und ähnlichen Fragen ergründet werden.

Hinweise: Man möchte sichergehen, dass Ihre Wahl keine Verlegenheitslösung ist, weil Sie nichts anderes bekommen haben. Überlegen Sie sich im Vorfeld, welche Argumente hier anzubringen sind.

3. Schule, Ausbildung und bisherige Tätigkeiten

* *In welchen Schulfächern haben Sie gute und in welchen schlechte Noten und warum?*
* *Wie sind Sie mit Lehrern und Mitschülern ausgekommen?*
* *Bisherige praktische Erfahrungen*

Hintergrund: Schulnoten werden von Arbeitgebern häufig als Gradmesser für die Anpassungsfähigkeit und Leistungsmotivation gesehen. Man prüft, ob Sie Ihre Schulnoten ernst nehmen. Vor allem aber sollen Ihre schulischen Begabungen, Neigungen und Interessen in ihrem Bezug zur Berufswahl ergründet werden. Die Frage nach dem Verhältnis zu Mitschülern und Lehrern ist ein Persönlichkeits-Check. Wie sieht's bei Ihnen mit Kontakt- und Teamfähigkeit aus?

Hinweise: Berichten Sie bloß nicht von großen Konflikten – klar, es gab hin und wieder kleine Auseinandersetzungen, aber alles halb so wild ...

4. Persönlicher, familiärer und sozialer Hintergrund

* *Erzählen Sie etwas über sich, wir möchten Sie gern kennen lernen.*
* *Haben Sie einen Freund/eine Freundin? Wollen Sie heiraten?*
* *Was machen Ihre Eltern?*

Hintergrund: In dieser Fragerubrik werden die meisten aus arbeitsrechtlicher Sicht unzulässigen Fragen gestellt (s. S. 86ff.). Interviewer fragen nach Ihrer Lieblingslektüre (Welche Tageszeitung? Welche Bücher?), nach Beruf und Arbeitgeber der Eltern, Geschwister und sogar der Freunde bis hin zu tief gehenden Einbrüchen in die Intimsphäre (»Seit wann sind denn Ihre Eltern geschieden? – Welche Rolle spielt Alkohol in der Familie?«). Dies alles dient einem Zweck: Es ist ein Test Ihres sozialen Umfelds nach dem Motto: »Zeige mir deine Familie und Freunde, und ich sage dir, wer du bist!«

Hinweise: Geben Sie grundsätzlich nichts von familiären Auseinandersetzungen und Problemen preis. Plaudern Sie nett über die »geordneten Verhältnisse«. Sie müssen nicht jede Frage wahrheitsgemäß beantworten – und zwar dann nicht, wenn Ihr Gegenüber so genannte unzulässige Fragen stellt. Das sind Fragen nach der politischen Meinung, Privatplänen, z.B. Heirat. Erlaubt sind auch keine Fragen nach Vorstrafen, laufenden Ermittlungsverfahren sowie zur Parteizugehörigkeit.

5. Gesundheitszustand

- *Wie steht es um Ihre Gesundheit?*
- *Wie oft im Jahr gehen Sie zum Arzt?*

Hintergrund: Ihr Gegenüber testet, ob Sie ein gesunder, im Berufsleben voll einsatzfähiger Mensch sind oder ob mit Fehlzeiten zu rechnen ist.

Hinweise: Der Arbeitgeber darf sich nur nach aktuellen Erkrankungen erkundigen, die die berufliche Leistungsfähigkeit einschränken. Bagatellerkrankungen gehen ihn nichts an.

6. Spezielle Test- und Prüfungsfragen

- *Welche tagespolitischen Ereignisse beschäftigen Sie?*
- *Wie könnte man die Arbeitslosigkeit abbauen?*
- *Wie stehen Sie zum Problem der Atomenergie?*

Auch Fragen aus dem künftigen Arbeitsgebiet sind möglich:

- *Was tun Sie, wenn eine Kundin nicht von Ihnen bedient werden will?*
- *Was machen Sie, wenn ein Kunde bei Ihnen ein Konto eröffnen will?*

Hintergrund: Es geht um Ihre Selbsteinschätzung und Ihr Selbstwertgefühl. Wie gehen Sie mit schwierigen Fragen um, wie setzen Sie sich damit auseinander? Auch Ihr Allgemeinwissen ist gefragt.

Hintergrund: Es kann nicht schaden, sich schon geraume Zeit vor der Bewerbung in den gängigen Medien über die aktuelle Innen-, Außen- und Wirtschaftspolitik zu informieren.

7. Informationen für den Bewerber/die Bewerberin

Der Interviewer präsentiert an dieser Stelle das Unternehmen/die Institution und gibt Informationen über Beruf und Ausbildung (Überprüfung von Interesse und Aufmerksamkeit, Imagepflege). Achtung: Manchmal verbirgt sich dahinter auch ein selbst gestrickter Merkfähigkeitstest, und die genannten Infos werden zu einem späteren Zeitpunkt des Vorstellungsgesprächs abgefragt.

8. Fragen des Bewerbers/der Bewerberin

Im Vorstellungsgespräch können bzw. sollten Sie sogar selbst Fragen stellen. Damit unterstreichen Sie Ihr Interesse. Aber bitte fragen Sie nicht als Erstes nach dem Gehalt oder wann Sie Urlaub haben können.
   Mögliche Fragenbeispiele:

- *Wie ist die Ausbildung geplant und organisiert?*
- *Wie sieht mein Ausbildungsplatz konkret aus?*
- *In welchen Abteilungen findet die Ausbildung statt?*
- *Wie viele Auszubildende werden nach Beendigung der Lehre von dem Betrieb/der Institution übernommen?*
- *Welche Weiterbildungsmöglichkeiten bieten Sie in Ihrem Betrieb an?*

9. Abschluss des Gesprächs und Verabschiedung

Fragen Sie, ab wann Sie mit einer Nachricht etwa rechnen können bzw. ob und wann Sie sich melden dürfen.

Fragen an Arbeitslose

Sollten Sie sich aus der schwierigen Situation der Arbeitslosigkeit heraus bewerben, erwarten Sie einige besondere Fragen, u.a.:

- *Wie kam es zu der Arbeitslosigkeit?*

Hintergrund: Welche Verantwortung tragen Sie für Ihre Arbeitslosigkeit? Haben Sie mehr oder weniger daran Schuld? Was ist mit Ihnen los?

Hinweise: Bleiben Sie bei diesen Fragen gelassen, auch wenn es schwer fällt. Seien Sie auf Fragen dieser Art vorbereitet, und überzeugen Sie durch eine glaubwürdig und plausibel klingende Argumentation.

- *Wie lange dauert diese Arbeitslosigkeit bereits an? Wie oft haben Sie sich schon erfolglos beworben?*

Hintergrund: Schwachstellen finden; Misstrauen.

Hinweise: Siehe vorherige Frage/Hinweise. Einerseits gilt es zu zeigen, dass Sie sich aktiv um einen neuen Arbeitsplatz bemüht haben, andererseits sind zu viele Ablehnungen keine Empfehlung. Finden Sie das für Sie und Ihren Interviewpartner richtige Maß – etwa auch so: Einige Bewerbungen laufen noch, die Ergebnisse stehen noch aus.

- *Was haben Sie zwischenzeitlich gemacht?*

Hintergrund: Was für ein Mensch sind Sie (aktiv/ruhig)? Haben Sie etwas unternommen (Bewerbungen) und/oder sich fortgebildet?

Hinweise: Wer von langem Ausschlafen, Urlaub und Wohnungsrenovierung erzählt, hat keine Chancen. Berichte von Aushilfsjobs bis Schwarzarbeit werden je nach Gesprächspartner und Temperament Ihr Image und damit Ihre Chancen für den Arbeitsplatz beeinflussen. Berichte über Fortbildungsmaßnahmen kommen auf jeden Fall gut an (z. B. Volkshochschulkurse).

- *Sind Sie förderungsberechtigt durch das Arbeitsamt?*

Hintergrund: Zahlt das Arbeitsamt dem Arbeitgeber Geld für Sie? Lohnt sich für den Arbeitgeber das »Experiment«, Sie einzustellen?

Hinweise: Informieren Sie sich beim Arbeitsamt.

- *Trauen Sie sich die Aufgabe wirklich zu?*

Hintergrund: Wie ist Ihr Selbstwertgefühl, Ihr Selbstbewusstsein trotz Ihrer schwierigen Situation?

Hinweise: Verdeutlichen Sie, warum Sie sich die gestellten Aufgaben zutrauen können, ohne überheblich zu wirken. Bleiben Sie, obwohl es Ihnen sicherlich schwer fällt, wenigstens äußerlich ruhig und gelassen – und natürlich höflich.

Zusammenfassend: Ein Vorstellungsgespräch aus der Arbeitslosigkeit heraus erfordert eine ganz besonders gute Vorbereitung.

Fragen an Frauen

Über 50 Prozent der Frauen im Alter zwischen 15 und 65 Jahren sind in Deutschland berufstätig. In Spitzenpositionen von Wirtschaft, Industrie und Handel findet man dagegen nicht einmal sechs Prozent von ihnen. Selbst im öffentlichen Dienst ist die Quotierung nicht viel besser. Die Vorstellungsgespräche leiten in der Regel Männer.

Bei Vorstellungsgesprächen mit Bewerberinnen stehen die Themen Motivation, Kompetenz und Persönlichkeit noch deutlicher im Vordergrund. Die entsprechenden generellen Fragen haben wir Ihnen ja bereits vorgestellt.

Was wollen, was können Sie, und trauen Sie sich diese Aufgabe wirklich zu? So ist der möglicherweise skeptische Unterton von Männerseite. Nicht selten kommt es sogar zu dem Versuch des Fragen- (und Fallen-)stellers, Ihnen den Job gänzlich auszureden. Ein übler Motivationstest!

Mit welchen speziellen Fragen muss frau rechnen?

- *Warum sollten wir uns gerade für Sie entscheiden?*

... gibt Ihnen nochmals Gelegenheit, Ihre überzeugende Argumentation zusammenzufassen. Spätestens mit der Frage:

- *Was sagt denn Ihre Familie dazu (Partner/Kinder, so Sie welche haben)?*

... wird sicherlich die spezifische »Frauenfragerunde« eingeläutet. (Hören Sie diesen sehr schwer zu beschreibenden Unterton in dem Männer-Fragesatz?)

- *Wie regeln Sie das mit den Kindern (sofern Sie welche haben, die noch zu versorgen sind)...? Oder den Haushalt...?*

Und wenn Sie ledig sind, aber »im heirats- und gebärfähigen Alter«, kommt es »knüppeldick«.
Fragen wie...

- *Wie stellen Sie sich Ihre Zukunft vor?*
- *Wie sieht Ihr Lebensplan aus?*

... haben noch einen etwas anderen **Hintergrund** für Sie als Bewerberin. Klar: Es geht um die Themen Heirat und Kinderkriegen.

Hinweise: Bleiben Sie cool – lassen Sie sich überhaupt nicht provozieren –, denn das ist es, was man(n) unter anderem will: Sie aus der Fassung bringen und hysterisch ausflippen sehen. Da Sie dies aber längst durchschaut haben und über eine ungeheure Sozialkompetenz verfügen (die vielen Männern nicht geheuer ist!), bewältigen Sie diesen Teil des Frage-Antwort-Spiels mit Charme und Vergebung.

Weiter geht's mit Fragen in der Richtung:

- *Familie oder Beruf? Wie kommt's, wie ist's, wie geht's bei Ihnen...?*

Besonders Frauen werden im Vorstellungsgespräch häufig mit unzulässigen Fragen konfrontiert. Schwangerschaft, Partnerbeziehung und Familienleben gehen den Arbeitgeber – wie dargelegt – absolut nichts an (vgl. S. 86 ff.).
Gern fragt man auch:

- *Seit wann sind Sie verheiratet?*

Hier geht es um Ihre persönliche Situation und darum indirekt nach Dingen zu fragen, die man so gezielt nicht ansprechen darf. Wenn man den Hochzeitstermin wissen will, dann rechnet so mancher Interviewer im Geiste nach, ob Ihr Kind ehelich ist, ob der jetzige Partner wohl der Vater ist usw.
Ihr Gegenüber sammelt sozusagen die Mosaiksteinchen zusammen, um sich ein Bild von Ihrer (persönlichen) Situation zu machen. Dazu dienen auch folgende Fragen:

- *Erzählen Sie etwas über Ihre aktuelle Lebenssituation.*
- *Wie sind Ihre Kinder versorgt, während Sie arbeiten?*
- *Wie sieht Ihre Familienplanung aus?*

Hintergrund: Der Arbeitgeber befürchtet ökonomische Einbußen infolge von Fehlzeiten (Schwangerschaft, Krankheiten der Kinder etc.) der potenziellen Arbeitnehmerin. Eine andere Variante: Falls Sie einen Mann haben, der viel Geld verdient, wird Ihnen schnell mangelnde Arbeitsmotivation unterstellt.

Hinweise: Vorsicht! Die Frage zur aktuellen Lebenssituation, im Klartext: Ob und mit wem Sie zusammenleben, geht den neuen Arbeitgeber nichts an. In der Regel jedoch wird danach gefragt. Ehefrau und drei reizende Kinder sind für einen männlichen Kandidaten ein gutes Aushängeschild. Bei Frauen dagegen kann durch diese Frage die entscheidende Weiche für eine Absage gestellt werden. Seien Sie sehr, sehr gut vorbereitet, und stellen Sie unmissverständlich klar, dass Ihre Kinder während Ihrer beruflich bedingten Abwesenheit hervorragend betreut sind.

Anfragen nach der Familienplanung und nach einer bestehenden Schwangerschaft sind prinzipiell verboten. Hier dürfen Sie ungestraft lügen. Diese Fragen sind grundsätzlich nicht (mehr) zulässig.

Nach einem Urteil des Europäischen Gerichtshofs vom 8. 11. 1990 (Rs. C – 177/88) ist die Frage nach einer Schwangerschaft selbst dann unzulässig, wenn sich nur Frauen auf den Arbeitsplatz bewerben. Diese Entscheidung hat bindende Wirkung. Damit ist jetzt die Frage nur noch für Stellen zulässig, die eine schwangere Frau gar nicht antreten könnte (z.B. als Mannequin oder Schauspielerin).

Ob Sie in absehbarer Zeit Kinder haben möchten oder wie Ihre Familienplanung überhaupt aussieht, sind ebenfalls unzulässige Fragen, die in Ihre Intimsphäre eingreifen. Also dürfen Sie auch hier so antworten, wie es für Sie vorteilhaft ist (s. S. 86 ff.).

- *Was sagt Ihr Lebenspartner zu Ihren Plänen?*
- *Wie können Sie Beruf und Familie miteinander vereinbaren?*

Hintergrund: Welche Unterstützung haben Sie bzw. mit welchen Schwierigkeiten sind Sie zu Hause konfrontiert?

Hinweise: Für Bewerberinnen ist dies eine Frage, bei der die Antwort gut bedacht sein sollte. Frauen mit Kindern brauchen einen Mann, der hundertprozentig hinter den beruflichen Plänen seiner Partnerin steht, und sollten ihn auf jeden Fall als solchen darstellen, damit der potenzielle neue Arbeitgeber nicht daran zweifelt, dass der Partner im Notfall auch für die Kinder da sein wird. Die Realität lehrt jedoch, dass letztendlich meistens alles an den Frauen hängen bleibt ... Nicht nur bei Alleinerziehenden.

Aber auch für Bewerberinnen ohne Kinder kann die Frage nach der Einstellung des Partners zu ihrer Berufstätigkeit eine Falle sein: Inwieweit würde der Partner beruflich zurückstecken, um seiner Frau eine Karriere zu ermöglichen? Ebenfalls nicht zu unterschätzen: Was würde bei einem berufsbedingten Ortswechsel des Partners passieren? Denn auch wenn sich eine Trendwende abzeichnet – noch immer geben viele Frauen ihren Arbeitsplatz auf, wenn der Ehemann sich beruflich verändert. Der umgekehrte Fall jedoch ist noch immer eine Rarität.

• *Wollen Sie sich wirklich beruflich engagieren, oder ...?*

Hintergrund: Klassisches männliches Vorurteil (»Meinen Sie es wirklich ernst, und wie ernst meinen Sie es?« – Stichwort Angst ...).

Hinweise: Eine Frage, die einem Mann so wohl nie gestellt würde. Männer als Entscheidungsträger in einem Unternehmen neigen dazu, lediglich zwei Kategorien von Mitarbeiterinnen zu kennen: diejenigen, die aus purem Vergnügen nur ein bisschen dazuverdienen wollen und die man(n) nicht recht ernst nehmen kann bzw. braucht, und dann diejenigen, die »richtig« Karriere machen wollen und vor denen man(n) sich wirklich in Acht nehmen muss, weil sie für das eigene Fortkommen und Machtstreben gefährlich werden könnten.

Wenn Sie sich während des Gesprächs durch die Frage nach Ihrem »wahren« beruflichen Engagement in die Enge getrieben sehen, heißt das oberste Gebot: cool bleiben. Was auch immer Sie sagen – es könnte zu Ihrem Nachteil ausgelegt werden. Deshalb gibt es dafür überhaupt kein Patentrezept, Sie müssen einfach situationsbedingt reagieren und versuchen, die Bedenken Ihres Gegenübers zu zerstreuen ...

• *Sind Ihre Kinder öfter krank?*

Hintergrund: Nicht die altruistische Sorge um die Gesundheit Ihrer Kinder, sondern die egoistische Sorge um Ausfallzeiten und damit Kosten beschäftigt hier den Arbeitgeber.

Hinweise: Ihre Kinder haben Gott sei Dank die einschlägigen Krankheiten (und auch die Zähnchen) schon hinter sich … Auch Schul- oder gar Drogenprobleme gibt es bei Ihnen zu Hause nicht, weil alles prima organisiert und in bester Ordnung ist. Jedoch Vorsicht vor zu glatter Darstellung und dem Neid, den man(n) Ihnen entgegenbringen könnte.

Gar nicht so selten werden Bewerberinnen mit Fragen konfrontiert, die eine schwierige Situation beschreiben. Die Frage lautet dazu: Wie lösen Sie das Problem?
Beispiel:

• *Stellen Sie sich vor, Sie arbeiten bei uns und erfahren telefonisch, dass Ihre Tochter ins Krankenhaus eingeliefert worden ist. Hinzu kommt, dass Ihr Chef am nächsten Tag eine wichtige Sitzung vor sich hat, die Sie beide gemeinsam noch vorbereiten müssen. Was tun Sie?*

Hier stehen Sie zwischen den Stühlen. Was ist wichtiger: Die Loyalität für den Arbeitgeber oder Ihre Verantwortung als Mutter? Sie befreien sich aus der schwierigen Lage, indem Sie versuchen, beides zu koordinieren. Antwortmöglichkeit: Sie bitten den Vater des Kindes, sich sofort ins Krankenhaus zu begeben, um sich um das Kind zu kümmern, Sie selbst fahren später hin. Oder Sie selbst fahren hin, um die Lage einzuschätzen, und kommen dann zurück, um sich um die Vorbereitung der Sitzung zu kümmern. Oder Sie fahren hin und bitten den Chef, die Vorbereitung in die Abendstunden zu verlegen.

Wie Sie sehen, geht es hier nicht um sehr reale Bedingungen. Denn ein einigermaßen vernünftiger Chef würde Sie für den Fall, dass Ihr Kind ins Krankenhaus gekommen ist, selbstverständlich dorthin fahren lassen und sich selbst um Ersatz kümmern bzw. einmal auf die Dienste seiner Mitarbeiterin verzichten. Aber hier geht's darum zu zeigen, ob Ihre Einstellung zur Arbeit stimmt. Wie wichtig die für Arbeitgeber ist, haben wir bereits zuvor beschrieben (s. S. 185 f.).

Fragen an Führungskräfte

Grundsätzlich haben Führungskräfte mit denselben Fragen wie »Durchschnitts-bewerber« zu rechnen.

Im Vordergrund des Auswahlgesprächs stehen jedoch ganz besonders ihre Persönlichkeit und folgende Aspekte, die entscheidend für führende Positionen sind. Das sind insbesondere Punkte wie

- Durchsetzungsvermögen und Überzeugungskraft;
- Selbsteinschätzung und Zielorientierung;
- konzeptionelles Denken;
- Steuerungs- und Entscheidungsfähigkeit;
- Durchhaltewillen;
- Motivationsfähigkeit;
- Delegationsbereitschaft und -fähigkeit;
- Einfühlungsvermögen;
- Kooperationsbereitschaft;
- Abgrenzungsfähigkeit;
- kostenbewusstes Denken und Handeln;
- unternehmerisches Denken und Weitblick;
- interkulturelles Denken.

Durchsetzungsvermögen und Überzeugungskraft

- *Was bedeutet Mitarbeiterführung für Sie?*
- *Wie definieren Sie die Hauptaufgaben einer Führungskraft?*
- *Welchen Führungsstil bevorzugen Sie?*

Hintergrund: Haben Sie sich mit diesen Begriffen und der dazu geführten aktu-ellen Diskussion auseinander gesetzt? Wie ist Ihr Standpunkt, wie sieht Ihre per-sönliche Philosophie aus?

Hinweise: Zeigen Sie Kompetenz durch fundiertes Hintergrundwissen, das Sie prägnant in ein bis zwei Minuten zum Ausdruck bringen können.

Eigene, gut durchdachte und fundierte Überzeugungen sind die Grundlage, um MitarbeiterInnen auf gemeinsame Ziele »einzuschwören«. Mit anderen Worten: Wer andere überzeugen will, muss selbst (von sich) überzeugt sein. Wie es um Ihre Überzeugungskraft bestellt ist, soll mit Fragen wie folgenden geprüft werden:

- *Fällt es Ihnen schwer, andere von Ihrer Meinung zu überzeugen?*
- *Fällt es Ihnen schwer, andere von Ihrer Meinung zu überzeugen?*
- *Für wie wichtig halten Sie Überzeugungskraft für jemanden in leitender Position?*
- *Wodurch zeichnet sich Überzeugungskraft aus?*
- *In welchen Situationen ist Überzeugungskraft besonders wichtig und warum?*
- *Was tun Sie, wenn Sie mit Vorschlägen bei Ihren MitarbeiterInnen auf Widerstand stoßen?*
- *Erinnern Sie sich an eine Situation, in der man nicht Ihrer Ansicht war und es Ihnen gelungen ist, die anderen schließlich doch noch zu überzeugen?*
- *Gab es an Ihrem bisherigen Arbeitsplatz Situationen, in denen Sie regelmäßig Ihre Überzeugskraft einsetzen mussten?*
- *Wann ist es Ihnen nicht gelungen, andere zu überzeugen? Warum nicht?*
- *Was tun Sie, wenn es Probleme mit dem Betriebsrat gibt? Was tun Sie, um eine Eskalation in der Auseinandersetzung zu vermeiden?*
- *Definieren Sie Durchsetzungsvermögen.*
- *Wie ausgeprägt ist Ihre Durchsetzungsfähigkeit?*
- *War das schon immer so oder hat es sich im Laufe der Zeit verändert?*
- *Geben Sie ein, zwei Beispiele dafür, wie Sie sich einmal trotz großer Widerstände im Berufsleben durchgesetzt haben.*
- *Nennen Sie ein Beispiel, als es Ihnen nicht gelungen ist.*
- *Ist es sinnvoll, sich immer durchzusetzen? Wann ist es besser, auf Kompromisse zu setzen?*
- *Worin sehen Sie die Vorteile, worin die Nachteile eines sehr ausgeprägten Durchsetzungsvermögens?*
- *Glauben Sie, dass es Leute gibt, die Ihnen wegen Ihrer Durchsetzungsfähigkeit nicht positiv gesonnen sind? Wie gehen Sie mit ihnen um?*
- *Wie setzen Sie sich durch, wenn Sie merken, dass Sie mit Kompromissen nicht weiterkommen?*
- *Wie fühlen Sie sich, wenn Sie sich gegen andere durchgesetzt haben?*

Hintergrund: Gerade Unternehmen, die nicht sehr obrigkeitsorientiert sind, benötigen Vorgesetzte, die gezielt Einfluss nehmen können auf ihre MitarbeiterInnen, ohne Druck auszuüben.

Hinweise: Machen Sie also unbedingt deutlich, dass Sie in der Lage sind, sich in das Denken und Fühlen anderer hineinzuversetzen, dass Sie auch mit Einwänden und Widerständen gut umgehen können – aber nichtsdestotrotz Ihre eigenen Ziele konsequent verfolgen. Mit anderen Worten: Neben der Überzeugungskraft braucht eine gute Führungskraft auch Durchsetzungsfähigkeit. Damit ist nicht gemeint, auf Biegen und Brechen »das eigene Ding durchzudrücken«, sondern – im Idealfall – die MitarbeiterInnen von der Richtigkeit und dem Sinn geplanter Neuerungen zu überzeugen. Überzeugungskraft und Durchsetzungsfähigkeit gehen damit Hand in Hand.

Selbsteinschätzung und Zielorientierung

* *Was schätzen Sie: Wie lange brauchen Sie zur Einarbeitung in Ihr neues Arbeitsgebiet bei uns?*
* *Auf welchem Gebiet haben Sie noch größere Defizite, und was gedenken Sie dagegen zu tun?*

Hintergrund: Wie realistisch ist Ihre Selbsteinschätzung, und wie gehen Sie mit kritischen Fragen zu Ihrer Person um?

Hinweise: Bei der ersten Frage wären Ihrerseits Hinweise auf eine erwartete Unterstützung und Kooperation durch den Arbeitgeber angemessen, auf die Sie in der ersten Zeit angewiesen sind. Natürlich haben Sie Defizite, die Sie wahrscheinlich nicht ganz überblicken und doch dank der betrieblichen Unterstützung sowie mithilfe Ihrer Fortbildungsbereitschaft schnell beheben können. Empfehlung: Nicht kränken oder provozieren lassen, im Prinzip zustimmen und Mao zitieren: Handeln heißt lernen.

* *Was sind Ihre ganz persönlichen Lebensziele?*
* *Was möchten Sie persönlich für sich in naher/ferner Zukunft erreichen?*

Hintergrund: Lebensplanung und Zielsetzungen beruflicher wie privater Art gehören zum Idealbild der »guten« Führungskraft.

Hinweise: Lernen, Leistung, Vorwärtskommen. Haben Sie ein Gespür dafür, was man hier wohl von Ihnen hören will. Achtung: Es geht primär um Berufliches – vermeiden Sie private Offenbarungen.

- *Worauf kommt es bei der Zielsetzung vor allem an?*
- *Welche Ziele möchten Sie in der ausgeschriebenen Position erreichen?*
- *Was wollen Sie tun, um die MitarbeiterInnen dazu zu bringen, mit an der Verwirklichung der Ziele zu arbeiten?*
- *Kennen Sie Zielkonflikte? Schildern Sie ein Beispiel aus Ihrer beruflichen Praxis. Was haben Sie unternommen? Welche Lösung haben Sie gefunden?*
- *Was bedeutet es für Sie, wenn Sie ein Ziel erreicht haben?*
- *Was fühlen Sie, wenn Sie Ihr Ziel nicht erreichen?*

Hintergrund: Ehrgeizige Mitarbeiter müssen klare Ziele vor Augen haben. Das soll hier abgefragt werden.

Hinweise: Verdeutlichen Sie, dass dies bei Ihnen der Fall ist. Wichtig ist, dass Sie klare Zielvorstellungen für Ihren beruflichen Weg nennen können. Natürlich geht es auch darum, wie diese Ziele bezogen auf das Unternehmen aussehen, bei dem Sie sich bewerben. Fragen Sie konkret nach, welche Zielvorstellungen man aufseiten der Unternehmensleitung hat.

Übrigens: Auch am Rande des Gesprächs beobachtet man Ihre Zielorientierung, indem man z.B. prüft, wie leicht Sie sich von Ihrem Thema abbringen lassen. Falls Sie mit einer Erläuterung noch nicht zu Ende gekommen sind, werfen Sie ruhig ein: »Wir waren eben bei dem Punkt ... Dazu möchte ich noch Folgendes sagen ...«

- *Welche Eigenschaften sollte Ihr potenzieller Nachfolger für Ihren alten Arbeitsplatz haben?*
- *Ganz allgemein: Welche Eigenschaften sollte Ihr Stellvertreter haben?*

Hintergrund: Erneute (versteckte) Aufforderung zur Selbstcharakterisierung und Aufdeckung der Konflikte am aktuellen Arbeitsplatz.

Hinweise: Verplauschen Sie sich nicht bei diesem Versuch, Konflikthintergründe an Ihrem jetzigen Arbeitsplatz zu erhellen. Die zweite Frage zielt noch einmal auf Ihre persönlichen Qualitäten, aber auch auf eventuelle Schwächen.

- *Was zeichnet Ihrer Meinung nach eine gute Führungskraft aus?*
- *Was einen guten Vorgesetzten?*
- *Was erwarten Sie von einem Vorgesetzten?*
- *Was zeichnet einen guten Mitarbeiter aus?*

(Diese drei Fragen können auch mit umgekehrtem Vorzeichen gestellt werden – »schlechte Führungskraft« usw.)

- *Was schätzen Sie an Ihren Arbeitskollegen/Vorgesetzten – was nicht?*
- *Wozu braucht man überhaupt Führungskräfte?*
- *Worin unterscheiden Sie sich Ihrer Meinung nach von Ihrem jetzigen Vorgesetzten?*

Hintergrund: Haben Sie ein idealtypisches Anforderungsprofil – auch für Ihre eigene Person? Wissen Sie, worauf es ankommt? Wiederum: Wie gehen Sie mit schwierigen Fragen um?

Hinweise: Besonders heikel ist die letzte Frage. Der Unterschied liegt in der Position (Gehalt und Verantwortung). Zeigen Sie Wertschätzung für Ihren Vorgesetzten, machen Sie aber auch deutlich, dass Sie in bestimmten Situationen anders entschieden hätten. Zeigen Sie Respekt und die richtige Mischung aus Selbstbewusstsein und Loyalität.

Die letzten beiden Fragen zielen natürlich auch in die Richtung, ob Sie sich selbst als Vorbild sehen. Auch das interessiert Personalentscheider. Schließlich sollen sich MitarbeiterInnen an den Leitenden in gewisser Weise orientieren können. Rechnen Sie also mit Fragen nach Ihrer Vorbildfunktion und Ihrem Verantwortungsbewusstsein:

- *Was verstehen Sie unter vorbildlichem Verhalten?*
- *Was bedeutet Ihnen die Rolle als Führungskraft?*
- *Wie kommt Ihr Verantwortungsbewusstein in Ihrer Rolle als Führungskraft zum Ausdruck?*
- *Sehen Sie sich als Vorbild für die MitarbeiterInnen?*
- *Wofür wollen Sie genau Vorbild sein?*
- *In welchen Bereichen sollte ein Vorgesetzter Vorbild sein?*
- *Haben Sie Vorbilder? Nennen Sie uns ein, zwei Beispiele und erklären Sie, warum diese Personen für Sie vorbildlich sind.*
- *Gibt es bei Ihnen auch negative Seiten, die nicht so vorbildlich sind?*

Hinweise: Bedenken Sie bei aller Notwendigkeit, sich selbst ins rechte Licht zu rücken, dass Sie sich nicht als super perfekte Führungskraft darstellen müssen, die für alle immer und jederzeit leuchtendes Beispiel ist – sie können, ja sollten durchaus auch eigene Fehler (wenn auch nur leichte) nennen, um damit Ihre Fähigkeit zur Selbstkritik zu unterstreichen.

Konzeptionelles Denken

- *Was ist Ihrer Ansicht nach die Grundvoraussetzung für die Entwicklung eines Konzepts?*
- *Hatten Sie in Ihrer bisherigen beruflichen Tätigkeit schon einmal mit einer Umstrukturierung zu tun?*
- *Was war da Ihre Aufgabe? Trugen Sie Verantwortung? Wie sind Sie vorgegangen?*
- *Stellen Sie sich vor, Sie sind verantwortlich für die Marketingkampagne für ein Einkaufszentrum. In der Stadt gibt es bereits drei in der gleichen Größenordnung. Wie würden Sie vorgehen?*
- *Haben Sie Erfahrung in der Projektarbeit?*
- *Haben Sie ein Projekt geleitet?*
- *Welche Schwierigkeiten gab es, wie haben Sie diese bewältigt?*

Hintergrund: Wer Führungspositionen anstrebt, braucht die Fähigkeit, konzeptionell zu denken, z. B. wenn es darum geht, eine Marketingstrategie für ein neues Produkt zu entwickeln oder die Neustrukturierung einer Abteilung zu planen.

Hinweise: Im Vorstellungsgespräch wird man diesen Bereich mit großer Wahrscheinlichkeit an Fallbeispielen demonstrieren – getreu der Devise: »Stellen Sie sich vor, wir haben ein neues Produkt ...« Es kommt darauf an, dass Sie logisch nachvollziehbare Strategien benennen. Wichtig ist, dass Sie sehr deutlich werden, nicht drumherum reden oder sich an Nebenschauplätzen zu lange aufhalten. Je klarer die Aussage, desto besser.

Steuerungs- und Entscheidungsfähigkeit

- *Wie wichtig ist für Sie die Zielsetzung?*
- *Wie setzen Sie Ziele für Ihren Verantwortungsbereich fest?*
- *Führen Sie Zielvereinbarungsgespräche mit Ihren MitarbeiterInnen? Worauf legen Sie dabei besonders Wert?*
- *Was unternehmen Sie, wenn die von Ihnen vorgegebenen und die vom Mitarbeiter genannten Ziele nicht übereinstimmen?*
- *Was tun Sie, damit die Ziele auch erreicht werden? Welche Kontrollmöglichkeiten nutzen Sie?*
- *Wie beurteilen Sie die Leistungen der einzelnen MitarbeiterInnen?*

- *Was unternehmen Sie, wenn Sie feststellen, dass ein Mitarbeiter falsche Prioritäten setzt?*
- *Was tun Sie, wenn die Leistungen unbefriedigend sind?*
- *Was halten Sie von leistungsorientierter Vergütung?*
- *Wie schwer fällt es Ihnen, Entscheinungen zu treffen?*
- *Haben Sie schon einmal eine Fehlentscheidung getroffen? Wie kam es dazu? Wie haben Sie sich gefühlt? Was haben Sie dann unternommen?*
- *Hat man Sie für eine Ihrer Entscheidungen schon einmal hart kritisiert? Warum? Was haben Sie dann getan?*
- *Ziehen Sie es vor, allein Entscheidungen zu treffen, oder beraten Sie sich lieber mit anderen?*

Hintergrund: Als Führungskraft müssen Sie in der Lage sein, selbstständig Entscheidungen zu treffen und Prozesse und MitarbeiterInnen zu steuern.

Hinweise: Bei der Beantwortung dieser Fragen wird darauf geachtet, dass Sie Selbstsicherheit an den Tag legen und nicht zögerlich erscheinen. Trotzdem ist es wichtig, dass Sie Entscheidungen überdenken. Es wird selbstverständlich gern gesehen, dass Sie Vor- und Nachteile abwägen, dass Sie Alternativen entwickeln und bereit sind, auch neue Wege einzuschlagen. Wichtig ist vor allem, dass Sie deutlich machen, wie Sie zu bestimmten Entscheidungen gekommen sind und dass sie für andere nachvollziehbar werden. Verstecken Sie sich nicht hinter Formulierungen wie »Da muss man mal sehen« oder »... kommt darauf an...« etc. Das könnte Ihnen als Entscheidungsschwäche ausgelegt werden. Und da auch Sie nicht allwissend sind, können Sie durchaus zu Fehlentscheidungen stehen (nennen Sie aber bitte eine harmlose). Damit bringen Sie Ihre Fähigkeit zur Selbstkritik zum Ausdruck. Wenn Sie dann noch verdeutlichen, was Sie zur Schadensbegrenzung unternommen haben, unterstreichen Sie dazu noch Ihr Verantwortungsbewusstsein.

Durchhaltewillen

- *Sind Sie ein geduldiger Mensch?*
- *Wann reißt Ihnen der Geduldsfaden?*
- *Wenn Sie Ihr Ziel trotz mehrerer Versuche nicht erreichen – was tun Sie dann?*

- *Wie verhalten Sie sich in Verhandlungen, wenn Sie es mit einem sehr »zähen« Gegenüber zu tun haben?*
- *Wie und wo tanken Sie Kraft, um in schwierigen Phasen durchzuhalten?*
- *Nennen Sie ein, zwei Beispiele aus Ihrer beruflichen Praxis, wo Sie große Widerstände zu überwinden hatten.*
- *Wann hatten Sie trotz größer Anstrengung keinen Erfolg? Warum?*

Hintergrund: Es werden Führungskräfte gebraucht, die nicht beim ersten kleinen Widerstand aufgeben, die dranbleiben, auch wenn ihnen der Wind kräftig ins Gesicht bläst.

Hinweise: In Ihren Antworten sollte zum Ausdruck kommen, dass Sie ein beharrlicher Mensch sind, der seine Ziele vor Augen hat und sich nicht so leicht davon abbringen lässt. Haben Sie Beispiele parat, an denen deutlich wird, dass Sie auch in schwierigen Zeiten einen langen Atem haben. Natürlich kennen Sie Enttäuschungen, aber die hauen Sie nicht um.

Motivationsfähigkeit

- *Wie wichtig ist Mitarbeitermotivation für Sie?*
- *Wie definieren Sie Mitarbeitermotivation?*
- *Was tun Sie, um zu motivieren?*
- *Was tun Sie, wenn ein Mitarbeiter völlig demotiviert ist?*
- *Welche Gründe gibt es für mangelnde Motivation?*
- *Was tun Sie, um Ihre eigene Motivation zu fördern?*
- *Was treibt Sie selbst an?*
- *Was tun Sie, wenn Sie selbst ein Tief und keine Lust auf die Arbeit haben?*
- *Welche Art von Aufgaben fallen Ihnen schwer bzw. liegen ihnen nicht so sehr, sodass Sie dazu neigen, sie vor sich herzuschieben?*
- *Wie schaffen Sie es, die MitarbeiterInnen zu besonders guten Leistungen zu bringen?*
- *Was sollte man am Arbeitsplatz unbedingt vermeiden, um nicht zu demotivieren?*
- *Was wirkt besonders motivierend?*

Hintergrund: Wohl jedes Unternehmen will Vorgesetzte, die wissen, wo's lang geht (und sich zuvor entsprechende Ziele gesetzt haben), die es verstehen, ein motivierendes Umfeld zu schaffen und die sich trauen, von ihren MitarbeiterInnen Leistung zu verlangen.

Hinweise: Denken Sie daran, dass Ihre Hauptaufgabe als Führungskraft nicht darin besteht, MitarbeiterInnen zu motivieren – das müssen die schon selbst tun.

Was Sie tun können und sollten: für ein Umfeld sorgen, das motivierend wirkt und das die MitarbeiterInnen zu (Höchst-)Leistungen beflügelt.

Delegationsbereitschaft und -fähigkeit

- *Nach welchen Kriterien entscheiden Sie, welche Arbeiten Sie delegieren und welche lieber nicht?*
- *Wie delegieren Sie?*
- *Welche Aufgaben delegieren Sie nicht oder nur ungern? Welche Gründe haben Sie dafür?*
- *Wie gelingt es Ihnen, MitarbeiterInnen zu motivieren, die delegierten Aufgaben gut und verantwortungsvoll zu erledigen?*
- *Was unternehmen Sie, wenn ein Mitarbeiter sich weigert, die ihm übertragenen Aufgaben auszuführen?*
- *Wie gelingt es Ihnen, die Qualität der delegierten Arbeiten sicherzustellen?*
- *Wie setzen Sie Delegation als Instrument der Personalförderung ein?*
- *Was sind die Nachteile des Delegierens? Was gefällt Ihnen dabei nicht? (Vorsicht bei der Beantwortung dieser Frage. Wenn Sie sie zu sehr ausdehnen und sämtliche Nachteile ausführlich aufführen, dann könnte der Eindruck entstehen, dass sie nur sehr widerwillig delegieren. So wird möglicherweise der Rückschluss auf mangelnde Führungsfähigkeit gezogen.)*
- *Erinnern Sie sich, dass Ihnen beim Delegieren schon einmal etwas schief gelaufen ist? Worum ging es dabei? Was war die Ursache?*
- *Welche Art von Informationen sollte man als Führungskraft für sich behalten?*
- *Was würden Sie als Zeichen dafür deuten, dass man eine Intrige gegen Sie schmiedet?*
- *Was würden Sie tun, wenn Sie bemerken, dass einer Ihrer Mitarbeiter eine leitende Position anstrebt?*
- *Wo liegen die Grenzen Ihres Vertrauens?*

Hintergrund: Gerade bei der Frage, was eine gute Führungskraft auszeichnet, wird eins nicht selten vergessen: der Hinweis auf Delegierbereitschaft und -fähigkeit. Dies ist eine weitere wesentliche Voraussetzung, um als Führungskraft erfolgreich zu sein. Viele Leitende können schlecht delegieren. Entweder haben Sie Angst, dadurch den Überblick zu verlieren, oder sie leiden unter übertriebenem Perfektionismus und sind der festen Überzeugung, ihre Mitarbeiter bewältigen die Aufgaben nicht so gut, wie sie es selber können. Dritte Möglichkeit: Sie befürchten, man könne sie für ausbeuterisch halten, und vermeiden es deshalb, Aufgaben an andere zu übertragen. Und schließlich gibt es Führungskräfte, die zwar delegieren, aber nur lästige und weniger anspruchvolle Arbeiten, leidige Aufgaben, die keine Lorbeeren einbringen.

Hinter einem solchen Verhalten steht nicht selten die Befürchtung, der/die MitarbeiterIn könnte zu gut werden und womöglich am Stuhl des Vorgesetzten »sägen«. Aus Angst, überflüssig zu werden, reißt man dann lieber alle wichtigen Aufgaben an sich mit der Konsequenz, dass man den Blick für das große Ganze verliert, weil man selber viel zu beschäftigt ist mit den tagtäglichen Aufgaben. Von echter Führung kann da leider nicht mehr die Rede sein.

Insofern ist Vertrauensfähigkeit unabdingbare Voraussetzung für das Delegieren. Wer immer mit dem Schlimmsten rechnet und davon ausgeht, dass andere ihm nur Böses wollen, wird sich schwer tun, auch wichtige und bedeutendere Aufgaben an MitarbeiterInnen zu delegieren.

Eine gute Führungskraft jedoch zeichnet sich dadurch aus, dass sie nicht alles allein macht, sondern dass sie weiß, wer woran arbeitet, welche Ergebnisse wann zu erwarten sind. Das ist aber nicht zu leisten, wenn man selbst aufgrund der Aufgaben keinerlei Freiräume mehr hat. Aus diesem Grunde ist bei der Auswahl von Führungskräften der Aspekt Delegationsfähigkeit in Verbindung mit Vertrauensfähigkeit sehr wichtig. Mit Fragen wie eben vorgestellt versucht man in Vorstellungsgesprächen herauszufinden, wie weit diese Fähigkeiten bei Ihnen ausgeprägt sind.

Hinweise: Wenn aus Ihren Antworten ein zu großes Misstrauen gegenüber MitarbeiterInnen, anderen Vorgesetzten oder überhaupt der Umwelt spricht, sammeln Sie im Interview einige Minuspunkte. Als Führungskraft ist es nicht Ihre Aufgabe, andere zu »deckeln« und sie am Weiterkommen zu hindern, nur damit Sie Ihre »Schäfchen im Trockenen« haben. Abgesehen davon behindern Sie sich damit in Ihrer Arbeit selber. Denn vor lauter Kontrolle, ob nicht einer zu ehrgeizig ist, verlieren Sie leicht den Überblick und sind viel zu sehr mit Nebensächlichkeiten beschäftigt, sodass für Ihre eigentlichen Aufgaben zu wenig Zeit bleibt.

Einfühlungsvermögen

- *Haben Sie das Gefühl, dass Sie sich gut in die Lage anderer Menschen hineinversetzen können?*
- *Wie macht sich das bemerkbar?*
- *An welchen nonverbalen Signalen erkennen Sie, ob Ihr Gesprächspartner mit Ihnen übereinstimmt oder nicht?*
- *Wie merken Sie, was in Ihrem Gegenüber vorgeht und wie er/sie sich fühlt?*
- *Können Sie feststellen, ob Ihr Gegenüber es ehrlich mit Ihnen meint oder nicht? Worauf achten Sie dabei?*
- *Beachten Sie die Körpersprache Ihres Gegenübers? Für wie wichtig halten Sie diese Signale?*
- *Was unternehmen Sie, wenn Sie feststellen, dass ein Mitarbeiter unzufrieden ist?*
- *Wie überprüfen Sie überhaupt die Zufriedenheit Ihrer MitarbeiterInnen?*

Hintergrund: Wer seine MitarbeiterInnen versteht, wer sich in deren Situation hineinversetzen kann, hat als Führungskraft eindeutig die besseren Karten.

Hinweise: Zeigen Sie, dass Sie erkennen, wann sich »etwas zusammenbraut«, wann mit Widerständen zur rechnen ist, aber auch, welche Aufgaben an wen delegiert werden können, welchem Mitarbeiter welche Tätigkeit/Aufgabe besonders gut liegt.

Kooperationsbereitschaft

- *Was verstehen Sie unter kooperativem Verhalten?*
- *Wie wichtig ist Ihnen kooperatives Verhalten?*
- *Wie gehen Sie mit MitarbeiterInnen um, die sich unkooperativ zeigen? Wie ändern Sie deren Verhalten?*
- *Was glauben Sie, warum manche Menschen nicht kooperativ sind?*
- *Welche Aufgaben erledigen Sie am liebsten zusammen mit anderen, welche lieber allein?*
- *Inwieweit sollte man MitarbeiterInnen in Entscheidungsprozesse einbeziehen?*
- *Was tun Sie, um den Informationsaustausch in Ihrer Abteilung zu fördern?*
- *Wie stellen Sie sicher, dass Sie ausreichend informiert sind?*
- *Wie verhindern Sie, dass Sie in einer wahren Informationsflut »ertrinken«?*
- *Welche Datenbanken nutzen Sie?*

- *Mit welchen Personen kooperieren Sie am liebsten, mit welchen weniger gern?*
- *Kann Kooperationsbereitschaft auch ein Nachteil sein? Erklären Sie das bitte näher.*

Hintergrund: Führungskräfte, die im stillen Kämmerlein etwas ausbrüten, niemanden an ihrem Denken und Planen teilhaben lassen und sich ungern mit anderen beratschlagen, sind nicht mehr gefragt. Das heißt, Ihr Informationsverhalten wird kritisch beäugt. Kooperationsbereitschaft hingegen wird großgeschrieben, das heißt, Vorgesetzte sollen andere in den Prozess zur Lösungsfindung einbeziehen und offen sein für den Austausch von Erfahrungen und Informationen – in beide Richtungen. Also einerseits sollen Sie mit Ihrem Wissen nicht hinterm Berg halten, andererseits ist es erwünscht, dass Sie offen gegenüber anderen und deren Erfahrungswerten sind.

Hinweise: Zeigen Sie, dass Sie bereit sind, sich mit anderen auszutauschen und von ihnen zu lernen. Sie haben nicht die Allwissenheit gepachtet. Berufstätigkeit heute bedeutet immer mehr lebenslanges Lernen. Und natürlich sind Sie bereit, andere an Ihren Erkenntnissen und Erfahrungen teilhaben zu lassen und gemeinsam Ergebnisse zu erarbeiten.

Abgrenzungsfähigkeit

- *Haben Sie gute Kontakte zu Ihren ArbeitskollegInnen?*
- *Treffen Sie sich in der Freizeit auch mit KollegInnen?*
- *Besteht Ihr Freundeskreis zum überwiegenden Teil aus ArbeitskollegInnen?*
- *Wie pflegen Sie Kundenkontakte?*
- *Pflegen Sie den Kontakt zu KundInnen auch außerhalb der geschäftlichen Beziehungen? Was tun Sie?*
- *Hat sich bei Ihnen mal aus einem Kundenkontakt eine private Freundschaft entwickelt?*
- *Finden Sie es gut, sich mit ArbeitskollegInnen zu duzen? Warum?*

Hintergrund: Der Wunsch auf Arbeitgeberseite nach der »Eier legenden Wollmilchsau« wird an diesem Punkt besonders deutlich. Als wir Kooperationsbereitschaft und Einfühlungsvermögen diskutierten, ging es darum, Verständnis und Empathie zu zeigen. Jetzt wiederum sollen Sie sich abgrenzen. Als Leitende/r hat man's eben nicht leicht. Eine echte Gratwanderung! Sicher ist ein gutes Verhältnis zu den Kollegen und auch Kunden erstrebenswert, gleichzeitig sollte jedoch nicht vergessen werden, dass es sich um keine private, sondern eine Geschäftsverbindung handelt.

Hinweise: Zu viel Vertraulichkeit kann sich nachteilig auswirken, gerade dann, wenn man als Führungskraft auch einmal unangenehme Dinge durchzusetzen hat. In bestimmten Branchen kann es sehr heikel sein, wenn die Beziehungen zu den Kunden so eng werden, dass man vielleicht auch privat gemeinsam etwas unternimmt – man denke nur an Bankmitarbeiter, die zum Beispiel über die Vergabe von Krediten entscheiden.

Eine Einschränkung ist jedoch zu machen: Abgrenzung in jungen Unternehmen wie Start-ups ist oft ganz und gar nicht üblich oder erwünscht. Im Gegenteil: Hier gibt es kaum eine Trennung zwischen Privat- und Berufsleben, allein schon deshalb, weil oft zehn bis zwölf Stunden am Arbeitsplatz zugebracht werden. Wie selbstverständlich nimmt man auch Arbeiten am Wochenende mit nach Hause und geht nach der Arbeit mit den KollegInnen noch etwas trinken – getreu der Devise: Wir sitzen alle in einem Boot und sind so etwas wie eine große Familie. Verständlich, dass Sie in einem Vorstellungsgespräch bei einem solchen Unternehmen Ihre Abgrenzungsfähigkeit nicht sonderlich betonen sollten…

Kostenbewusstes Denken und Handeln

- *Was haben Sie an Ihrem letzten Arbeitsplatz getan, um Kosten einzusparen?*
- *Wie lässt sich Ihrer Meinung nach der Verbrauch von Mitteln und Zeit kontrollieren?*
- *Was tun Sie, um Ihren MitarbeiterInnen kostenbewusstes Denken und Handeln nahe zu bringen?*
- *Was tun Sie, wenn sich Widerstände dagegen erheben?*
- *Stellen Sie sich vor, man fordert Sie auf, in Ihrer Abteilung die Kosten um 10 Prozent zu senken. Was würden Sie als Erstes tun? Wie gelingt es Ihnen, die MitarbeiterInnen in Ihr Vorhaben einzubeziehen?*

Hintergrund: Gespart wird überall. Klar, dass man BewerberInnen vorzieht, die dieses Bewusstsein bereits entwickelt haben.

Hinweise: Gut für Sie, wenn Sie Ihrem Gegenüber deutlich machen, dass Sie kostenbewusst agieren und damit im Interesse des Unternehmens denken und handeln.

Unternehmerisches Denken und Weitblick

- *Welche Voraussetzungen müssen gegeben sein, damit unser Unternehmen langfristig wettbewerbsfähig bleibt?*
- *Würden Sie sich selbst als unternehmerisch denkend bezeichnen?*
- *Welches sind die unternehmerischen Ziele Ihres letzten Unternehmens? Kennen Sie unsere?*
- *Mit welchen Entwicklungen rechnen Sie für unsere Branche in den nächsten 10 bis 20 Jahren?*
- *Sie haben von unserem Produkt XY gehört. Wie beurteilen Sie den möglichen Erfolg dieses Produkts?*
- *Wie kann es gelingen, uns gegen unseren größten Konkurrenten am Markt zu behaupten?*
- *Wie lassen sich Erfolge erzielen und auch sichern?*
- *Worin liegt unser Wettbewerbsvorteil? Wie ließe sich dieser ausbauen? Nennen Sie ein, zwei Beispiele aus Ihrer Berufspraxis für unternehmerisches Denken.*
- *Für wie wichtig halten Sie es, mit anderen Abteilungen zusammenzuarbeiten?*
- *Wie haben Sie das an Ihrem bisherigen Arbeitsplatz gehandhabt?*
- *Wie lässt sich eine Zusammenarbeit über die Grenzen von Abteilungen hinweg fördern?*
- *Was glauben Sie, warum gibt es manchmal Widerstände gegen bereichsübergreifendes Arbeiten?*

Hintergrund: Man erwartet von Ihnen als Führungskraft einen gewissen Überblick, ja, die Fähigkeit, Entwicklungen abschätzen zu können, ein Gespür für Trends. Dabei geht es darum, sich nicht nur auf den persönlichen Arbeitsbereich zu konzentrieren, sondern unternehmens- und branchenweit zu denken. Nur so gelingt es Ihnen, das große Ganze im Auge zu behalten, Zusammenhänge des Marktes zu durchschauen und Erfolg versprechende Entscheidungen zu treffen.

Unternehmerisches Denken und Weitblick meint auch die Fähigkeit, über den Tellerrand hinauszuschauen. Gerade die immer stärker genutzte Projektarbeit funktioniert nur, weil nicht mehr in so engen Grenzen gedacht und gehandelt wird. Hier kooperieren Leute aus unterschiedlichen Bereichen und Abteilungen, um das bestmögliche Ergebnis zu erzielen. Von daher sind Unternehmen an MitarbeiterInnen interessiert, die in der Lage und willens sind, bereichsübergreifend zu denken und zu handeln.

Hinweise: Sie müssen sich extrem gut auf das Unternehmen und auch die Branchensituation vorbereiten. Beschaffen Sie sich so viel Informationsmaterial über das Unternehmen wie nur möglich. Verfolgen Sie aufmerksam die Berichterstattung über die Entwicklungen in der entsprechenden Branche. Ansonsten sind Sie ganz schnell mit Ihrem Latein am Ende.

Interkulturelles Denken

- *Interessieren Sie sich für andere Kulturen? Für welche und warum?*
- *Haben Sie ein Lieblingsreiseland?*
- *Sind Sie mit Ausländern befreundet?*
- *Was würden Sie sagen, wenn Ihr Chef kein Deutscher wäre?*
- *Was glauben, worin unterscheiden sich Deutsche und Ausländer in Sachen Einstellung zur Arbeit?*
- *Haben Sie schon einmal daran gedacht, ins Ausland zu gehen? Alternativ: Sie haben schon im Ausland gearbeitet – wie hat es Ihnen da gefallen? Warum sind Sie nicht länger/so lange geblieben?*
- *Wie würden Sie sich auf einen längeren Aufenthalt in Indien vorbereiten?*
- *Wenn Sie für unser Unternehmen ein halbes Jahr ins Ausland gehen sollten – würden Sie lieber in die USA oder nach Japan gehen?*
- *Was halten Sie von der Einführung der Greencard?*

Hintergrund: In Zeiten von Greencards und insgesamt einer Globalisierung der Geschäftswelt benötigt man Führungskräfte, die auch auf internationalem Parkett sicher sind und die mit ausländischen MitarbeiterInnen vorurteilsfrei umgehen können.

Andererseits wird natürlich interkulturelles Denken auch von ausländischen Führungskräften verlangt, d.h. Konflikte Ihres Herkunftslands beispielsweise mit einer anderen Nation dürfen die Geschäftsbeziehungen nicht beeinflussen oder stören.

Hinweise: Dass Ihnen interkulturelles Denken nicht fremd ist, unterstreichen Sie, indem Sie Interesse für andere Kulturen und die Weltpolitik bekunden. Werten Sie nicht andere Kulturen ab und erheben Sie die eigene nicht über andere.

Fragen an ältere Arbeitsuchende

Der Gesprächsablauf und die Fragen an ältere Arbeitsuchende sind prinzipiell denen, die anderen BewerberInnen gestellt werden, sehr ähnlich. Und doch gibt es einen Unterschied: Älteren unterstellt man sehr oft mangelndes Engagement, größere Anfälligkeit für Krankheit, weniger Dynamik, Schwierigkeiten, sich mit Neuem vertraut zu machen. Rechnen Sie damit, dass man Sie dahingehend »abklopft«.

Sie werden zum Beispiel mit folgender Frage konfrontiert:

- *Erzählen Sie etwas über sich. Welche Hobbys haben Sie?*

Hintergrund: Sie sollten überlegen, welche Freizeitbeschäftigung vermittelt, dass Sie durchaus noch sehr aktiv und fit sind.

Hinweise: Wenn Sie Ihre Fitness mit einer sportlichen Freizeitbeschäftigung belegen können, sammeln Sie Pluspunkte. Die Antwort Schwimmen oder Tanzen macht eben einen anderen Eindruck als Briefmarken sammeln und Rommé spielen. Erwähnen Sie bei der Frage nach Ihren Hobbys bitte nicht »meine Enkelkinder«. Auch wenn Sie die Kleinen noch so gern haben und möglichst jede freie Minute mit ihnen verbringen, hilft Ihnen das in einem Vorstellungsgespräch kaum weiter. Ihr Gegenüber wird womöglich Enkelkinder = Oma/Opa = altes Eisen assoziieren. Und damit wären in kürzester Zeit wieder all die Vorurteile wachgerufen, mit denen ältere BewerberInnen ohnehin zu kämpfen haben.

In die gleiche Richtung zielen Fragen nach Ihrem Gesundheitszustand:

- *Waren Sie schon einmal ernstlich krank?*
- *Bestehen bei Ihnen gesundheitliche Einschränkungen mit beruflichen Auswirkungen?*
- *Gab es mehr als zwei Krankenhausaufenthalte in den letzten fünf Jahren?*

Hintergrund: Arbeitgeber fürchten sich davor, dass gerade ältere Arbeitnehmer gesundheitlich angegriffen sein könnten und deshalb öfter ausfallen (obwohl die Krankheitsrate bei älteren Beschäftigten erwiesenermaßen nicht höher ist!). Mit Fragen zur Gesundheit steht die uneingeschränkte gesundheitliche Leistungsfähigkeit des Bewerbers zur Debatte.

Hinweise: Auch wenn es heutzutage wohl kaum absolute Gesundheit gibt – lassen Sie im Vorstellungsgespräch keine Zweifel daran aufkommen, dass es bei Ihnen keine berufsrelevanten Beeinträchtigungen gibt (Sie sprechen hier schließlich mit Ihrem potenziellen neuen Arbeitgeber und nicht mit Ihrem Hausarzt!). Der Arbeitgeber darf sich eigentlich nur nach aktuellen Erkrankungen erkundigen, die die berufliche Leistungsfähigkeit einschränken. Hier werden sehr häufig die rechtlich zulässigen Fragegrenzen überschritten – also aufgepasst!

Oft fragt ein Interviewer noch einmal nach:

- *Waren Sie im letzten Jahr mehr als einmal beim Arzt?*
- *Welche Facharztrichtung hat Ihr Hausarzt?*

Hinweise: Verplappern Sie sich hier nicht. Nachfragen sind übliche Rhetoriktricks, um den Wahrheitsgehalt Ihrer Aussagen noch einmal »abzuklopfen«. Sie könnten auf derlei Fragen antworten, dass Sie zwar einen Hausarzt haben, aber nicht, weil Sie ständig krank sind, sondern regelmäßig zum Routinecheck gehen (schließlich sind Sie ein verantwortungsbewusster Mensch, der auf seinen Körper und sein Wohl achtet!). Da versteht es sich doch von selbst, dass man das nur bei einem Arzt seines Vertrauens macht, oder?

Weitere Fragen und vor allem Ihre Antworten könne entscheidend für den Ausgang des Vorstellungsgesprächs sein – und zwar Fragen nach Ihren Zielen:

- *Was sind Ihre ganz persönlichen Lebensziele?*
- *Was möchten Sie für sich in naher/ferner Zukunft erreichen?*

Hintergrund: Eine gewisse Lebensplanung mit beruflichen und privaten Zielsetzungen runden das Idealbild eines guten Bewerbers, einer guten Bewerberin ab. Auch wenn man Sie als älteren Bewerber wohl nicht unbedingt nach der fernen Zukunft fragen wird, möchte Ihr Gegenüber trotzdem natürlich wissen, wie engagiert Sie (noch) sind.

Hinweise: Wollen Sie die letzten Jahre bis zur Rente etwa nur ruhig und sicher verbringen? Zeigen Sie Leistungswillen, Lernbereitschaft, Interesse am Weiterkommen. Achtung: Es geht primär um Berufliches – vermeiden Sie private Offenbarungen.

Bevor Sie in das Vorstellungsgespräch gehen, sollten Sie sich unbedingt erkundigen, ob Sie förderungsberechtigt durch das Arbeitsamt sind. Für ältere Langzeitarbeitslose gibt es einige Förderungen. Dies kann ein durchaus gewichtiges Argument für einen Arbeitgeber sein. Wenn Sie nicht darauf angesprochen werden, überlegen Sie, wann der richtige Augenblick gekommen ist, um diesen Vorteil in die Waagschale zu werfen.

Die elf wichtigsten Fragen

Zu welcher Bewerbergruppe Sie auch immer gehören, die Wahrscheinlichkeit, dass Sie mit folgenden elf Fragen konfrontiert werden, ist sehr groß. Bereiten Sie Ihre Antworten sorgfältig und ausführlich vor. Es ist schon erstaunlich, dass viele Kandidaten bei diesen elementaren Fragen häufig genug nur eine klägliche Figur abgeben.

- Erzählen Sie uns etwas über sich.
- Warum bewerben Sie sich für diese Position?
- Warum sind Sie der/die richtige Kandidat/in?
- Was erwarten Sie für sich/von uns/dem Job?
- Was sind Ihre Stärken/Schwächen?
- Worauf sind Sie stolz, was sind Ihre Erfolge/Misserfolge?
- Was möchten Sie in drei/fünf/zehn Jahren erreicht haben?
- Warum haben Sie diesen Beruf gewählt?
- Wo liegen Ihre Arbeitsschwerpunkte?
- Wie verbringen Sie Ihre Freizeit?

Und dann noch die elfte Frage:

Welche Fragen haben Sie an uns?

Überzeugende Antworttechniken

In diesem Abschnitt wollen wir auf eine ganz wichtige Hintergrundthematik im Vorstellungsgespräch eingehen: die Technik, Fragen als BewerberIn geschickt zu beantworten.

Wie ein Vorstellungsgespräch abläuft, können Sie zwar nicht allein bestimmen, aber doch ganz wesentlich durch Antworten, Bemerkungen und Fragen steuern. Dabei ist zunächst die Information wichtig, wie viel Zeit für Ihr Vorstellungsgespräch vorgesehen ist.

Ob Sie 20 Minuten oder zwei Stunden für Ihren »Auftritt« haben, macht einen wesentlichen Unterschied in der Gestaltung, in der von Ihnen zu wählenden Inszenierung bzw. Dramaturgie.

Generell gilt: Führen Sie das Gespräch defensiv. Sie sind der Bewerber, der die meisten Fragen zu beantworten hat. Versuchen Sie nicht, die Rollen umzukehren und z.B. immer wieder mit Gegenfragen zu kontern.

Da Sie gut vorbereitet sind, können Sie auf die wichtigsten Fragen (s. Fragenkatalog S. 145 ff. und 207) überzeugend und relativ knapp, aber gut formuliert antworten. Dies geschieht immer in Relation zu der Zeit, die Ihnen zur Verfügung steht, bedeutet jedoch nicht, dass Sie ständig reden bzw. Auskunft geben müssen.

Positive Verstärkung

Bis zu etwa 80 Prozent der Gesamtzeit – so zeigen erstaunlicherweise entsprechende wissenschaftliche Untersuchungen – verbringen Sie im Vorstellungsgespräch mit Zuhören, d. h., Ihr Gegenüber spricht. 80 Prozent Interviewer-Redezeit sind zwar nicht überall die Regel, dennoch: Lassen Sie Ihren Gesprächspartner reden, und hören Sie aufmerksam zu. Wenn es Ihnen zudem noch gelingen sollte, einige verständnisvolle, kurze Zwischenbemerkungen zu machen oder bestätigend zu nicken, haben Sie möglicherweise schon gewonnen. Ihr Gegenüber wird sich vielleicht endlich mal wieder tief verstanden fühlen und Ihnen das mit entsprechenden Sympathiepunkten honorieren.

Diese Technik der positiven Verstärkung von sprechenden Personen ist sehr gut bei Fernsehjournalisten zu beobachten, die ihre Interviewpartner durch beständiges, zustimmendes Kopfnicken ermuntern, in ihrem Redefluss fortzufahren, mag der Inhalt auch noch so fragwürdig sein...

Umgang mit offenen Fragen

Es kann aber auch umgekehrt ablaufen, weil man Sie, den Bewerber, zum Sprechen, Erzählen, ja Schwadronieren bringen will. In so einem Fall haben Sie es sehr wahrscheinlich mit einem Vollprofi zu tun, der wirklich nur zehn Prozent des Vorstellungsgesprächs bestreitet und Ihnen die restlichen 90 Prozent aufbürden möchte.

Eine beliebte Gesprächstechnik beinhaltet dabei den Einsatz so genannter offener Fragen. Klassisches Beispiel:

* *Wir wollen Sie gern kennen lernen. Erzählen Sie uns doch bitte mal etwas über sich (siehe auch S. 157 ff.).*

Unter Rhetorikfachleuten gilt die Frage als Königin der Dialektik. Und in der Tat: Gute Fragen zu stellen ist weitaus schwieriger, als sie zu beantworten. Mit Fragen kann man ein Gespräch hervorragend lenken. Besonderer Beliebtheit erfreut sich da die »offene Frage«. Sie erlaubt dem Gefragten nicht, einfach mit »Ja« oder »Nein« zu antworten wie bei der »geschlossenen Frage«, sondern provoziert längere Antwortsätze, eine ausführlichere verbale Darstellung. Genau darauf kommt es dem Frager an, denn je mehr sein Gegenüber spricht und vielleicht unwillkürlich seinen freien Assoziationen folgt, desto mehr an Information erhofft sich der Interviewer.

Hinzu kommt, dass geschlossene Fragen für den Interviewer mehr Arbeit bedeuten, denn er muss sich nach der Antwort, die meist sehr kurz und knapp ausfällt, direkt wieder eine neue einfallen lassen.

An einigen Beispielen können wir uns das gut verdeutlichen:

Die »geschlossene« Interviewerfrage: »Hatten Sie an Ihrem letzten Arbeitsplatz persönliche Schwierigkeiten?« ist heikel (Fragehintergrund: Bewerbermotive Arbeitsplatzwechsel, Hypothese: schwieriger Mensch), würde aber den Bewerber schnell mit Nein (ggf. »Nein, keine«) antworten lassen, und schon wieder wäre der »Ball« zurückgespielt, und der Interviewer müsste eine neue Frage stellen. »Mit welchen persönlichen Schwierigkeiten mussten Sie sich an Ihrem letzten Arbeitsplatz auseinander setzen?«, hat den gleichen Fragehintergrund, ist jetzt aber als »offene« Frage gestellt. Kein Mensch könnte hier nur mit einem schlichten Nein antworten.

Diese Frage provoziert mehrere Antwortsätze, ganze Erklärungen, und schnell verfängt sich der Bewerber in Rechtfertigungen, Entschuldigungen, ja, sogar Anklagen, wer ihm beim letzten Arbeitsplatz »Steine in den Weg« gelegt habe.

Dass diese Informationen von höchster Wichtigkeit für einen neuen Arbeitgeber sind, liegt ebenso auf der Hand wie die Tatsache, dass sie aus Bewerbersicht nicht in das Vorstellungsgespräch hineingehören.

Hier kann es dem Interviewer mittels der offenen Fragetechnik erfolgreich gelingen, beim Bewerber eine Barriere zu durchbrechen. Der Befragte wird sich möglicherweise hinreißen lassen, mehr zu erzählen, als er ursprünglich wollte – und gut für ihn ist.

Wird man als Befragter hingegen mit sehr vielen geschlossenen Fragen konfrontiert, so erhält das entsprechende Gespräch schnell den Charakter eines »Verhöres, insbesondere dann, wenn auf die geschlossenen Fragen ›Warum‹-Fragen folgen. Bei einem derart gestalteten Gespräch regt sich beim Bewerber mit hoher Wahrscheinlichkeit nach kurzer Zeit ein ›innerer Widerstand‹ zur Beantwortung der Fragen. Offene Fragen haben somit neben dem Erleichtern des Gesprächsflusses für den Fragenden auch noch einen positiven Effekt auf die Gesprächsatmosphäre.« (Eberhardt Hofmann: *Einstellungsgespräche führen. Bewerber aus der Reserve locken.* Neuwied 2000, S. 29)

Optimale Informationsgewinne

Wenn diese Fragetechnik professionell angewandt wird, der so Befragte Raum und Zeit hat, ausführlich zu berichten, und der Interviewer zusätzlich die Ausführungen des Bewerbers gelegentlich durch eine freundliche Miene, Kopfnicken und zustimmendes »Mmh« oder »Ja, sehr interessant« begleitet, können in der Regel optimale Informationsgewinne erzielt werden. Gewinner ist dabei der Frager, Verlierer muss nicht der Befragte sein; es kommt darauf an, was er von bzw. über sich preisgibt.

Noch effektiver präsentiert man als Interviewer die eingangs formulierte Frage nach den persönlichen Schwierigkeiten am letzten Arbeitsplatz so:

»Wie haben Sie es erfolgreich geschafft, persönliche Schwierigkeiten, die man Ihnen am letzten Arbeitsplatz gemacht hat, gut zu überwinden?«

Zunächst: Wer wüsste nicht als Arbeitnehmer von solchen Problemen ein »Lied zu singen«? Trotzdem ahnen Sie ja bereits, wie heikel diese Frage ist.

Lassen Sie sich nicht verführen

Durch die gut vorgetragene und positiv verpackte, wohlwollend klingende Frage werden sich zwei Drittel der Bewerber verführen lassen, Dinge zu erzählen, die hier im Vorstellungsgespräch mit einem potenziellen neuen Arbeitgeber eigentlich auf keinen Fall erwähnt werden sollten. Das hängt natürlich auch mit der besonderen Drucksituation zusammen, die in einem solchen Gespräch nun einmal besteht.

Die eben beschriebene Fragetechnik stellt einen durchaus kritischen Sachverhalt (persönliche Schwierigkeiten) in den Hintergrund und »verkauft« deren erfolgreiche Überwindung dem Gefragten schmeichelhaft als gute Gelegenheit, sich selbst darzustellen. Auf diese Art von »Verführung« fallen viele Bewerber herein. Der Verschiebung der Aufmerksamkeit auf einen weniger heiklen »Nebenkriegsschauplatz« – in diesem Fall auch noch positiv verpackt (Durchsetzungsvermögen) – ist sicherlich nicht leicht zu widerstehen.

Entscheidend bleibt aber trotz aller Fragen und gesprächstechnischer Raffinessen, was Sie von sich und über Ihre Arbeit erzählen, was Sie preisgeben wollen. Das bedarf natürlich einer intensiven Vorbereitung und Reflexion.

Zur Problematik der »heiklen Fragen« finden Sie noch ausführliche Hinweise in nachfolgenden Kapiteln (ab S. 216 f.): Umgang mit unangenehmen Einwänden gegenüber Ihrer Person, mit dem so genannten Stress-Interview und juristisch unzulässigen Fragen, die man Ihnen zumuten könnte.

Kommen wir jetzt aber zu der ersten großen offenen Aufforderungsfrage zurück:

• *Wir wollen Sie gern kennen lernen. Erzählen Sie uns doch bitte mal etwas über sich.*

Dieser so nett und harmlos vorgetragenen Bitte wird sich der Bewerber kaum entziehen können. Wer hier jedoch bei Adam und Eva, seiner frühesten Kindheit, Schul- und Ausbildungszeit etc. anfängt, um vielleicht nach 15 Minuten bei Höhepunkten seiner beruflichen Laufbahn angekommen zu sein und dann noch willig sein Privat- und Familienleben offenbart, führt (nicht nur) eine Art »seelischen Striptease« mit in der Regel verheerenden Auswirkungen vor, sondern langweilt tödlich und demonstriert, Wesentliches von Unwesentlichem nicht unterscheiden zu können (s. dazu S. 79 ff.).

Andere offene Fragen, z. B.

• *Was ist wichtig in Ihrem Leben?*

sind immer in Bezug auf den angestrebten Arbeitsplatz mit seinen spezifischen Aufgaben zu beantworten und nicht etwa Gelegenheit, in epischer Breite Einblick in die Privatsphäre zu geben (obwohl dies durchaus Ziel der Frage, Wunsch des Fragestellers sein kann). Was, glauben Sie, macht es für einen Eindruck, wenn Sie als Bewerber auf diese Aufforderung hin anfangen, von Ihren Surferlebnissen bei Windstärke 6 auf dem Steinhuder Meer zu schwärmen, oder wenn Sie in Angelabenteuern an der Leine schwelgen?

So kommen Sie gut durchs Gespräch

Was sind die Essentials bei der Beantwortung der Fragen im Vorstellungsgespräch?

* Seien Sie gut vorbereitet.
* Hören Sie aufmerksam zu.
* Erkennen Sie den Fragehintergrund, die zugrunde liegende Intention.
* Nehmen Sie sich Zeit zum Überlegen.
* Fragen Sie ggf. nach, ob Sie richtig verstanden haben (auch dadurch gewinnen Sie Antwortvorbereitungszeit und wissen besser, »wohin der Hase läuft«).
* Überlegen Sie kurz vorher, was Sie mit der Beantwortung sagen und erreichen wollen, was Ihr Ziel ist.
* Was spricht für Sie, was evtl. gegen Sie?
* Welche Beweise können Sie anbieten?
* Wie begegnen Sie eventuellen Einwänden?

Erarbeiten Sie sich Techniken, die Ihnen bei schwierigen Fragen (s. S. 216ff. u. 225ff.) Zeitgewinn ermöglichen. Zum Beispiel bei der Frage des Interviewers:
»Was machen Sie, wenn wir in der Probezeit feststellen, uns in Ihnen getäuscht zu haben?«
(Eine nicht ganz leichte Frage, warten Sie einige Sekunden, vermitteln Sie den Eindruck, nachzudenken.)
»Mmh ..., habe ich Sie richtig verstanden? Sie wollen von mir wissen, wie ich in dem Fall ..., also wenn Sie sich für mich entschieden haben ..., wie ich mit dem Problem umgehe, in der Probezeit nicht Ihre Erwartungen erfüllt zu haben ...«
Sehr wahrscheinlich wird der Interviewer jetzt wieder das Wort ergreifen und – je nachdem, ob er mehr oder weniger Profi ist – seine Frage kürzer oder länger wiederholen. Nicht selten sogar bis hin zu sehr ausführlichen, mit deut-

lichen Hinweisen versehenen Aspekten, die Ihnen seine Frageintention verdeutlichen. Z.B. mit dem Zusatz, ob Sie daran denken würden, wieder zu Ihrer alten Firma zurückzugehen. – Nun wissen Sie, worum es geht, und können gezielt darauf eingehen.

Sicherlich hätten Sie auch so reagieren können:

»Das ist eine interessante Frage…«

»Über diese Frage muss ich erst mal nachdenken…«

»Zugegeben, mit dieser Frage habe ich mich noch nie beschäftigt… Ist das jetzt sehr wichtig…? Hängt davon… ab?«

Sie könnten aber auch auf eine allgemeinere Ebene ausweichen:

»In dieser Situation würden wohl viele Menschen so und so reagieren. Was meinen Sie? Würden Sie meine Einschätzung teilen…?«

»Interessant! Ist so etwas bei Ihnen im Unternehmen in der letzten Zeit vorgekommen…?«

Wie und was Sie auch immer in dieser Situation antworten würden, die Beispiele sollen Ihnen zeigen, wie man sogar mit schwierigen Fragen ganz gut fertig werden kann.

Die Kunst des Argumentierens

Dieses Buch kann keinen Lehrgang in Rhetorik ersetzen. Aber vielleicht wecken wir ja bei Ihnen ein gesteigertes Interesse an dieser Thematik, und so wollen wir gleich einige gängige Argumentationsstrategien vorstellen, die im Vorstellungsgespräch bei wechselseitigem Frage-und-Antwort-Spiel zum Erfolg führen.

Auch wenn man Sie nicht gleich mit unangenehmen Fragen konfrontiert: Auf der Arbeitgeberseite bestehen in der Regel immer Bedenken, Vorurteile und Zweifel, mit denen Sie als Bewerber rechnen müssen. Wie gehen Sie damit um?

Die Fünfsatz-Argumentation

Hier bietet die so genannte Fünfsatz-Argumentation ein gutes gedankliches Rüstzeug, nützliche praktische Hilfe und Orientierung. Sie leistet hervorragende Dienste, wenn Sie Ihre Statements situativ und hörerbezogen vortragen.

- Benennen Sie klar und kurz Ihren Standpunkt:
  »Ich bin davon überzeugt, für die Aufgabe der richtige Kandidat zu sein.«
- Präsentieren Sie Ihre Argumente:
  »Meine Qualitäten für diese Position sind …« (Fähigkeiten, Kenntnisse, Erfahrungen …)
- Untermauern Sie dies durch Beispiele, Beweise:
  »Ich habe mit Erfolg z. B. … gemacht. Als Nachweis für … kann ich anführen …« usw.
- Begegnen Sie möglichen Einwänden bzw. kommen Sie ihnen zuvor:
  »Sie werden jetzt denken … Ich aber versichere Ihnen …«
- Ziehen Sie das Fazit:
  »Aus diesen Gründen (1., 2., 3.) traue ich mir die Aufgabe zu und werde sie bestimmt erfolgreich bewältigen.«

Beachten Sie bei dieser Vorgehensweise,

- dass Sie Ihre Munition (Argumente) nicht zu früh »verschießen«;
- dass bei mehreren Argumenten das beste am Schluss, das zweitbeste am Anfang stehen sollte;
- dass sich Ihr Gegenüber auf das schwächste Argumentationsglied Ihrer Kette konzentrieren wird.

Nehmen Sie die Chance wahr, dabei wirkungsvoll zu überzeugen. Das muss nicht bedeuten, den anderen »totzureden«. Wie Sie mit Einwänden umgehen, ist oftmals wichtiger und bringt mehr Sympathiepunkte als der vermeintliche argumentative Sieg. Begreifen Sie also den vorgebrachten Einwand immer auch als Wunsch nach Verständnishilfe, und unterstützen Sie das Orientierungsbedürfnis Ihres Gesprächspartners.

Wie Sie Einwänden am besten begegnen

Standardtechniken der Rhetorik sind
- die bedingte Zustimmung,
- die Umformulierungsmethode,
- die Verzögerungstechnik und
- die Vorteil-Nachteil-Methode.

Die bedingte Zustimmung

Darunter versteht man das Herausgreifen eines Teilaspekts des vorgebrachten Einwands, dem man aus taktischen Erwägungen (bedingt) zustimmt, um daraufhin seinen eigenen Standpunkt umso besser zu präsentieren. Im Anschluss daran relativiert man den vorgebrachten Einwand nun insgesamt und ... gewinnt.

Beispiel: Der Interviewer wendet ein, Sie seien für die verantwortungsvolle Position vielleicht doch noch ein bisschen zu jung.

»Das ist ein wichtiger Punkt, den Sie da ansprechen. Sie haben Recht. Ich bin XX Jahre alt. Sollte man aber die Vergabe dieser wichtigen Aufgabe allein vom Alter des Bewerbers abhängig machen ...?«

»Nein, das sicherlich nicht ...«, wird die Antwort lauten.

»Sehen Sie ..., ich bin ganz Ihrer Meinung. Es gibt da andere, wichtigere Kriterien, die ... Wir sind uns also darin einig, dass ... viel größere Bedeutung hat.«

Die Umformulierungsmethode

Hierbei wird der Einwand durch eine (tendenziöse) Umformulierung weitestgehend entschärft.

»Wenn ich Sie richtig verstanden habe ..., kommt es Ihnen auf die Erfahrung und – sagen wir mal – Reife an, die für die zu besetzende Position mit eine wichtige Rolle spielen sollte ...«

Jetzt können Sie wieder mit Ihren Erfahrungen argumentieren, andere Kriterien in den Vordergrund rücken, als wichtig herausstreichen etc.

Die Verzögerungstaktik

Sie signalisieren, den Einwand verstanden zu haben, und bitten darum, zunächst noch ... dies und das ... sagen, erklären, zeigen, fragen zu dürfen, was Sie dann auch sofort tun und was die ganze Sache möglichst voranbringt. In jedem Fall kommt das Gespräch zu einem anderen Punkt, der den vorherigen Einwand hoffentlich vergessen, nicht mehr interessant erscheinen lässt: »Eine interessante Frage, kann ich aber zunächst noch einmal darauf hinweisen, dass ...«

Die Vorteil-Nachteil-Methode

»Ich habe Sie doch richtig verstanden – bitte korrigieren Sie mich, wenn ich da falsch liege –, Sie meinen also, das Alter sei für diese Position von wichtiger Bedeutung.

Da gebe ich Ihnen natürlich Recht. Der Vorteil eines jüngeren Kandidaten liegt bei…, der Nachteil eines älteren bei… Aus meiner Sicht ist der Vorteil eines älteren …, der Nachteil eines jüngeren aber nicht so gravierend, sodass ich hier den Standpunkt vertreten möchte: Der Vorteil eines jüngeren Kandidaten überwiegt doch ganz deutlich … und ist natürlich auch abhängig von anderen Faktoren wie z. B. ….«

Hier wird scheinbar der gebotene Einwand aufgenommen, Vor- und Nachteile werden abgewogen. Da Sie das selbst formulieren, liegt das Ergebnis in Ihrer Hand und ist damit gut steuerbar. Dies hilft, Ihre Position auszubauen, und in dem Beispiel führen Sie – nicht völlig uneigennützig – gleich weiter zu anderen argumentativen Positionen.

Das bringt uns unweigerlich zum Thema: Wie kommen Sie mit wirklich unangenehmen Fragen klar, wie verhalten Sie sich gegenüber Einwänden zu Ihrer Person?

Wenn's knifflig wird – Tipps zum Umgang mit unangenehmen Fragen

Welche Fragen fürchten Sie im Vorstellungsgespräch? Machen Sie sich vorab eine Liste unangenehmer Fragen (»Angstfragen«), und versuchen Sie, wie bei den anderen Themen auch, sich Antwortmöglichkeiten im Vorfeld zu überlegen.

Reagieren Sie z. B. sehr zurückhaltend auf die Vorstellungsgesprächsfrage

- Was spricht gegen Sie als Bewerber für diese Aufgabe?

Denken Sie daran, wie meisterhaft es Politiker verstehen, auf unangenehme Fragen zu antworten. Da wird z. B. die Frage nach der Erklärung für eine erdrutschartige Wahlniederlage damit beantwortet, dass man sich zunächst einmal ganz herzlich bei den Wählerinnen und Wählern sowie den vielen Helfern für die außergewöhnliche Unterstützung und das entgegengebrachte Vertrauen bedankt und sich dann beklagt, wie aggressiv der Wahlkampf doch von der Gegenseite geführt wurde.

Heben Sie an dieser Stelle – bei der Frage, was gegen Sie als Bewerber

spricht – eher noch einmal hervor, was für Sie spricht, und bieten Sie nach thea-
tralischem, wohlkalkuliertem Zögern ein, maximal zwei Punkte an, die aber
nicht wirklich überzeugend gegen Sie verwendet werden können.

Natürlich müssen Sie sich das vorher genau überlegt haben, damit Sie in so
einer kritischen Situation den bestmöglichen Eindruck machen und nicht etwa
unfreiwillig selbst den Stab über sich brechen (etwa nach dem Motto: »Ich
glaube, Herr Direktor, ich bin einfach zu sensibel…«).

Standardeinwände gegen BewerberInnen sind: zu alt, zu jung, zu wenig erfahren, zu teuer, über- oder unterqualifiziert, zu lange am gleichen Arbeitsplatz,
zu oft gewechselt, falsches Geschlecht, zu häufig krank (wird eher gedacht als
ausgesprochen), zu kritisch, zu schüchtern, falsche (auch ehemalige) politische
Überzeugung und/oder Parteizugehörigkeit usw.

Zu den unangenehmen Fragen gehören auch Fragen wie:

* Was würden Sie machen, wenn…?

Und dann folgen Horror- oder Katastrophenszenarien, fast unlösbare Aufgaben
und Situationsbeschreibungen, die Sie nun mal eben so aus dem Stegreif lösen
oder doch wenigstens bearbeiten sollen.

Was immer man gegen Sie einwendet (es, wenn überhaupt, offen ausgesprochen wird), es kommt darauf an, wie Sie damit umgehen. Manche Interviewer
leiten einen solchen Provokationstest mit den Worten ein:

* Was würden Sie sagen, wenn wir Ihnen den Arbeitsplatz nicht anbieten,
  weil…

Hier empfiehlt sich etwa folgende Strategie: »Darauf würde ich Ihnen antworten, dass ich Ihr Argument einerseits verstehe, andererseits aber doch anführen
oder bemerken möchte, dass…«

Im Grunde genommen geht es bei einer derartigen Fragetechnik immer
darum zu sehen, ob und wie Sie Gelassenheit bewahren und mit solchen Fragen,
Bemerkungen und Feststellungen sachlich-professionell umgehen können.

Wirkliche Einwände gegen Ihre Person wird man nie direkt mit Ihnen diskutieren. Also ist das Ganze ein Teil des Gesamtschauspiels »Vorstellungsgespräch«, und Sie sollten an diesem Punkt nicht verzweifeln. Hier gilt es eher,
Chancen zu nutzen, weil Sie ja nun wissen, worauf es eigentlich ankommt.

Trotzdem kann es manchmal sinnvoll sein, z.B. den Vorwurf, Sie hätten zu häufig gewechselt, einfach zu akzeptieren und nicht krampfhaft zu versuchen, sich herauszureden. Offenheit kann sehr entwaffnend wirken.

Hier noch einmal eine Kurzübersicht über unangenehme Fragen:

- Warum sollten wir Ihnen diese Position gerade nicht anbieten?
- Was sind Ihre Schwächen, Nachteile, Defizite?
- Was haben Sie alles in Ihrem (Berufs-)Leben trotz Vorsätzen (noch) nicht erreicht?
- Ihr größter (beruflicher) Misserfolg, Ihre größte Enttäuschung etc.?
- Was haben Sie daraus gelernt, welche Konsequenzen gezogen?
- Wovor fürchten Sie sich?
- Was kann Sie so richtig ärgerlich machen?
- Was mögen Sie nicht, schätzen Sie bei... nicht, haben Sie Schwierigkeiten mit... (bei der Arbeit, am Arbeitsplatz, tätigkeits- und personenbezogen bei Kollegen, Mitarbeitern, Vorgesetzten, sich selbst)?
- Stellen Sie uns aus Ihrer beruflichen Laufbahn (aus Ihrem Werdegang, Leben) Negativ-(Anti-)Vorbilder vor und erklären Sie...
- Was würden Sie in Ihrem (Berufs-)Leben anders machen, wenn Sie es könnten (wenn Sie noch mal von vorn anfangen könnten)?
- Was sind Ihre persönlichen (beruflichen) Ziele, Ihr Motto (bis hin zum Sinn des Lebens)?
- Wie definieren Sie für sich die Begriffe: Verantwortung, Schwäche, Leistung etc.?
- Was würden Sie tun, wenn Sie nicht mehr arbeiten müssten?
- Überfordert Sie diese Tätigkeit nicht?
- Ihr beruflicher Werdegang lässt jeden roten Faden vermissen.

Natürlich könnten Ihnen auch positiv gefärbte und formulierte Fragen durchaus Schwierigkeiten machen: z. B. nach Ihren persönlichen Vorbildern, Ihrem größten Erfolg, was Sie auszeichnet usw. Und auch die sich daraus ergebenden Nachfragen (Warum? Wieso?) können es in sich haben.

Mit unserem Fragenkatalog haben Sie jetzt jedenfalls gute Trainingsmöglichkeiten.

Ehrlich währt am längsten: Wie Interviewer den Wahrheitsgehalt testen

Auch Personalentscheider wissen, dass sich Bewerber auf ein Vorstellungsgespräch vorbereiten und nicht jede Frage unbedingt hundertprozentig wahrheitsgemäß beantworten. Klar, dass ein Interviewer wissen möchte, welche Antworten wirklich stimmen und welche eben nur »gut zurechtgelegt« sind. Mithilfe von gezielten Nachfragen versuchen sie, den Wahrheitsgehalt der ersten Antwort zu überprüfen. Wenn also die erste Antwort zu einer bestimmten Frage nur zum Teil oder sogar gar nicht mit der Antwort auf eine Nachfrage übereinstimmt, wissen Personalentscheider, dass hier etwas faul ist. Seien Sie also gefasst darauf, dass man Sie mehrmals zu einem Thema befragt.

Beispiele*:

Einstiegsfrage: »Wie beurteilen Sie Ihre Fähigkeit, mündlich zu präsentieren und Vorträge zu halten?«

Natürlich stehen die Chancen eines Bewerbers besser – gerade in einem Beruf, indem diese Fähigkeit gefragt ist –, wenn er mit »Gut« oder »Sehr gut« antwortet. Um zu überprüfen, ob dies auch stimmt, folgen im Laufe des Interviews, möglicherweise auch zu einem viel späteren Zeitpunkt, Nachfragen wie:

* »Welche Präsentationen / Vorträge haben Sie bisher gehalten?«
* »Wer waren die Zuhörer?«
* »Wie haben Sie Rückmeldung über Ihren Erfolg erhalten?«
* »Wie haben Sie sich vorbereitet?«
* »Welche Ziele wollten Sie erreichen?«
* »Haben Sie diese Ziele erreicht?«
* »Woher wissen Sie das?«
* »Welche Darstellungsformen haben Sie gewählt?«
* »Welche Medien haben Sie genutzt?«

---

* Eberhardt Hofmann: *Einstellungsgespräche führen. Bewerber aus der Reserve locken.* Neuwied 2000, S. 48 f.

- »Wann würden Sie welche Medien einsetzen?«
- »Wie groß war der Zuhörerkreis?«
- »Wie hat er sich zusammengesetzt?«
- »Wann war der letzte Termin?«
- »Wann ist der nächste Termin?«
- »Wer arrangiert die Termine?«

Seien Sie also darauf vorbereitet, dass man sich mit einer einfachen Antwort nicht zufrieden gibt. Grundsätzlich ist es empfehlenswert, immer Beispiele nennen zu können, die gewissermaßen als Beleg für Ihre Fähigkeiten/Eigenschaften dienen können.

Im Vorstellungsgespräch wird in der Regel auch nach der Selbsteinschätzung Ihrer Arbeitsleistung gefragt (vgl. S. 192 ff.). Eine mögliche Einstiegsfrage in diesem Zusammenhang wäre:

»Glauben Sie, dass Sie gute Arbeit leisten?«

Welcher Bewerber wird schon »Nein« antworten? »Ja« ist also die Standardantwort. Mit folgenden Nachfragen wird der Wahrheitsgehalt überprüft:

- »Welche Qualitätsstandards gibt es für Ihre Arbeit?«
- »Wer hat diese definiert?«
- »Wie verbindlich sind diese Standards?«
- »Woher erhalten Sie Rückmeldung über die Qualität Ihrer Arbeit?«
- »Welche Einflussfaktoren außer Ihrer Leistung beeinflussen Ihre Arbeit?«
- »Was unterscheidet Sie von einem durchschnittlichen Mitarbeiter?«
- »Vergleichen Sie Situationen, in denen Sie überdurchschnittliche und unterdurchschnittliche Leistungen erbracht haben.«

Hier macht es die Mischung aus positiver Selbsteinschätzung und entsprechendem Selbstbewusstsein – schließlich wissen Sie, was Sie können … Andererseits sollten Sie immer Beispiele nennen können, dass Sie von Kollegen / Mitarbeitern / Chefs ein entsprechendes Feedback bekommen haben. Wenn es um unterdurchschnittliche Leistungen geht, dann erwähnen Sie natürlich nicht die Präsentation, die Sie »vergeigt« haben, sondern irgendeine Kleinigkeit, die nicht so gelungen ist.

Eine weitere mögliche Einstiegsfrage in Sachen Selbsteinschätzung:

»Wie würden Sie Ihre Belastbarkeit einschätzen?«

Auch hier ist eine Antwort in Richtung »positiv« oder »außerordentlich gut« zu erwarten. Mit folgenden Nachfragen ist dann zu rechnen:

- »Was sind typische stressige Situationen an Ihrem Arbeitsplatz?«
- »Beschreiben Sie eine Stresssituation in den letzten zwei Wochen.«
- »Was belastet Sie an Ihrer Arbeitsstelle am meisten?«
- »Wodurch unterscheiden sich die Belastungen an Ihrer Arbeitsstelle von denen anderer Stellen?
- »Wie verändern sich Ihre Arbeitsergebnisse unter Belastung?«
- »Was tun Sie, um den Stress am Arbeitsplatz zu reduzieren?«
- »Wie gewinnen Sie Distanz zu einem stressreichen Arbeitstag?«

Wer sagt: »Wieso Stress? Nein, bei uns geht es locker und entspannt zu«, wirkt nicht besonders glaubwürdig. Welcher Arbeitsplatz gilt schon als stressfreie Zone? Leugnen Sie nicht, dass es in Ihrem Job auch mal rund geht. Wichtig ist nur, wie Sie damit umgehen. Die Frage »Was belastet Sie am meisten?« hat es schon in sich. Hier wird gar nicht mehr gefragt, ob Sie überhaupt etwas belastet. Denn es gibt immer noch einen Unterschied zwischen Gestresstsein und dem Gefühl, etwas als belastend zu empfinden. Gehen Sie nicht in die Falle. Sagen Sie z.B., dass Stress nicht auszuschließen sei, gerade in Ihrer Branche … Aber Sie sind gut gewappnet, schließlich haben Sie sich die wichtigsten Techniken des Zeit- und Selbstmanagements angeeignet und sind ohnehin ein Typ, der gern etwas um die Ohren hat …

Sonderformen des Interviews

Halten wir noch einmal fest: Im Vorstellungsgespräch geht es dem potenziellen neuen Arbeitgeber primär darum, persönliche und anforderungsbezogene Eignungsmerkmale des Bewerbers festzustellen. Die bisherigen Informationen (Bewerbungsunterlagen/ggf. Testergebnisse) sollen durch einen persönlichen Eindruck ergänzt werden, den man von Ihnen im Vorstellungsgespräch gewinnen will. Um diese Informationen zu erhalten, gibt es verschiedene Auswahlgesprächsformen. Nach dem Standard-Gesprächsablauf eines Vorstellungsgesprächs wollen wir Sie nun über besondere Formen des Interviews informieren.

Das Gruppengespräch

Bei Vorstellungsgesprächen ist zu unterscheiden zwischen Einzel- und Gruppengesprächen. Die Gesprächsdauer ist unterschiedlich und schwankt je nach zu bewältigender Bewerberanzahl und zu besetzender Position zwischen einer und bis zu mehreren (drei, vier) Stunden.

Unter der klassischen Vorstellungsgesprächssituation stellt man sich ein Vieraugengespräch vor: (Personal-)Chef (oder in einer Vorstufe: Personalberater) und Bewerber sitzen sich gegenüber. Möglich sind aber auch andere Konstellationen: Der einzelne Bewerber sitzt zwei oder mehr Personen gegenüber – einem Auswahlgremium (z.B. der Firmeninhaber und ein wichtiger leitender Angestellter, Personalberater, Personalchef und Abteilungsleiter, mehrere Personalreferenten und Betriebspsychologen, Betriebsratsmitglieder bis hin zu zukünftigen Kollegen und Untergebenen).

Ist es in der Bewerbungssituation vielleicht gerade noch erträglich, mit zwei Interviewern umgehen zu müssen (psychologisch gesehen: die klassische Vater-Mutter-Kind-Konstellation), wird eine Konfrontation mit einem Vierer- oder Mehrpersonengremium schnell ungemütlich.

Abgesprochene Rollenverteilung

Möglicherweise fällt Ihnen bald auf, dass bei einem aus drei Personen beste-henden Auswahlgremium ein Gesprächspartner Sie besonders freundlich be-handelt, ein weiterer recht »böse« mit Ihnen umgeht und der dritte Sie ständig beobachtet, Notizen macht und ansonsten schweigt. Diese Rollenverteilung ist kein Zufall. Sie ist sorgfältig vorbereitet und abgesprochen. Hier will man Ihnen ganz besonders »auf den Zahn fühlen«. Bleiben Sie trotzdem ruhig und gelas-sen, und versuchen Sie, möglichst zu allen – besonders zu dem freundlichen Ge-sprächspartner – einen guten Kontakt aufzubauen (Blickkontakt, namentlich ansprechen, lächeln).

Schwierig wird es, wenn Sie als Einzelner mit mehr als fünf Personen kon-frontiert sind. Glauben Sie uns: Zehn bis zwanzig Personen als glotzende, fra-gende und zuhörende Meute sind in Vorstellungsgesprächen nicht so selten, wie man es sich wünscht. Im psychosozialen Bereich beispielsweise hat häufig das gesamte Team bei der Bewerberauswahl ein Wörtchen mitzusprechen.

Denkbar – wenn auch zunehmend seltener praktiziert – ist eine andere Kon-stellation, bei der mehrere Bewerber einem Auswahlgremium gegenübersitzen. Das können z.B. drei Kandidaten sein, die drei Interviewer vor sich haben, es können aber auch zehn und mehr Bewerber sein, gegenüber fünf oder sechs Auswählern (z.B. bei einem Assessment-Center).

Sollten Sie das Pech haben, in einer größeren Bewerbergruppe antreten zu müssen, bietet Ihnen das u.U. den Vorteil, von der Präsentationstechnik Ihrer Mitbewerber zu profitieren. In der Regel beginnt so ein Gruppengespräch mit der »freundlichen« Aufforderung, jeder möge sich zunächst einmal kurz vor-stellen. Manchmal wird an die Vorstellung eine zusätzliche Aufforderung ge-knüpft (z.B.: »Stellen Sie sich bitte kurz vor, und erzählen Sie uns, warum Sie sich hier beworben haben.«).

Hintergrund dieser Gruppenvorstellungsrunde ist der Wunsch, die Bewer-ber direkt miteinander zu vergleichen, sie in eine gewisse Konkurrenzsituation zu versetzen, um dadurch besondere Informationen über den Einzelnen zu be-kommen. Im Wesentlichen geht es um das Sozialverhalten, die schon angespro-chene soziale Kompetenz (s. S. 56 ff.). Hieraus werden Rückschlüsse auf Team-fähigkeit, Durchsetzungsvermögen, Anpassungsbereitschaft etc. gezogen.

Ein anderer Aspekt auf Unternehmensseite ist die Ökonomie: Aus einer Gruppe werden relativ schnell die Wunschkandidaten (drei bis fünf) »heraus-gesiebt«. Insbesondere bei Vorstellungsgesprächen im Rahmen eines firmen-bzw. institutionsinternen Aufstiegsverfahrens werden solche Gruppenauswahl-gespräche sehr häufig angewandt.

Alpha- oder Omega-Huhn?

Wer als Bewerber in einem derartigen Gruppengespräch z.B. bei der Vorstellung den Anfang macht oder »Schlusslicht« ist, hat es deutlich schwerer als die anderen. Die Positionen im ersten oder letzten Drittel bieten bessere Chancen. Am Anfang ist die Aufnahme- und Zuhörbereitschaft (und damit die Kritikfähigkeit) des Auswahlgremiums höher. Gegen Ende hat man immerhin die Chance, durch einen Beitrag, der sich von den bisherigen angenehm unterscheidet (was sicherlich nicht leicht ist!), Aufmerksamkeit und Kurzzeitgedächtnis der Auswähler zu erobern.

Für die Unglücklichen, die die Rolle des »Alpha«- oder »Omega-Huhns« wahrnehmen müssen, gilt unsere Empfehlung: Sprechen Sie das Problem der Anfangs- bzw. Endposition humorvoll an (»Einer muss ja den Anfang machen, ich will mich nicht in den Vordergrund drängen, aber…« / »Den Letzten beißen die Hunde, aber einer muss ja das Schlusslicht bilden …«). Wenn es Ihnen gelingt, Schmunzler oder sogar Lacher auf sich zu ziehen, sammeln Sie Pluspunkte.

Während der Gruppenvorstellung können Sie wahrscheinlich den Versuch verschiedener Bewerber beobachten, sich deutlich in den Vordergrund zu spielen, um sich zu profilieren. Sich geschickt in Szene zu setzen ist eine Kunst, die nur wenige Bewerber beherrschen. Es ist nicht unbedingt von Nachteil, hier eher eine gewisse Zurückhaltung an den Tag zu legen – ohne allerdings in das andere Extrem des »stummen Fisches« zu verfallen.

Das Stress-Interview oder: Der Versuch, Sie aus der Reserve zu locken

Gelegentlich werden Bewerbungsgespräche zum Teil als so genanntes Stress-Interview angelegt. Worum es geht: In einer Art Kreuzverhör konfrontiert man Sie mit einer Reihe von unangenehmen und unerwarteten Fragen, um Sie »in die Ecke zu treiben« und stark zu verunsichern. Alles ist darauf angelegt, Ihr Selbstbewusstsein zu erschüttern. Eine Lawine von unglaublichen Beschuldigungen, Sarkasmus, Zynismus, Ironie und hin und wieder ein Kompliment könnte Sie erwarten. Kompliment übrigens nur deshalb, damit Sie – schon fast der Ohnmacht nahe – nicht einfach davonlaufen bzw. schlicht umkippen. Oft fehlt bei diesen Attacken jeder Bezug zum potenziellen neuen Arbeitsplatz.

Nach einer »Anwärmphase« – sie dient der Entspannung und der Bereitschaft, sich dem interviewenden Gesprächspartner zu öffnen – wird ganz gezielt versucht, Sie massiv unter Druck zu setzen.

Behauptet nun Ihr Gegenüber im Gespräch, Ihre gesamten Angaben und Aussagen seien »geschönt« oder, noch krasser, »erstunken und erlogen«, man solle doch jetzt einmal »Klartext miteinander reden«, ist dies möglicherweise der Gong zur ersten Runde.

Wie reagieren Sie darauf? Bloß nicht zu heftig. Bleiben Sie sachlich, gelassen, und warten Sie ab. Versuchen Sie, alle Fragen so knapp wie möglich zu beantworten, und stehen Sie auch unangenehme Schweigepausen durch, schweigen Sie mit. Dazu ein kleines Beispiel:

Interviewer: »Finden Sie eigentlich nicht auch, dass Sie für diese Position viel zu unerfahren sind, ohne ausreichende Kompetenz?«

Antwort: »Nein, da bin ich anderer Meinung.« (Und abwarten, nur nicht aus Verunsicherung, Verzweiflung anfangen zu argumentieren.)

Interviewer: »Ich habe den deutlichen Eindruck gewonnen, dass man in Ihrer Abteilung recht froh wäre, wenn Sie die Firma verlassen würden.«

Mögliche Antwort Ihrerseits: »Das ist Ihr subjektiver Eindruck. Ich weiß nicht, wie Sie dazu kommen. Ich sehe das anders.« (Und STOPP – nicht weiterplappern!)

Interviewer: »Sie haben sich doch jahrelang auf Ihrem letzten Posten vor der Lösung konkreter Probleme gedrückt. Wie glauben Sie denn jetzt, bei uns mit den hier auf Sie wartenden praktischen Aufgaben und den damit verbundenen Schwierigkeiten klar zu kommen?«

Mögliche Antwort: »Ich teile nicht Ihre Einschätzung bezüglich meiner Erfahrung im Umgang mit konkreten Problemen, und was den Arbeitsplatz betrifft, traue ich es mir sehr wohl zu, die anstehenden Probleme konkret zu lösen.«

Interviewer: »Sie vermitteln den Eindruck, recht unbeherrscht und impulsiv zu sein. Das macht Ihnen doch sicherlich häufig Schwierigkeiten?«

Ihre mögliche Antwort: »Ich weiß nicht, wie Sie darauf kommen, aber damit habe ich in der Regel keine Schwierigkeiten.«

Interviewer: »Na sehen Sie, Sie sagen es selbst. In der Regel. Es gibt also doch Ausnahmen.«

Ihre mögliche Antwort: »Eigentlich nicht, aber wie Sie selbst sagen, Ausnahmen bestätigen die Regel. Jedenfalls im Allgemeinen ...«

Diese kleine und sicherlich unvollständige Dialog-Kostprobe sollte Ihnen kurz und knapp Tendenzen und Antwortmöglichkeiten aufzeigen. Ein geschulter Stress-Interviewer wird Ihnen kaum die Möglichkeit lassen, »unverletzt« aus solch einer Situation herauszukommen.

Wenn Sie sich aber von vornherein darüber im Klaren sind, dass diese Fragen nur der Provokation dienen, gezielt verletzen sollen, um Sie zum Äußersten zu bringen, dann können Sie entsprechend gelassen und defensiv reagieren. Sollten Sie das zu sehr übertreiben, also zu cool bleiben, wird es natürlich noch stärkere Provokationen vonseiten des Interviewers geben.

Möglicherweise erreicht das Gespräch – aber bitte nicht zu früh – einen Punkt, an dem Sie sich Frechheiten, Unterstellungen etc. von Ihrem Gegenüber in angemessener, aber noch immer relativ höflicher Form verbitten sollten. Es ist ab einem bestimmten Zeitpunkt notwendig, angemessen aggressiv (immer noch im Sinne von defensiv) zu reagieren, um damit auch zeigen zu können, dass man in der Lage ist, sich abzugrenzen.

Neben der gezielten Form, jemanden durch provokative und beleidigende Fragen zu kränken und aus der Reserve zu locken, versuchen manche Interviewer, den Bewerber durch extreme Passivität auflaufen zu lassen.

Lange Schweigepausen des Interviewers oder eine abwartende, desinteressierte Haltung soll

- Sie in Zugzwang bringen, viel zu reden und damit möglichst etwas von sich zu erzählen und preiszugeben;
- Ihr Verhalten – auch körpersprachlich (s. S. 242 ff.) – in einer Schweigesituation testen, Ihre Stressresistenz prüfen.

Auch Fragen wie

- Wo sind Ihre größten Schwächen? oder
- Falls Sie überhaupt Freunde haben, wie kommen die eigentlich mit Ihnen klar?

müssen Sie mit Gleichmut ertragen. Fängt man an, Ihnen Dummheit zu unterstellen, etwa nach dem Motto

- Sie bewerben sich hier um eine Position – ist die nicht wirklich drei Nummern zu groß für Sie?

dürfen Sie ruhig darauf hinweisen, dass man sich mit Ihnen nicht diese Mühe geben würde, wenn man von vornherein davon überzeugt gewesen wäre, Sie würden nicht in diese Position passen.

Noch ein Provokationsbeispiel:

»Eigentlich sitzen mir hier auf diesem Platz nur Leute gegenüber, die wirklich exzellente Leistungen aufzuweisen haben. Sie können in dieser Hinsicht nicht viel vorweisen. Sicherlich haben Sie andere Qualitäten, sonst hätten Sie sich ja wohl nicht bei uns beworben? Nun, die Zeit ist knapp, am besten Sie berichten mir etwas über sich. Ich werde Sie nicht unterbrechen.«

Sogar auf so eine breite und offene Frage kann man sich vorbereiten. Sie sollten immer in der Lage sein, 10 bis 15 Minuten den »Alleinunterhalter« zu spielen und dabei nicht zu langweilen. Das sind Sie sich einfach schuldig. Aber erwarten Sie bitte nicht ein interessiertes, begeistertes Gesicht von Ihrem Gegenüber. Der wird sich alle Mühe geben, furchtbar gelangweilt dreinzuschauen. Macht nichts, so ist eben ein Stress-Interview!

Noch einmal zusammengefasst: In einem Stress-Interview ist es das Hauptziel des Interviewers, Sie aus der Reserve zu locken, Sie zu provozieren, Ihr Verhalten in einer extremen Stress-Situation zu testen. Es liegt bei Ihnen, wie weit Sie sich darauf einlassen, wie gut Sie vorbereitet sind und wie Sie mit so einer Situation umgehen wollen. Wichtig ist es, die Ruhe zu bewahren und gelassen zu bleiben, möglichst kurz und knapp zu antworten, aber nötigenfalls darauf hinzuweisen, dass es auch für Ihre Toleranz und Geduld Grenzen gibt. Schweigepausen oder -momente ertragen Sie mit freundlicher Gelassenheit.

Gleichwohl: Zeigen Sie, dass Sie sich abgrenzen können, verweigern Sie sich und weisen Sie Intimfragen deutlich zurück. Denn: Lassen Sie alles widerspruchslos mit sich machen, bekommen Sie dafür keinesfalls Pluspunkte. Machen Sie klar, dass der Interviewer mit diesen Fragen über das Thema hinausschießt und Sie nicht gewillt sind, weiter darauf einzugehen. Bleiben Sie trotz aller Abgrenzung gelassen und relativ freundlich. Stehen Sie nicht einfach auf, verlassen Sie nicht den Raum, denn das würde man Ihnen als Niederlage, als Aufgeben und Flüchten ankreiden, und der Job wäre für Sie verloren.

Das Schwierige an Stress-Interviews sind nicht nur die Fragen allein. Man versucht auch auf andere Art und Weise Sie aus der Fassung zu bringen, indem man Sie etwa zwischendurch lange warten lässt (siehe auch S. 227) oder zynische Zwischenbemerkungen macht. Manch einem Interviewer scheint es richtig Spaß zu machen, Sie derartig unter Druck zu setzen. Da Sie aber die Spielregeln durchsuchen, wird ihm das nicht gelingen, oder?!

Und noch etwas: Unternehmen oder Personalberater, die dieses Verfahren praktizieren, sind für Sie möglicherweise nicht die richtige Arbeitsadresse. Machen Sie sich deutlich, was Ihnen unter Umständen erspart geblieben ist, wenn Sie auf einen Arbeitsplatz bei einem solchen Arbeitgeber verzichten.

Missverstehen Sie andererseits nicht jede kritische Frage als den Beginn eines Stress-Interviews, und begegnen Sie Ihrem Interviewpartner nicht von vornherein misstrauisch. Stress-Interviews sind Gott sei Dank nicht die Regel, eher eine Ausnahme. Ein normales Interview mit einem Stress-Interview zu verwechseln, kann Ihrem Arbeitsplatzwunsch ebenso abträglich sein wie eine unangemessen angepasste oder aggressive Haltung in einem wirklichen Stress-Interview.

Folgende Tipps helfen Ihnen, das Stressinterview gut und erfolgreich zu überstehen:

- Hören Sie aufmerksam und konzentriert zu.
- Halten Sie angemessen Blickkontakt.
- Überlegen Sie, bevor Sie antworten. Lassen Sie sich ruhig Zeit.
- Scheuen Sie sich nicht nachzufragen.
- Reden Sie lieber etwas weniger als zu viel.
- Lassen Sie Ihren Gesprächspartner ausreden.
- Warten Sie ab, stehen Sie auch mal eine kleine Gesprächspause gelassen durch.
- Bleiben Sie sachlich.
- Last, but not least: Versuchen Sie, die wichtigsten Regeln der Körpersprache (s. S. 242 ff.) zu berücksichtigen.

Die Präsentation

Hierbei handelt es sich im strengen Sinne natürlich nicht um ein Vorstellungsgespräch. Aber einige Firmen gehen dazu über, ergänzend zum eigentlichen Vorstellungsgespräch den Bewerber um eine Präsentation zu bitten. Gerade Unternehmensberatungen greifen auf dieses zusätzliche Instrument zurück, um sich ein besseres Bild von Ihnen und Ihrem Sozialverhalten zu machen.

Für die Präsentation werden Sie in der Regel zu einem Extratermin eingeladen, sodass Sie einige Tage Vorbereitungszeit für den Vortrag haben. Meist ist

das Thema nicht vorgegeben, Sie entscheiden also selbst, worüber Sie in den üblichen 15 bis 20 Minuten sprechen. Sehr wahrscheinlich werden Sie gebeten, neben dem eigentlichen Vortrag noch ein paar Sätze zu sich selbst zu sagen – wer
Sie sind, welche Qualifikationen und Kompetenzen Sie auszeichnen, warum Sie
unbedingt diesen Job haben möchten.

Bei dieser Aufgabenstellung geht es neben Sprachgestaltung, Form, Ausdruck, Klarheit und Sicherheit vor allem um Ihre Ausstrahlung und Überzeugungskraft und erst an zweiter Stelle um Sachkompetenz. Das gilt vor allem
dann, wenn das Thema nicht vorgegeben wird und Sie es frei wählen können.

Fachliche Kompetenz wird dann wichtiger, wenn es bei der Präsentation um
Themen aus Ihrem zukünftigen Arbeitsgebiet geht, ohne dass die genannten
Persönlichkeitsaspekte deshalb wegfallen. Was für das Vorstellungsgespräch gesagt wurde, gilt hier genauso: Zum überwiegenden Teil geht es um Ihre Persönlichkeit. Leistungsmotivation und Kompetenz treten eher in den Hintergrund.

Die Themensuche

Wenn Sie gar nicht wissen, worüber Sie sprechen sollen, dann begeben Sie sich
zunächst einmal auf Themensuche. Denken Sie über Ihre Zielgruppe nach – was
könnte die interessieren? Andererseits sollte es nichts sein, womit Ihr Interviewer und die anderen Zuhörer – meist einige der zukünftigen KollegInnen – sich
ohnehin Tag für Tag beschäftigen. Das könnte langweilen, weil Sie ihnen wahrscheinlich nichts Neues erzählen. Ausnahme: Sie finden einen neuen Aspekt,
einen unbekannten Blickwinkel oder Sie haben eine humoristische Ader und
schaffen es, einen amüsanten Beitrag abzuliefern.

Bei der Suche nach einem Thema sollten Sie auch mal in Magazinen und Zeitungen blättern: Worüber spricht die Branche gerade, was ist relevant? Zumindest kann Ihnen ein aktueller Aufhänger helfen, in ein Thema einzusteigen.

Die Materialsuche

Haben Sie sich für ein Thema entschieden bzw. wird Ihnen eins vorgegeben,
geht es darum, Material zu sammeln. Wo finden Sie die entscheidenden Informationen? Zunächst sollten Sie überlegen, ob Sie sich damit schon einmal
beschäftigt haben. Gab es in Ihrer Berufslaufbahn Aufgaben, die damit zu tun
hatten? Vielleicht war das Thema Inhalt eines Ihrer Studienfächer. Was gibt das

Internet her? Welche Zeitungen und Zeitschriften könnten weiterhelfen? Einige Blätter bieten die Möglichkeit der Onlinerecherche in ihren Archiven. Oder Sie versuchen es in Bibliotheken.

Das Mindmapping

Für die inhaltliche Bearbeitung ist es zunächst wichtig, dass Sie Ihren Gedanken freien Lauf lassen. Mit anderen Worten: Es geht zunächst darum, Material zu sammeln. Notieren Sie alles – ruhig ungeordnet, aber weiträumig untereinander oder in Form eines Mindmappings, was Ihnen zu dem vorgegebenen Thema einfällt.

Mindmapping ist eine recht einfache Methode, die Ihr bildlich-räumliches Denken aktiviert, Übersicht schafft und damit zu neuen Ideen verhilft.

Sie benötigen einen großen Bogen Papier (mindestens DIN A4) und Stifte in möglichst unterschiedlichen Farben.

Sie schreiben zunächst in die Mitte des Papiers den zentralen Begriff, um den es geht. Es ist hilfreich, wenn Sie das Ganze auch bildlich darstellen, sich also z.B. zusätzlich ein Symbol für das zu lösende Problem überlegen und dieses zeichnen. Von dem zentralen Begriff aus lassen Sie mehrere Striche abzweigen – und zwar so viele, wie Sie Gedanken aus dem Hauptthema ableiten. Das sollte spontan passieren – überlegen Sie nicht lange.

Wenn Sie jetzt von diesen neuen Begriffen jeweils ausgehen, fallen Ihnen auch hierzu wieder neue Wörter ein. Zeichnen Sie also erneut Linien, und am Ende schreiben Sie die jeweilige Vokabel auf bzw. zeichnen symbolhafte Bilder.

Wichtig ist, dass Sie Ihren Gedanken freien Lauf lassen. Alles, was Ihnen spontan einfällt, gehört in diese Mindmap. Setzen Sie Farben gezielt ein – also Ziele z.B. in Blau, Orange für Absurdes, Rot für Risiken, Grün für andere Personen, Gelb für zeitliche Aspekte etc.

In der Abbildung auf der nächsten Seite sehen Sie ein Beispiel für Mindmapping. Thema des fiktiven Vortrags ist »Motivation«. Durch Assoziation wird eine Reihe von anderen Begriffen entwickelt. Die Themen des Vortrags und ihr Zusammenhang werden durch die besondere Markierung deutlich. Sind Sie erst einmal wo weit gekommen, fällt auch die Strukturierung Ihrer Präsentation leichter.

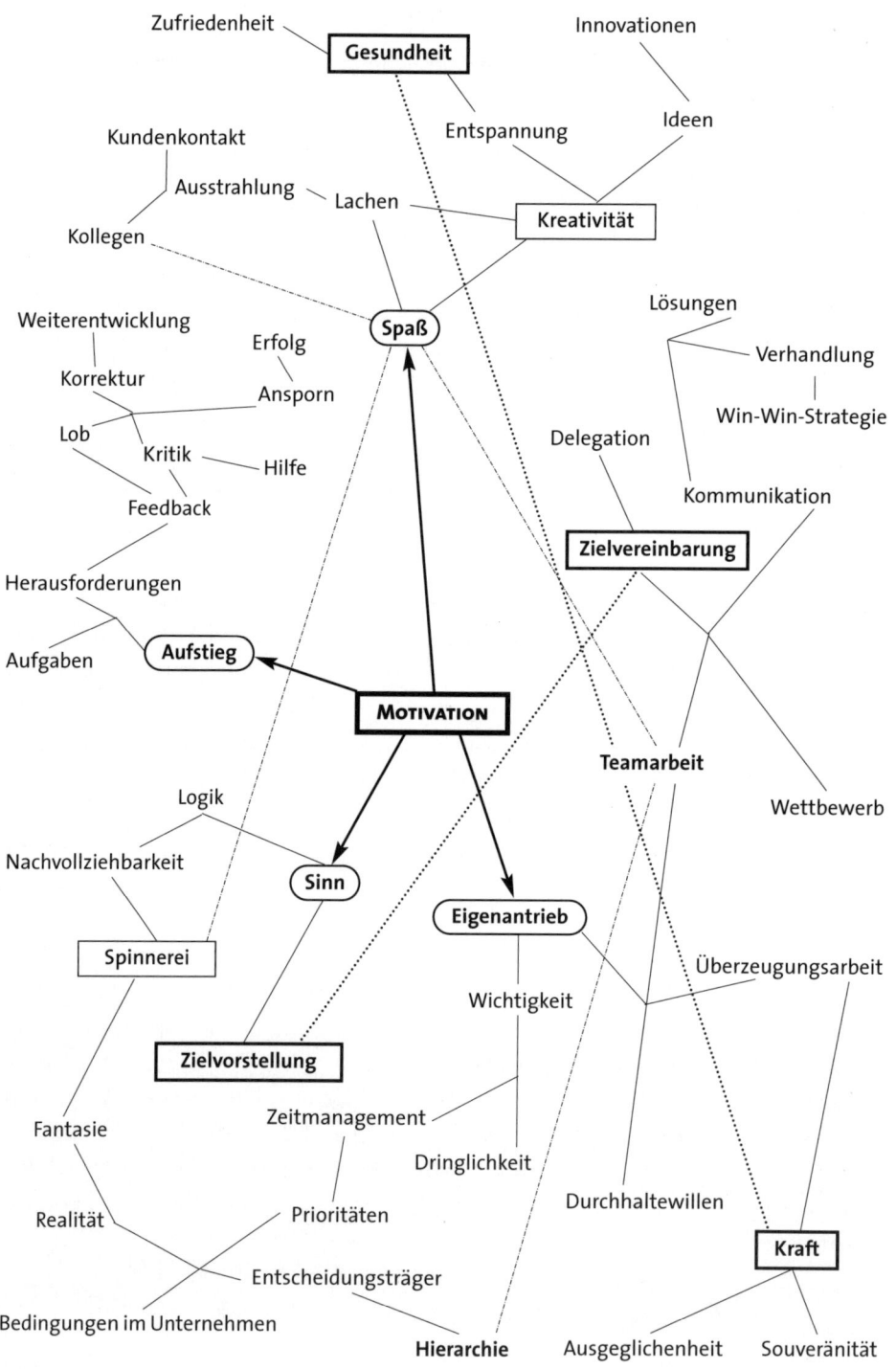

Die Fragerunde

Eine Ergänzung oder auch Alternative zum Mindmapping bilden Fragerunden. Stellen Sie sich selbst sämtliche Fragen zum Thema, um alle möglichen Aspekte zu bedenken.

Hilfreich sind Fragestellungen wie:
- Welchen Kernbegriff *(keyword)* enthält das Thema?
- Welche weiteren Begriffe stecken im Thema?
- Welche anderen Begriffe/Stichworte werden assoziiert?
  (Das können sein: vergleichbare ähnliche, gegensätzliche, Ober-/Unterbegriffe zum Kernbegriff.)

Auch die bekannten W-Fragen (Wer, wie, was, wann, wo, warum?) können dazu einen wichtigen Beitrag leisten:
- Was heißt …? Was ist …? Was bedeutet (für mich/den einzelnen/die Gesellschaft)…?
- Wer ist mit… befasst?
- Welche Arten von … gibt es?
- Wann geschieht…?
- Wo geschieht…?
- Warum…?
- Welche Ursache…? Welchen Zweck …? Welche Folgen, Vor-/ Nachteile, Gefahren…?
- Wem nützt/schadet …?
- Wozu dient…?

Schlüpfen Sie gedanklich doch einmal in andere Personen (Freunde, Arbeitskollegen, Eltern, Geschwister, Nachbarn etc.). Wie würden die argumentieren?

Die Inhaltseingrenzung

Haben Sie einiges zusammengetragen, gilt es jetzt zu entscheiden, was Sie wirklich gebrauchen können und wie Sie den Stoff verarbeiten. Es ist unbedingt notwendig, den Inhalt einzugrenzen. Schließlich haben Sie meist nur eine Viertelstunde Zeit, da kann man nicht bei Adam und Eva anfangen. Und Sie sollten sich auch unbedingt an das vorgesehene Limit halten. Erstens hat man vielleicht nur begrenzte Zeit für den Termin mit Ihnen zur Verfügung und zum anderen wollen Sie ja auch nicht mit ewig langen Monologen Ihr Publikum langweilen. Drittens sagt ein pünktlicher Schluss einiges aus über Ihre Art zu arbeiten, über Ihr Zeit- und Selbstmanagement.

Die Reihenfolge

Ordnen Sie die gewonnenen Stichworte nach Zusammengehörigkeit, nach Einordnungsmöglichkeit in die Gliederungsabschnitte

- Einleitung
- Hauptteil
- Schluss

Für Problemstellungen, die eine Pro-/Kontra-Erörterung verlangen, bewährt sich folgende Gliederung des Hauptteils:

- These (Argumente für …)
- Antithese (Gegenargumente …)
- Wenn möglich: Lösung, Entscheidung (Synthese)

Haben Sie es in Ihrem Vortrag mit einem berufstypischen Fachproblem zu tun, bietet sich eine Gliederung des problemlösungsorientierten Kurzvortrags durch folgende Fragen an:

- Worin besteht das Problem?
- Wie ist bisher damit verfahren worden?
- Welche Lösungsansätze sind praktikabel/welche nicht?
- Wie sieht meine Empfehlung aus?

Der interessante Einstieg

Grundsätzlich gilt: Der Anfang Ihres Vortrags ist von besonderer Bedeutung. Denn ein Einstieg – so eine wichtige Regel im Journalismus – entscheidet oft darüber, ob man Leser oder in Ihrem Fall Zuhörer für ein Thema interessieren kann oder nicht. Deshalb sollten Sie sich für den Anfang Ihres Vortrags ein

»Lockmittel« überlegen, z. B. die knallige Headline, die spannende Einleitung, die interessante Frage, die witzige Anekdote. Machen Sie Ihre Zuhörer neugierig auf das, was nun folgt.

Beim Hauptteil ist es vor allem wichtig, dass Ihre Argumente bzw. der Sachverhalt logisch aufeinander aufgebaut sind. Damit erleichtern Sie dem Publikum, Ihre Gedankengänge nachzuvollziehen. Bilden Sie möglichst kurze Sätze, verzichten Sie auf Abkürzungen und, so weit es geht, auf Fremdwörter – zumindest auf solche, die nicht zum Standardrepertoire in Ihrer Branche zählen.

Die Visualisierung

Beleuchten Sie das Thema von verschiedenen Seiten, Standpunkten usw. Sparen Sie nicht mit sprachlichen Bildern, Vergleichen usw. Greifen Sie auch bei dieser Übung zu didaktischen Hilfsmitteln (Flipchart, Overheadprojektor, Tafel, Stellwand usw.), visualisieren Sie komplizierte Zusammenhänge. Zögern Sie nicht, ein Keyword z. B. an die Tafel zu schreiben, um seine Bedeutung zu unterstreichen. Zusammenhänge, die Sie durch Pfeile, Kreise oder andere Symbole vor den Augen der Zuschauer z. B. auf der Overheadfolie visualisieren, werden evidenter – eine Methode, die gut ankommt.

Apropos visualisieren: Denken Sie unbedingt daran nachzufragen, welche Medien Ihnen zur Verfügung stehen. Es nützt die schönste Folie oder der durchdachteste Metaplan nichts, wenn die entsprechenden Geräte oder Wände nicht vorhanden, gerade verliehen oder defekt sind.

Und: Versuchen Sie, so frei wie möglich zu sprechen. Am besten verwenden Sie nur Karteikarten, auf denen Sie die wichtigsten Stichworte notiert haben. Bei einem ausgearbeiteten Manuskript besteht die Gefahr, dass Sie zu sehr am Papier »kleben« und zu selten Blickkontakt mit den Zuhörern haben.

Das Publikum einbeziehen

Sie erleichtern Ihrem Publikum das Zuhören und wecken dessen Aufmerksamkeit, wenn Sie ihm etwas zu denken geben und an Ihrem Thema beteiligen. Sprechen Sie ruhig und deutlich und gönnen Sie sich Pausen. Viele trauen sich nicht, ein, zwei, drei Sekunden zu schweigen, weil Sie befürchten, dass das Publikum an ein Blackout glaubt. Es gibt Untersuchungen, die besagen, dass eine Unterbrechung erst ab acht Sekunden als merkwürdig registriert wird.

Geben Sie also Ihrem Publikum die Zeit, in Ruhe das Gesagte aufzunehmen. Fassen Sie die wichtigsten Aspekte des Themas kurz und prägnant zusammen, und kommen Sie dann zum Schluss, der ähnlich gestrickt sein sollte wie der Anfang – gut unterhaltend.

Humor bringt Pluspunkte

Es ist äußerst wichtig, dass es Ihnen gelingt, die Zuhörer zu unterhalten. Eine Prise Humor, ein Zitat, eine angemessene Provokation bringen Ihnen dabei Pluspunkte. Wenn Sie langweilen, darüber hinaus noch nuscheln und mit der einen Hand verlegen vor dem Mund, mit der anderen nervös durchs Haar gehen, sammeln Sie jede Menge Minuspunkte. So gut kann Ihr Vortrag inhaltlich gar nicht sein, um das wieder auszugleichen (vgl. Körpersprache, S. 242ff.).

Üben, Üben, Üben

Bevor Sie den Vortrag im Unternehmen halten, sollten Sie sich selbst zumindest eine Generalprobe gönnen. Sprechen Sie vor Freunden oder Bekannten Ihren Text schon einmal probeweise – und möglichst nicht erst einen Tag vor dem eigentlichen Termin. Sie sollten noch genügend Zeit haben, an Ihrer Präsentation zu feilen und mögliche Verbesserungsvorschläge Ihres Testpublikums einzubauen.

Fordern Sie die Zuhörenden auf, keine Scheu vor Kritik zu haben und frei heraus alles zu sagen, was ihnen aufgefallen ist. Das kann Ihnen nur helfen, um beim Vorstellungstermin in Ihrer potenziellen neuen Firma zu glänzen.

Die Selbstpräsentation

Möglich ist auch, dass die Präsentationsaufgabe darin besteht, sich selbst vorzustellen – entweder ganz frei, sodass Sie selbst entscheiden können, was Sie über sich erzählen wollen, oder mit Vorgabe, z. B.: »Stellen Sie uns Ihre drei größten Stärken und Schwächen vor«, »… die wichtigsten Stationen in Ihrem Lebenslauf« oder »Beschreiben Sie Ihren Lieblingsurlaubsort«.

Für den Fall, dass Sie nur am Ende eines thematischen Vortrags ein paar Sätze zu sich sagen sollen, gilt es ganz genau zu überlegen, wie Sie sich darstellen – auch oder gerade weil Sie nur wenig Zeit dafür zur Verfügung haben. Bedenken Sie, welche Stationen, Interessen, Kompetenzen Sie herausstellen, die Sie als geeigneten Bewerber charakterisieren.

Die Case Study

In so genannten Case Studies, zu Deutsch Fallstudien, werden Bewerber mit problematischen Unternehmenssituationen konfrontiert. Sie werden aufgefordert, eine Lösung zu finden. Es ist möglich, dass man Sie innerhalb eines Vorstellungsgesprächs auffordert, sich in die Rolle eines Chefs hineinzuversetzen, der vor ein bestimmtes Problem gestellt ist – nach dem Motto: »Was würden Sie tun?« Möglich ist auch, dass man das Lösen einer Case Study als Extraaufgabe neben dem Interview vorgesehen hat.

Viele Unternehmen gehen mittlerweile dazu über, die Case Studies am Computer zu simulieren.

Ob am PC oder auf Papier: Üblicherweise hat man eine Bearbeitungszeit von einer halben bis zu einer Stunde.

Um Pluspunkte zu sammeln, kommt es darauf an, dass Sie sich möglichst schnell einen Überblick über die Gesamtsituation verschaffen: Worin liegen die Ursachen für die Probleme? Studieren Sie die Ihnen zur Verfügung stehenden Unterlagen. Lesen Sie am besten zunächst nur diagonal, um einen ersten Eindruck zu bekommen und festzustellen, an welchen Stellen ein Nachhaken lohnt. Notieren Sie sich stichwortartig die wichtigsten Aspekte, listen Sie diese auf und entwickeln Sie dann ein Konzept.

Bei der Präsentation Ihrer Ergebnisse kommt es darauf an, sich nicht erschüttern oder provozieren zu lassen. Das versucht man vielleicht, indem man Ihre Darstellung anzweifelt oder körpersprachlich Skepsis äußert. Lassen Sie sich davon nicht verunsichern. Das gehört zum »Spiel«. Zeigen Sie, dass Sie sich Ihrer Sache sicher sind. Haben Sie Argumente parat, die Sie bei kritischen Nachfragen anbringen können.

Machen Sie nicht den Fehler, sich zu verzetteln. Die große Gefahr besteht auch aufgrund der Materialfülle darin, sich in Details zu verlieren. Es macht nichts, wenn Sie nicht jeden kleinen Aspekt berücksichtigt haben. Hauptsache, Sie bewahren den Blick fürs Wesentliche.

Einflussfaktoren auf das Vorstellungsgespräch

Faktor Übertragung

In jeder zwischenmenschlichen Begegnung werden Gefühle ausgelöst. Ob die sprichwörtliche »Liebe auf den ersten Blick«, spontane abgrundtiefe Antipathie oder etwas irritierend Diffuses dazwischen – nicht immer ist es leicht, dafür eine Erklärung zu finden. Bisweilen kann es am Geschlecht, der sozialen Schicht, am Äußeren, an Funktion und Rolle der betreffenden Person festgemacht werden. Diese Faktoren beeinflussen entscheidend den Verlauf der weiteren Kommunikation.

Eine tiefer gehende Erklärung für in Gesprächen spontan aufwallende Gefühle findet man im psychologischen Phänomen der so genannten Übertragung: Gefühle, Wünsche, Einstellungen und Erwartungen, die wir als Kind gegenüber wichtigen Personen unserer unmittelbaren Umgebung hatten (primär bezogen auf die Eltern, aber auch Geschwister), werden unbewusst an Personen der Gegenwart wiederholt. Das kann auch im Vorstellungsgespräch passieren. Während wir mit dem aktuellen Gesprächspartner sprechen, ist sozusagen eine weitere, für uns bedeutsame Person aus der Vergangenheit imaginär anwesend, zu der wir gleichzeitig reden.

So könnte z. B. unser eine Nuance zu verkrampft vorgetragenes Bemühen, den als relativ reserviert-kühl erlebten zukünftigen Chef im Vorstellungsgespräch von unseren Qualitäten zu überzeugen, etwas aus der Vergangenheit widerspiegeln: nämlich die kindliche Anstrengung, den stets skeptisch-distanzierten Vater zur Anerkennung unseres eigenen Wertes und unser eigenen Leistungen zu bringen.

Unsere emotionalen Erfahrungen aus der Vergangenheit mit dem Vater übertragen wir hier auf den neuen potenziellen Chef. Die Folge ist zum einen eine Wahrnehmungsverzerrung (der Chef erscheint wahrscheinlich kühler, als er in

Wirklichkeit ist) und zum anderen eine unangemessene Verkrampfung im eigenen Auftreten.

Wiederbelebung der Eltern-Kind-Beziehung

Auch vonseiten Ihrer Gesprächspartner kann es im Vorstellungsgespräch zu derartigen Übertragungsphänomenen kommen: Aus Sicht des männlichen Personalchefs könnte es z.B. in der Bewerbungssituation unbewusst und unabhängig vom Alter einer Bewerberin zu einer Wiederbelebung der Mutter-Sohn-Beziehung kommen.

So wäre es z.B. denkbar, dass ein männlicher Gesprächspartner das unbewusste Bedürfnis hat, sich einer Bewerberin gegenüber so distanziert und abgrenzend zu verhalten, wie er das gegenüber seiner Mutter tat.

Hatte er in der Kindheit Probleme mit seiner Schwester oder hat er gerade jetzt Streit mit seiner Frau, kann es durchaus passieren, dass auch in diesem Fall die Bewerberin etwas abbekommt, was gar nicht ihr persönlich gilt.

Klar, dass solche Überlegungen und das Bemühen, einmal unter diesen Aspekten tief in sich hineinzuhorchen, auch Raum in der mentalen Vorbereitung auf ein Vorstellungsgespräch einnehmen sollten.

Die Frage an Sie lautet also: Welche Beziehungsmuster und Konstellationen aus der Kindheit könnten sich bei Ihnen in der Situation des Vorstellungsgesprächs unbewusst wiederholen und damit das Gespräch auf einer emotionalen Ebene verkomplizieren?

Faktor selektive Wahrnehmung

Der Umgang von Menschen miteinander und damit auch das Vorstellungsgespräch wird oft von selektiver Wahrnehmung beeinflusst, d.h., die Person wird nicht als Ganzes erfasst, sondern bestimmte Merkmale treten hervor: Wer weiße Socken ganz schrecklich findet und überzeugt ist, dass sie einiges über einen Menschen aussagen, wird sein Augenmerk sicher darauf richten. Wer mit seinen eigenen Zähnen unzufrieden ist, wird magisch angezogen sein von einem schönen, strahlend weißen Lächeln. Andere Dinge werden dann nicht mehr so genau wahrgenommen.

Faktor Vorurteile

Wir haben zuvor darauf hingewiesen, wie entscheidend die äußere Erscheinung, Ihr Styling, ihre Kleidung, Ihr Auftreten etc. sind, um einen positiven Eindruck zu hinterlassen (s. S. 89ff.). Aber selbstverständlich ist das keine Garantie – schließlich kann man es nicht allen recht machen. Unsere Tipps zielen darauf, was im Allgemeinen positiv bewertet wird. Nichtsdestotrotz können Sie natürlich auf einen Personalenscheider treffen, der auf ausgefallene Kleidung, bunte Haare etc. steht und schlichtes Styling für langweilig hält. Oder er mag z.B. keine Frauen in Hosenanzügen; seine Vorurteile gegenüber Bewerberinnen in diesem Outfit wird es Frauen, die so gekleidet sind, sehr schwer machen. Vorurteile haben wohl alle Menschen. Und das hat Auswirkungen auf unsere Sympathiegefühle anderer gegenüber. Wenn Sie also durch Ihre Kleidung, Ihre Art zu sprechen etc. diese Vorurteile bei Ihrem Gegenüber wachrufen, wird das Einfluss auf seine weitere Wahrnehmung und den Umgang haben. Es wird dann für Sie sehr schwer, gegen seine vorgefasste Meinung anzutreten und zu beweisen, dass die aus anderen Erfahrungen abgeleiteten Schlüsse nicht auf Sie zutreffen.

Persönlichkeit, Motivation und Kompetenz betonen

Was tun?, fragen Sie sich jetzt wahrscheinlich. Wie kann ich dafür sorgen, dass mein Gegenüber mir eine echte Chance gibt und sich nicht von negativen Vorerfahrungen mit anderen leiten lässt? Die Antwort ist leider nicht sehr ermutigend: Nur wenig. Versuchen Sie selbst, möglichst vorurteilsfrei an das Gespräch heranzugehen. Denken Sie positiv, gehen Sie davon aus, dass Ihr Gesprächspartner Ihnen wohlgesonnen ist, und geben Sie Ihr Bestes, um die drei wesentlichen Faktoren, also Persönlichkeit, Leistungsmotivation und Kompetenz, die für das Interview entscheidend sind (s. S. 16f.), zu unterstreichen.

Faktor Körpersprache

Erhobener Zeigefinger, hochgezogene Augenbrauen, gerümpfte Nase und eine in Falten gelegte Stirn: Ihr Körper spricht eine deutliche Sprache, natürlich auch im Vorstellungsgespräch. Wer die Hände im Schoß faltet oder hinter dem Kopf verschränkt, gibt seiner Umwelt bewusst oder unbewusst Signale. Nur welche, das ist hier die Frage.

Personalauswähler hantieren gern mit mehr oder weniger unseriösen Listen, aus denen sie schnell ablesen können, was eine bestimmte Haltung, Geste, Mimik usw. angeblich für eine Bedeutung hat.

Im Wesentlichen geht es um

- Blickverhalten
- Mimik
- Gestik
- Körperhaltung
- Sprechweise
- Geruch

Bitte nehmen Sie die folgende Liste nicht zu ernst, aber Sie sollten wissen, wie Ihr Verhalten möglicherweise interpretiert werden könnte.

Körpersignal	Bedeutung
Blickverhalten	
Augen betont weit offen	Aufmerksamkeit, Aufnahmebereitschaft, Sympathie, Weltoffenheit, Flirtverhalten
Augen wenig offen	Konzentration, Entschlossenheit, Eigensinn, Kleinlichkeit, überkritische Haltung
zugekniffene Augen	Abwehr, Unlust gerader Blick Offenheit, reines Gewissen, Vertrauen
schräger Blick	abschätzende Zurückhaltung
häufiger Blickkontakt	Sympathie
häufiges Wegsehen	mangelnde Sympathie oder Verlegenheit

auffällig häufiger Lidschlag	Unsicherheit, Befangenheit, u. U. nervöse Störung

Mimik

offenes Lächeln	offene Heiterkeit, uneingeschränkte Mitfreude
gequältes Lächeln	ironisch, schadenfroh, blasiert, ängstlich
überwiegend geöffneter Mund	Mangel an Selbstkontrolle
zusammengepresster Mund	Zurückhaltung, Reserviertheit, Verkniffenheit, Kontaktarmut
Mundwinkel nach unten	Bitterkeit, Pessimismus, depressiv
Mundwinkel nach oben	Aktivität bis Abwehr
Heben der Augenbrauen	Ungläubigkeit oder Arroganz

Gestik

übertrieben kräftiger Händedruck	Rücksichtslosigkeit, Angeberei (»Knochenbrecher«)
kräftiger Händedruck ohne Übertreibung	Aufrichtigkeit, Sicherheit
schlaffer Händedruck (»tote Hasenpfote«)	Unsicherheit, kontaktarm, leicht beeinflussbar
Hand wegziehend	Verschlossenheit
verschränkte Arme	
– bei Männern	Ablehnung, Verschlossenheit
– bei Frauen	Selbstschutz, Angst
Hand vor den Mund halten	
– während des Sprechens	Unsicherheit
– nach dem Sprechen	will das Gesagte zurücknehmen
Sprecher hält Armlehnen mit beiden Händen fest	Aggressivität, aber etwas unsicher, neigt zur Weitschweifigkeit
Kopf auf Hände stützen	Nachdenklichkeit, Erschöpfung, Langeweile
Spitzdach mit den Händen formen	Arroganz, Abwehr gegen Einwände
Hände reiben	selbstgefällig, selbstzufrieden
spielende Hände	Zeichen von Erregung, Nervosität, Befangenheit, Angst, Verwirrung
mit dem Finger auf den Gesprächspartner zeigen	Angriff, Wut
Hand zur Faust ballen	Wut, verhaltener Zorn
Anfassen der Nase	Nachdenklichkeit, kritische Haltung, Verlegenheit
über den Hinterkopf streichen,	Verlegenheit, Unbehagen, Ärger
Zupfen an den Ohren, Streichen des Kinns	Nachdenklichkeit, Zufriedenheit
Finger zum Mund nehmen	verlegen, unsicher
mit den Fingern trommeln	Nervosität, Ungeduld

häufiges Spielen mit dem Ring	Eheprobleme, frustriert vom häuslichen Leben
häufiges Abnehmen der Brille	Ablehnung, Angriff, Nervosität

Körperhaltung

Achselzucken, Handflächen nach außen	Hilflosigkeit
übereinander geschlagene Beine	
– zum Gesprächspartner hin	Aufbau eines Sympathiefelds
– vom Gesprächspartner weg	Ablehnung, Unwillen
übergeschlagene Beine, Knie in die Hand gestützt	kritisch, skeptisch
dicht aneinander gestellte Füße beim Sitzen	schuldhafte Ängstlichkeit, Einzelgänger, überkorrekte Grundeinstellung
breit auseinander klaffende Beine beim Sitzen	sorglose Unbekümmertheit, Rücksichtslosigkeit
alarmbereite Sitzweise (auf Sprung sein)	Mangel an Selbstvertrauen und Sicherheit, auch Misstrauen, innere Unruhe, Angst
Füße um die Stuhlbeine legen	Unsicherheit, Suche nach Halt
Füße nach hinten nehmen	Ablehnung
mit den Füßen wippen	Arroganz, Ungeduld, Sicherheit, Aggressivität
steife, militärische Körperhaltung	Unterdrückung von Angst
geziert aufrecht breitbeinig dastehen, Daumen in Achselhöhlen	Selbstsicherheit
den Oberkörper weit nach vorn lehnen	Interesse, Sympathie, Wunsch zu unterbrechen
den Oberkörper weit zurücklehnen	Desinteresse, Ablehnung

Sprechweise

lautstarke Stimme	Vitalität, Selbstbewusstsein, Kontaktfreude, aber auch Unbeherrschtheit, Geltungsdrang
leise, flüsternde Stimme	Schwäche, mangelndes Selbstbewusstsein, aber auch Sachlichkeit, Bescheidenheit
schnelles Sprechtempo	Impulsivität, Temperament, aber auch ungezügelt, nervös
langsames Sprechtempo	antriebsschwach, aber auch Sachlichkeit, Besonnenheit, Ausgeglichenheit
wechselndes Sprechtempo	innere Unausgeglichenheit
ausgeprägte Pausengestaltung	Disziplin, Selbstbewusstsein
starke Akzentuierung	Lebhaftigkeit, Gefühlsstärke
schwache Akzentuierung	Uninteressiertheit, mangelnde geistige Flexibilität

Geruch

parfümiert	werbend
überstark parfümiert	unsicher, vernebelnd
Schweißgeruch	ängstlich, unordentlich

Der Arbeits- und Organisationspsychologe Eberhardt Hofmann bietet Personal-entscheidern ein Auswertungsblatt (vgl. Hofmann, a. a. O., S. 109.) an, mithilfe dessen eine subjektive Einschätzung des Bewerbers im Zweiergespräch vorge-nommen werden soll.

Beobachtungsbogen zum Zweiergespräch

Auftreten

++
+ arrogant – aufdringlich – befangen – ernst – gehemmt – heiter – höflich –
o korrekt – lässig – schwerfällig – sicher – unsicher – zurückhaltend – gewandt

Beobachtungen:

Ausdrucksvermögen

++
+ flüssig – präzise – klar – knapp – macht viele Worte – redegewandt –
o schlagfertig – treffend – umständlich – unklar – behält den Faden

Beobachtungen:

Dyadische Kommunikation

++
+ hält Blickkontakt – nutzt Mimik und Gestik – gliedert seine Ausführungen
o kontrolliert, ob er verstanden wurde – wendet sich dem Gesprächspartner zu –
  verteilt die Redezeit etwa gleich – lässt Gesprächspartner ausreden

Beobachtungen:

Nervosität

++
+ zeigt motorische Unruhe – wirkt ruhig und ausgeglichen – Verlegenheitsgesten
o bleibt in kritischen Situationen ruhig – verhält sich unkompliziert

Beobachtungen:

Bemerkungen: _____

_____

_____

_____

In einem Fachtext für Personalbeurteiler werden acht Merkmale angeboten, die aufgrund von Körpersignalen zu beurteilen seien:

- die Gepflegtheit, der gesamte äußere Eindruck
- gute Manieren, Verhalten, Benehmen (z.B. im Restaurant)
- die Kontaktfähigkeit
- die Dominanz, der Führungsanspruch
- Vitalität, Dynamik, Extravertiertheit
- die körperliche Verfassung und Belastbarkeit
- die nervliche Belastbarkeit
- die Selbstsicherheit

Negatives auf den Punkt gebracht: Eine amerikanische Personalberatungsfirma hat 200 Vorstellungsgespräche ausgewertet, in denen die Bewerber gescheitert sind. Die Analyse ergab sechs Aspekte, die für den Misserfolg verantwortlich zu machen waren:

- keine überzeugende äußere Erscheinung, unpassende Kleidung bzw. ungepflegtes Äußeres
- Mängel in der Fähigkeit, die eigene Meinung deutlich zum Ausdruck zu bringen
- Mängel in der Fähigkeit, die eigene Person weitgehend objektiv darzustellen
- unzureichende Ausstrahlung von Selbstvertrauen und Begeisterungsfähigkeit
- zu starke Kritik an früheren Arbeitgebern
- zu häufiger Stellenwechsel

Erneut wird deutlich, dass der Faktor »Persönlichkeit« entscheidend ist: Die ersten fünf Ablehnungsgründe hängen eindeutig mit »Persönlichkeitsmängeln« zusammen.

Positives auf den Punkt gebracht: Die folgenden Persönlichkeitsmerkmale sind für Ihren Erfolg im Vorstellungsgespräch von besonderer Relevanz:

Auftreten
Ausstrahlung

Autorität
Integrität

Selbstsicherheit
Glaubwürdigkeit
Lebendigkeit

Begeisterungsfähigkeit
Entschlossenheit
Bestimmtheit

Rücksicht
Einfühlungsvermögen
Verständnis

(angemessene) Vertrautheit

Womit Sie noch rechnen müssen – Neurosen der Chefs

Klar: Im Vorstellungsgespräch stehen Sie als Bewerber bzw. Bewerberin auf dem Prüfstand. Jedoch nicht Sie allein. Auch Sie haben die Gelegenheit, Ihr Gegenüber genauer kennen zu lernen und dessen Persönlichkeitsstruktur und Umgangsstil zu beurteilen. Es geht also darum abzuschätzen, ob Sie eigentlich das Arbeitsplatzangebot annehmen wollen. Aufgrund der schwierigen Arbeitsmarktlage mag Ihnen diese Überlegung unangemessen luxuriös erscheinen. Jedoch ist angesichts der Lebenszeit, die Sie an Ihrem Arbeitsplatz verbringen, eine kritische Reflexion, mit wem Sie es auf der Vorgesetztenseite zu tun bekommen werden, angebracht.

Will man einen Menschen richtig einschätzen, rät Kurt Tucholsky, so frage man sich: Möchtest du den zum Vorgesetzten haben?

Um Menschen – insbesondere den zukünftigen Chef oder den direkten Vorgesetzten, der häufig am Auswahlprozess beteiligt ist, aber auch den aktuellen Gesprächspartner, z. B. den Personalreferenten – besser zu durchschauen und einzuordnen, sind einige Grundkenntnisse in der psychoanalytischen Persönlichkeits- und Charakterlehre von Nutzen.

Unter Charakter (oder Persönlichkeit) versteht man die für einen Menschen typischen Erlebnis- und Verhaltensweisen. Jeder Mensch fühlt und verhält sich so, wie es seine Charakterstruktur zulässt. Viele Konflikte und irrationale Vorgänge am Arbeitsplatz – also bereits schon im Vorstellungsgespräch – haben ihre Ursache in der neurotischen Charakterstruktur des Vorgesetzten.

Übrigens: Jeder von uns hat Züge von einer (oder mehreren) der folgenden fünf am häufigsten vertretenen Persönlichkeitsstrukturen, die – je nach Ausprägung – neurotische, d. h. krankhafte Formen annehmen können. Als Chef kann man sie allerdings besonders gut auf dem Rücken der »Untergebenen« ausleben.

Wir stellen Ihnen vor:

- die narzisstische (»Strahlemann und Sonnenkönig«),
- die zwanghafte (»Der kontrollierende Besserwisser«),
- die schizoide (»Der aus der Kälte kam«),
- die hysterische (»Mehr Schein als Sein«) sowie
- die depressive (»Der Sorgenvolle und Bedrückte«) Persönlichkeitsstruktur.

Im Folgenden werden die typischen Eigenarten dieser Charakterstrukturen skizziert. Wir beschreiben auch, wie sich die jeweiligen Merkmale bei Vorgesetzten speziell beim Vorstellungsgespräch im Umgang mit Bewerbern dokumentieren und – zum besseren Verständnis – welche Erfahrungsmuster aus der Kindheit die verschiedenen Persönlichkeitsstrukturen der Chefs jeweils prägten. Kurzum: Warum Chefs so sind, wie sie sind.

Die narzisstische Persönlichkeit

Merkmale. Narzisstische Persönlichkeiten sind stark ichbezogen. Der Ausdruck »Narzissmus« geht auf Nárkissos zurück, einen schönen Jüngling der griechischen Sage, der sich in sein Spiegelbild verliebte und in eine Narzisse verwandelt wurde.

Neben einer Tendenz zur Grandiosität und zur totalen Überbewertung der eigenen Person prägen den Narzissten stets auch Minderwertigkeitsgefühle und ein im Grunde labiles Selbstgefühl. Narzisstische Persönlichkeiten sind übermäßig von der Bewunderung anderer abhängig. Ihre Bezugspersonen sind aber keine eigenständigen Individuen, sie existieren lediglich, um den Glanz und die vermeintliche Grandiosität des Narzissten widerzuspiegeln oder um sich ihm quasi als Schmuckstück anzubieten. Mit ihren Mitmenschen gehen Narzissten dementsprechend häufig manipulativ, abwertend und ausbeuterisch um. Sie sehen das menschliche Zusammenleben als einen vom Egoismus geprägten Kampf aller gegen alle an.

Charakteristisch ist für sie eine Zweiteilung der Welt, eine vereinfachende Spaltung in »Gut« und »Böse«. Andere Menschen werden vom Narzissten entweder als ideal (nur gut) oder bedrohlich (nur böse und schlecht) wahrgenommen. Diese Spaltung in Gut und Böse dient dazu, sich selbst als vollkommen in Ordnung zu erleben, während alles Negative und Schlechte den anderen zugeschrieben wird. Diesen »Bösen« gilt dann nach einer Enttäuschung ihr oftmals ungezügelter Hass.

Chefs. Eine Führungsposition streben Menschen mit einer narzisstischen Persönlichkeitsstruktur an, weil sie ihnen Macht und Prestige einbringt. Denn nur in der ersten Reihe fühlen sie sich wohl. Die herrschende Ideologie unserer Geschäftswelt entspricht der narzisstischen Charakterstruktur: dynamisch-rücksichtslos-ichbezogen-erfolgreich. Die meisten Vorgesetzten zeigen deshalb eine deutlich narzisstische Persönlichkeitsstruktur.

Als Mitarbeiter bevorzugen Narzissten »Jasager«, in deren Bewunderung sie sich sonnen. So kompromisslos und hart der Narzisst andere kritisiert, er selbst reagiert ausgesprochen überempfindlich auf jede Kritik. Wenn eine Person ihn nicht vorbehaltlos unterstützt, wird sie auf die schwarze Liste gesetzt und gilt als ausgestoßen. Es gilt die Devise: Wer nicht für mich ist, ist gegen mich.

Wegen dieses Verhaltensstils und der Unfähigkeit narzisstischer Persönlichkeiten, sich in andere Menschen einzufühlen, herrscht unter den Mitarbeitern oft eine hohe Fluktuation. Bewerbungsverfahren und Vorstellungsgespräche häufen sich demzufolge. Scheitern Projekte, die mit der Hoffnung auf einen strahlenden Erfolg begonnen wurden, werden Sündenböcke gesucht. Schuld sind für den Narzissten grundsätzlich immer die anderen.

»Der Ehrgeiz einer Führungsperson mit pathologischem Narzissmus«, schreibt der amerikanische Psychoanalytiker Otto F. Kernberg, »kreist ... um primitive Macht über andere, um den unersättlichen Wunsch, ihnen zu imponieren, und um den Wunsch, wegen persönlicher Attraktivität, Charme und Brillanz bewundert zu werden, nicht etwa wegen reifer menschlicher Qualitäten, moralischer Integrität und Kreativität bei der Wahrnehmung der ... Führungsaufgaben.« (Innere Welt und äußere Realität. München, Wien 1988, S. 298) Narzisstische Führungskräfte finden sich besonders häufig in auf Repräsentation ausgelegten Wirtschaftsunternehmen (z. B. Bau- und Immobilienfirmen, Werbebranche), im Medien-, Kultur- und Wissenschaftsbereich sowie in medizinischen und psychosozialen Institutionen.

Hintergrund. Ein Mensch mit einer narzisstischen Persönlichkeit wurde – aus welchen Gründen auch immer – von seiner Mutter (den Eltern) nicht wichtig genommen, d. h. seine Bedürfnisse wurden als Kind nicht adäquat befriedigt oder gar nicht erst erkannt. Um dieser grundlegenden Verletzung des Selbstwertgefühls zu entgehen, entwickeln sich bei ihm Fantasien von eigener Größe, Unabhängigkeit und vom Unwichtigsein anderer Personen. Die spätere ständige Suche nach Bewunderern soll den frühen Mangel doch noch ausgleichen helfen. Statt Liebe verschafft sich der Narzisst Bewunderung und Erfolg.

Unter derartig defizitären Entwicklungsbedingungen kann das Kind kein eigenes Selbst, keine eigene Identität entfalten. Die Folgen sind Selbstunsicherheit, Minderwertigkeitsgefühle und tief greifende Selbstwertzweifel, die später in eine Fassade von scheinbarer Großartigkeit verwandelt werden, oft in ein die Ohnmacht kaschierendes, durch tiefen Hass geprägtes Machtgebaren. Aggressiv-autoritäre und tyrannische Chefs haben in der Mehrzahl eine narzisstische Persönlichkeitsstruktur.

Vorstellungsgespräch. In der Bewerbungssituation können Sie aus der repräsentativen Gestaltung des Ambientes bereits Rückschlüsse auf die narzisstische Struktur des »Hausherrn« ziehen. Demonstrativ zur Schau getragenes Selbstbewusstsein, eine pfauenhaft-majestätische Ausstrahlung, brillante Selbstinszenierung und Unternehmensdarstellung sind untrügliche Kennzeichen dieser Persönlichkeitsstruktur.

Dieser Typus hört sich am liebsten selbst reden und kann nicht zuhören. Kaum hat er eine Frage gestellt, parliert er weitschweifig und detailreich über seine Erfolge und Erfahrungen. Der narzisstische Chef und Personalauswähler sucht im Bewerber das Exotische und Besondere, mit dem er sich schmücken kann. Die größten Chancen haben Sie, wenn Sie sich als Objekt der Idealisierungsneigung des Narzissten eignen. Seine Entscheidungskriterien sind dabei häufig irrational.

Wenn Sie können und wollen: Stören Sie seine Selbstdarstellungssucht nicht. Hören Sie aufmerksam und (in Maßen) »beeindruckt-bewundernd« zu. Versuchen Sie in den kurzen Momenten seiner Ihnen zugewandten Aufmerksamkeit, Interesse und Neugier an Ihrer Person zu wecken.

Die zwanghafte Persönlichkeit

Merkmale. Zwanghafte Charaktere sind ordnungsliebend, eigensinnig, rechthaberisch und perfektionistisch. Alles Spontane, Impulsive, Triebhafte, Ungeregelte und Schmutzige macht ihnen Angst und muss deshalb beseitigt oder zumindest streng kontrolliert und damit beherrschbar werden. Zwanghafte Persönlichkeiten können sich schlecht entspannen, sind zweifelnd, ängstlich, entschlussunfähig, umständlich, peinlich genau bis zur Pedanterie, mit einer Vorliebe für unwichtige Details.

Weitere Charakteristika zeigen sich im Streben nach emotionaler Autonomie (»Ich brauche niemanden«) sowie in einem permanenten Gefühl des Getriebenseins. Zwanghafte Persönlichkeiten haben das Gefühl, ihnen sitze ständig ein imaginärer Aufpasser im Nacken. In zwischenmenschlichen Beziehungen geht es um Dominanz oder Unterwerfung. Sie haben eine Freude am Beherrschen, aber erstaunlicherweise auch am Beherrschtwerden, manchmal sogar am Quälen und Gequältwerden.

Chefs. Zwanghafte Führungskräfte scheinen in besonderem Maße den typischen Anforderungen in bürokratisch-hierarchisch strukturierten Großorganisationen zu entsprechen: Ordnung, Systematik, Planbarkeit, Kontrolle, Berechenbarkeit und strenge Disziplin sind die Forderungen, die sie an sich und andere stellen. Andererseits führt ihre kleinliche Kontrollsucht oft zum regelrechten Schikanieren von Mitarbeitern, zu Zeitfetischismus, penibler Paragraphenreiterei und minutiöser Verplanung von Arbeitsabläufen.

In einer Firmen- oder Institutionshierarchie fühlen sich zwanghafte Persönlichkeiten wohl. Hier werden sie kontrolliert, können aber auch als autoritäre Vorgesetzte mit rigidem Machtgebaren andere kontrollieren und beherrschen. Die dadurch häufig ausgelöste übertriebene Unterwürfigkeit von Mitarbeitern führt zu Passivität und mangelnder Kreativität im Unternehmen. Auf gleicher Ebene gibt es bei der Zusammenarbeit Probleme. Da zwanghafte Persönlichkeiten stets nur ein Unten oder Oben kennen, versuchen sie, auf der Hierarchieleiter so weit wie möglich nach oben zu kommen, oder aber sie unterwerfen sich. Eine kollegiale, gleichberechtigte Zusammenarbeit ohne Hierarchieunterschiede ist mit ihnen nur schwer möglich.

Zwanghafte Chefs sind eher im öffentlichen Dienst, bei Banken und Versicherungen anzutreffen als in der dynamisch-narzisstischen so genannten freien Wirtschaft, also Handel, Industrie oder auch in Kreativberufen.

Hintergrund. Die Kindheitserfahrungen und -bedingungen, die zur zwanghaften Persönlichkeitsstruktur führen, sind ein rigider, autoritärer, einengender

Erziehungsstil vor allem im zweiten und dritten Lebensjahr. Eigenwille, Spontaneität, lebhafte Motorik und Aggressivität des Kindes werden vonseiten der Eltern rigoros unterdrückt und müssen in Zukunft mit Angst- und Schuldgefühlen abgewehrt werden. Der durch die Eltern von außen ausgeübte Zwang wird so zu einem inneren. Statt Selbstbewusstsein und Autonomiegefühl dominieren Gefühle von Scham und Zweifel.

Prägend sind auch erste Machtkämpfe mit den Eltern, die dann entstehen, wenn diese das Kind während der so genannten analen Phase durch eine frühe oder strenge Sauberkeitserziehung daran hindern, Schließmuskeln und sonstige Körperfunktionen allmählich und nach eigenem Willen beherrschen zu lernen. Das Kind wird so in einen Zustand von Rebellion, Niederlage, Selbstbezogenheit und überstrenger Gewissensbildung getrieben.

Vorstellungsgespräch. Ihr Gespräch fängt pünktlich auf die Minute an. Wenn dann noch auf dem Schreibtisch Ihres Gesprächspartners die Stifte wie mit dem Zollstock ausgemessen parallel liegen und auch sonst das ganze Zimmer einen absolut aufgeräumten, clean-sterilen Eindruck macht, fällt die Einschätzung nicht schwer: Sie haben es mit einer zwanghaften Persönlichkeit zu tun. Diese wird Ihre Bewerbungsunterlagen penibel genau studiert haben und durch geschickte Detailfragen Schwachstellen wie z. B. Lücken im Lebenslauf aufzudecken versuchen. In den Gesprächsinhalten dominiert die Leistungsthematik.

»Correctness« ist das wichtige Schlüsselwort im Umgang mit Zwanghaften. Pünktlichkeit, akkurate Kleidung, Anpassungsbereitschaft bis hin zu einer dezent geschauspielerten Gefügigkeit sind – wenn Sie das wollen und können – die Schlüsselreize, auf die eine zwanghafte Persönlichkeit positiv »anspringt«.

Die schizoide Persönlichkeit

Merkmale. Schizoide Persönlichkeiten (von griech. schízein = spalten) wirken kühl-distanziert, misstrauisch, verschlossen, unbeteiligt, manchmal auch arrogant. Es fehlt ihnen an Wärme. Ihre zwischenmenschlichen Beziehungen bleiben emotionslos, oberflächlich und leer. Wenn man eben noch meinte, ihnen näher gekommen zu sein, reagieren Schizoide oft schroff, nehmen eine feindselige, abweisende Haltung ein, ziehen sich zurück oder brechen Beziehungen ab.

Chefs. Schizoide Führungskräfte versuchen, alle Probleme »rein sachlich« anzugehen – objektiv, verstandesmäßig und kühl. Es geht um das Wohl der übergeordneten »Sache«, menschliche Schicksale sind für sie weniger interessant. Persönlichen Kontakten wird möglichst aus dem Weg gegangen. Am liebsten verbreiten derartige Persönlichkeiten eine Aura geschäftsmäßiger und technokratischer Nüchternheit. Sie wirken im lockeren sozialen Kontakt oft unbeholfen, geradezu linkisch. Gern verschanzen sie ihre Persönlichkeit hinter ihrer Rolle, den »objektiven« Fakten, den so genannten Sachzwängen. Eine ihrer Lieblingsformulierungen ist: »Von der Sache her …«

Ihre eigene hintergründige Feindseligkeit projizieren schizoide Persönlichkeiten oft auf andere Menschen. Diese werden dann – innerhalb oder außerhalb des Unternehmens – als Bedrohung erlebt. Schizoide verbreiten auf diese Weise im Unternehmen ein Klima paranoiden Misstrauens. Hinter der Feindseligkeit gegenüber den eigenen Mitarbeitern steckt häufig ein verborgener Kontakt- und Abhängigkeitswunsch.

Für den Führungsstil von schizoiden Persönlichkeiten ist die grundverschiedene Behandlung von Mitarbeitern charakteristisch. Diese werden mal als Genies, als nützliche Trottel oder schlicht als Idioten eingeschätzt, was zu Spannungen und Konflikten mit dem Vorgesetzten und unter den Mitarbeitern selbst führt. Bedürfnisse der Mitarbeiter nach Verständnis und Unterstützung kommen zu kurz oder werden übergangen.

Bevorzugte Arbeitsgebiete liegen in naturwissenschaftlichen Bereichen, in Technik, Informatik, aber auch auf höherer betriebswirtschaftlicher Ebene. Allen gemeinsam ist: Sie reduzieren den Umgang mit Mitarbeitern auf ein Minimum.

Hintergrund. Die schizoide Persönlichkeitsstruktur basiert auf Störungen in der frühen Kindheit, in der es an »Nestwärme«, liebevoller Geborgenheit und vor allem auch an emotionaler Sicherheit fehlte. Anstelle eines Urvertrauens, eines zuversichtlichen Sich-verlassen-Dürfens entwickelte sich ein Urmisstrauen. Um einer Wiederholung der enttäuschenden Kindheitserfahrungen und erneuten Verletzungen vorzubeugen, geht die schizoide Persönlichkeit auf Distanz, konzentriert sich lieber »auf das Sachliche«.

Vorstellungsgespräch. Eine höfliche, aber deutlich unterkühlte Atmosphäre lässt in Ihnen das Gefühl aufkommen, Ihre Einladung sei eher ein Versehen und Sie ein ungebetener Gast. Sie haben es mit dem Charme eines gerade geöffneten Kühlschranks zu tun. Jetzt nur kein Frösteln zeigen, sondern beherzt versuchen, Ihre Botschaft rüberzubringen. Ihr Gegenüber kann zuhören, dennoch sollten Sie sich kurz fassen und präzise formulieren. Wenn Sie Ihrem schizoiden Gesprächspartner nicht zu gefühlvoll »auf die Pelle rücken«, sammeln Sie Pluspunkte, indem Sie Angst erzeugende Nähe vermeiden, bei gleichzeitigem freundlichen Unbeeindrucktbleiben von dessen kühl-distanzierter Art. Respektieren Sie seine Grenzen.

Die hysterische Persönlichkeit

Merkmale. Hysterische Persönlichkeiten neigen zu theatralisch-dramatischen Auftritten und versuchen ständig, im Mittelpunkt zu stehen, die Aufmerksamkeit, Sympathie und Bewunderung ihrer Mitmenschen auf sich zu lenken. Sie sind stolz auf die eigene Erscheinung und versuchen, sich in ihren Selbstinszenierungen als lebendig, aktiv und begehrenswert zu präsentieren.

Sie lieben Abwechslung und Maskierung, scheuen Bindung, Festlegung und Verantwortung. Hysterische Persönlichkeiten sind empfänglich für Suggestion und emotional eher labil, charakterisiert durch Launenhaftigkeit und Ausbrüche von Lachen oder Weinen. Verführerisches, sexuell provozierendes Verhalten steht ebenfalls im Dienst einer starken Ichbezogenheit, mit dem Ziel, von anderen bewundert zu werden. Häufig ist »Mehr Schein als Sein« die (un)bewusste Devise hysterischer Persönlichkeiten.

Chefs. In vielerlei Hinsicht sind hysterische Führungskräfte Gegentypen zu den zwanghaften: Ständig scheinen sie auf der Suche nach Neuerungen zu sein, haben immer wieder »frische« Ideen, die sie aber genauso schnell fallen lassen, wie sie sich dafür begeistern konnten. Durch Ordnungsstrukturen fühlen sie sich eher gelähmt. Hektik, Termindruck und Abwechslung brauchen sie ebenso wie den häufigen Arbeitsplatzwechsel.

Keine Gelegenheit zur eindrucksvoll inszenierten Selbstdarstellung wird ausgelassen, »Public Relations«, Feste und Präsentationen spielen eine große Rolle. Erfolge werden effektiv in der Öffentlichkeit präsentiert. »In der Anerkennung durch andere befriedigt der Hysteriker seine phallischen Ängste, unzulänglich und ungeachtet zu sein. Deshalb kommt es ihm auch darauf an, seine Erfolgssymbole demonstrativ zur Schau zu stellen (Luxuswagen, Titel, Teppiche, Zimmergröße, Mitarbeiterzahl, Stockwerkshöhe, Rangstufe). Er triumphiert im phallischen Konkurrenzkampf, wenn ein anderer den Kürzeren zieht, »er richtet sich auf an Potenzsymbolen, die seine Macht und seinen Status verkünden«, so die Arbeitspsychologen Neuberger und Kompa. Andererseits: Manche hysterisch strukturierten Männer fürchten auch, andere Männer zu übertreffen, weil die sich eventuell rächen könnten. Diese Angst vor dem Rivalisieren wie auch übertriebene Rivalität können die berufliche Karriere entscheidend behindern.

Nach dem Prinzip »Gegensätze ziehen sich an« werden zwanghafte Persönlichkeiten oft Mitarbeiter von hysterischen Vorgesetzten. Das führt nicht selten zu Spannungen und Konflikten, weil der hysterische Chef schnell mit seinen um

Leistung und Perfektion bemühten Angestellten ungeduldig wird, wenn diese nicht fix genug mit Projekten fertig werden und Erfolge vorweisen.

Weiteres Konfliktpotenzial schüren hysterische Chefs, weil sie generell ihren Mitarbeitern nicht die Freiheit zugestehen, die sie sich selber nehmen. Einen zusätzlichen Aspekt beschreibt der Charakterforscher Karl König: »Weil der hysterische Chef in seiner Institution der potenteste Mann sein möchte und die Konkurrenz anderer Männer fürchtet, umgibt er sich gern mit weiblichen Mitarbeiterinnen, die seine Potenz bewundern. Potente Männer versucht er loszuwerden, wenn sie ihm in ihrer Entwicklung nahe kommen ... An einer Institution, die von einem hysterischen Chef geleitet wird, kommt es zu häufigem Wechsel des Personals, wobei viele im Streit gehen.« (*Kleine psychoanalytische Charakterkunde*, Göttingen 1992, S. 11)

Wegen der strukturellen Ähnlichkeiten ist dieser Typus am häufigsten auf den Arbeitsgebieten anzutreffen, die auch den Narzissten anziehen (siehe oben).

Hintergrund. Hysterische Persönlichkeitsstrukturen basieren auf Entwicklungsstörungen im ersten Lebensjahr sowie in der so genannten ödipalen Phase der psychosexuellen Entwicklung (ca. 4.–7. Lebensjahr), in der es zu Konflikten, Bindungen und Rivalitäten mit den Eltern kommt.

Vorstellungsgespräch. Vieles, was für den Narzissten gesagt wurde (Stichworte: Egozentrik, Egoismus), gilt auch für den Hysteriker. Sein Sprachstil ist übertrieben impressionistisch. Der ständige »große Wurf« gipfelt in Formulierungen wie »großartige Erfolge«, »fantastische Ergebnisse«, »echte Herausforderungen«, »einmalige Situation« – Worthülsen, die den heißen Dampf kennzeichnen, den er unablässig produziert. Viel mehr ist aber leider auch nicht dahinter, und schon bei wenigen Nachfragen Ihrerseits vergeht ihm die gute Laune, weil er das Detail nicht liebt, sondern für das Große und Visionäre schwärmt.

Ihr Gegenüber ist also schnell »absolut total begeistert« und Sie ebenfalls, weil Sie denken, endlich hat mal jemand Ihr wirkliches Potenzial erkannt. Aber täuschen Sie sich nicht, das Gedächtnis eines Hysterikers ist kurz, und seine Begeisterungsfähigkeit ebbt ebenso schnell ab, wie sie aufgebrandet ist. Wer bei diesem Typus in der Folge der Vorstellungsgesprächstermine zuletzt an die Reihe kommt, hat vielleicht die besten Aussichten.

Die depressive Persönlichkeit

Merkmale. Menschen mit einer depressiven Charakterstruktur sind häufig gedrückter Stimmung, anklammernd, antriebslos und aggressionsgehemmt. Sie leiden unter Mangel an Initiative, Gefühlen von Schuld, mangelndem Selbstvertrauen, Hilf- und Hoffnungslosigkeit.

Chefs. Vorgesetzte mit einer depressiven Persönlichkeitsstruktur verkörpern das krasse Gegenteil des gängigen Managerideals, das ein starkes Selbstbewusstsein und ein gutes Durchsetzungsvermögen verlangt. Sie sind selten autoritär, eher auf die Harmonie einer Nähe garantierenden Teamarbeit aus. Aber aufgrund ihrer Unsicherheit und ihres Grundgefühls, auf die Dinge letztlich wenig Einfluss ausüben zu können, verursachen depressive Chefs oft ein Führungsvakuum, bei dem ihre Firma oder ihre Abteilung wie ein Schiff ohne Kapitän mehr oder weniger ziel- und planlos dahintreibt. Häufig ist Resignation der Hintergrund. Das entstehende Führungs- und Machtvakuum lädt die Mitarbeiter der nächstniedrigen Hierarchiestufe regelrecht zu Intrigen und Machtkämpfen ein.

Hintergrund. Vonseiten der Eltern kommt es (meist schon im ersten Lebensjahr) zu einer Versagung der elementaren Bedürfnisse nach Liebe, Zuwendung und Versorgung. In Reaktion auf diese Enttäuschungen entsteht eine massive Wut, die aber gegen die eigene Person gewendet wird. Auf eine Kurzformel gebracht: Depression ist nach innen gewendete Aggression, niedergedrückte Wut.

Vorstellungsgespräch. Eine gedrückte Atmosphäre fällt Ihnen schon beim Betreten des Vorzimmers auf, ein Eindruck, der sich im Gesprächszimmer noch weiter steigert. Kein fröhlicher Mensch kommt Ihnen da entgegen, sondern jemand mit einem aschfahlen Gesicht und bitteren Zügen, vielleicht auch mit den typischen heruntergezogenen Mundwinkeln eines Magenkranken. Das Gespräch verläuft dröge, schleppend, hat schon später angefangen als vereinbart. Alles ist mühsam und erscheint irgendwie sinn- und hoffnungslos. Sie spüren trotz Ihrer inneren Anspannung, wie Sie eine schleichende Müdigkeit befällt.

Lassen Sie sich von der negativen Stimmung nicht anstecken, und vermeiden Sie Versuche, Ihr Gegenüber aufgesetzt fröhlich oder gar mit »hochgekrempelten Ärmeln« wach zu rütteln. Bleiben Sie ruhig-gelassen und unterdrücken Sie Ihre aufkommende hibbelige Nervosität, die evtl. in Reaktion auf die bleierne Müdigkeit wach wird.

Mehr über die Charakterstruktur von Führungskräften finden Sie in unserem Buch *Die Neurosen der Chefs. Und wie Sie mit ihnen fertig werden*, München 1998.

Die Nachbereitung

Nach der Schwerstarbeit Vorstellungsgespräch haben Sie eine Belohnung verdient – unabhängig davon , wie das Ganze für Sie gelaufen ist. Lassen Sie sich verwöhnen, oder tun Sie sich selbst etwas Gutes. Sie brauchen neue frische Kräfte für eine eventuelle nächste Runde. Und die kommt unweigerlich auf Sie zu, wenn Sie Ihre Chancen ernsthaft wahrnehmen wollen.

Nachdenkenswert: Sie als Arbeitskraftanbieter haben zwar schon im Vorstellungsgespräch Ihre Fragen an das Unternehmen gestellt, aber wie sieht es denn mit den anderen Punkten aus: Mit welchen Persönlichkeitsstrukturen sind Sie bei Ihren potenziellen Vorgesetzten konfrontiert? Was könnte deren Motivation sein – allgemein, bezogen auf das Unternehmen, bezogen auf Sie? Wie schätzen Sie die menschliche und fachliche Kompetenz Ihrer Gesprächspartner, des Unternehmens ein? Schwant Ihnen da etwas? Blühen da etwa die Neurosen (s. S. 247 ff.)?

Mit der Ausgangsposition Ihres Gegenübers hatten Sie sich ja bereits vorab beschäftigt, ebenso wie mit der Informationsrecherche zur möglichen Arbeitsaufgabe, zu Position und Branche. Was läuft da wirklich, was hat man mit Ihnen vor? Wie ist man mit Ihnen umgegangen, wie sind Sie angesprochen worden, wie wurden Ihre Fragen beantwortet?

Und nicht nur Sie sind »gemustert« worden (Schuhe, Schmuck, Krawatte, Frisur), auch das Unternehmen und seine Repräsentanten haben ein Äußeres. Welcher Verkleidungsstil kennzeichnet das Unternehmen, und wie ist man vor Ort ausgestattet? Wie sind die Wände dekoriert, wie ist der Fußbodenbelag, was steht bei Ihrem Gesprächspartner auf dem Schreibtisch, und welche Bildchen oder Sprüche hat die Sekretärin an der Wand?

In welchem Zustand ist das Mobiliar, und welcher technische Standard ist bei der Bürokommunikation erreicht? Welche Größe haben die Räume, wie gestaltet sich der Blick nach draußen?

Wie sieht es einige hundert Meter vor dem »Tatort« Ihres »Bühnenvorstellungsauftritts« aus? Brüllen sich die Mitarbeiter auf dem Flur an? Grüßt man sich und Sie (»Mahlzeit«)? Riecht man die Kantine im ganzen Haus?

Sie sehen schon: Das alles sind wichtige Orientierungspunkte, die Ihr Vorwissen und Ahnen über den potenziellen Arbeitgeber entscheidend ergänzen und abrunden. Damit tragen Sie wesentlich zu Ihrer Entscheidung bei, ob Sie Ihre Lebenszeit und Arbeitskraft hier investieren sollten oder besser nicht. Denken Sie an Ihren jetzigen Arbeitsplatz und dass es Ihre ursprüngliche Intention war, sich zu verbessern.

Das Protokoll

Wir empfehlen Ihnen nach einem Vorstellungsgespräch auf jeden Fall einen Blick zurück. Wie ist das Vorstellungsgespräch gelaufen? Mit welchen Fragen haben Sie gerechnet, mit welchen nicht? Was ist Ihnen gelungen, was weniger? Was könnten Sie jetzt mit mehr Gelassenheit und Nachdenkzeit besser beantworten? Worauf müssen Sie sich beim nächsten Mal intensiver vorbereiten? Was haben Sie aus all dem gelernt?

Zu diesen wichtigen Nachbereitungsaktivitäten gehört vor allem die Erstellung eines möglichst ausführlichen Gedächtnisprotokolls des gesamten Gesprächsablaufs inklusive aller Personen und deren Namen, die Ihnen begegnet sind. Wenn Sie wissen, wie die Sekretärin des Personalchefs heißt, können Sie diese beim nächsten Telefonat persönlich ansprechen. Vielleicht hilft's, und Sie bekommen durch Ihre nette Anrede den Chef persönlich ans Telefon.

Hoffentlich haben Sie am Ende Ihres Vorstellungsgesprächs eine Information erbeten bzw. erhalten, wie und wann der Entscheidungsprozess weitergeht. Auch diese Information sollten Sie in Ihr Protokoll eintragen (Stichwort Rückmeldung). Üben Sie sich in Geduld, und fragen Sie nicht vor Ablauf einer Frist von fünf bis maximal sieben Tagen telefonisch nach, was aus Ihrer Bewerbung geworden ist.

Sollten Sie allerdings vier Wochen verstreichen lassen, ohne sich interessiert zu zeigen und nachzufragen, wird das sehr wahrscheinlich gegen Sie ausgelegt. Eine von Ihrem Gesprächspartner zu verantwortende lange Wartezeit spricht aber auch gegen Ihren potenziellen Arbeitgeber – denn: Man lässt Kandidaten nach einem Vorstellungsgespräch nicht längere Zeit ohne Zwischenbescheid im Unklaren.

Der Nachfassbrief

Zu den besonderen Tricks, sich als Bewerber von anderen deutlich abzuheben, gehört der Nachfassbrief. Ein bis maximal drei Tage nach Ihrem Auftritt abgeschickt, wird dieses Schreiben Ihren Gesprächspartner (deshalb sind Namen so wichtig!) veranlassen, sich erneut mit Ihnen zu beschäftigen. In diesem Brief bedanken Sie sich nicht nur für das interessante Gespräch, sondern knüpfen an das an, was offen geblieben ist, was Sie noch nachtragen möchten etc.

Im Wesentlichen geht es darum, mit dieser Aktion (eine Seite reicht vollkommen aus, evtl. sogar handschriftlich) deutlich zu machen, dass Sie sehr interessiert bzw. motiviert sind, verstanden haben, worum es geht, und gern bereit sind, das Gespräch jederzeit weiter fortzusetzen, dass Sie am liebsten aber natürlich Ihre ganze Arbeitskraft für das Unternehmen einsetzen wollen.

Achtung: Machen Sie so etwas plump oder gar blöd (vielleicht auch nur ungeschickt oder langweilig) und ist das Vorstellungsgespräch eher schwer und schleppend verlaufen, gewinnen Sie nichts. Gelingt es Ihnen aber, nach einem gut verlaufenen Gespräch in dieser Briefaktion intelligent »einen draufzusetzen« (s. Beispiel S. 261), verbessern Sie Ihre Chancen, unter die ersten drei Plätze (wenn nicht gleich an die Spitze) zu kommen.

Dabei kann es sich sogar lohnen, maßgeschneiderte, individuelle Briefe an die unterschiedlichen Hauptakteure des Vorstellungsgesprächs zu schicken. Wir denken dabei an den Personalchef bzw. seinen Vertreter auf der einen und den Fachabteilungsleiter bzw. den unmittelbaren Vorgesetzten auf der anderen Seite, wenn Sie deren Bekanntschaft gemacht haben. Bisweilen tut es aber auch ein einzelner Brief an den potenziellen zukünftigen Chef.

Dass hier in diesem Brief allergrößte Sorgfalt an den Tag gelegt und die Verkaufsbotschaft sorgfältig abgewogen werden muss, versteht sich eigentlich von selbst. Worum kann es in so einem Schreiben gehen, und was ist zu berücksichtigen?

- Sie danken Ihrem Gesprächspartner für Zeit und Interesse.
- Sie arbeiten noch einmal die drei wichtigsten »Verkaufsargumente« heraus, die für Sie sprechen und von denen Sie annehmen können, dass der Briefempfänger diese wertzuschätzen weiß. Dieser von Ihnen wohlformulierte Briefabsatz wird Sie vor dem geistigen Auge Ihres potenziellen Arbeitgebers

neu aufleben lassen und als wichtigen und ernst zu nehmenden Kandidaten weit vorn ins Bewusstsein bringen.

- Setzen Sie etwaigen Negativeindrücken bzw. Mankos, die im Vorstellungsgespräch offensichtlich geworden sind, etwas entgegen, räumen Sie z. B. ein, dass Ihre Erfahrungen auf dem Sektor XY noch nicht so fundiert sind, Sie jedoch aufgrund von … meinen, Sie hätten etwas anzubieten. Vermeiden Sie jedoch, alles rechtfertigen zu wollen oder sogar neue gravierende Negativmerkmale zu »betonieren«. Führen Sie dabei keine negativen Aspekte an, die Ihr Gegenüber übersehen, vergessen oder als irrelevant eingeschätzt haben könnte. Wiederholen Sie auch keine Schwachpunkte, denen Sie nicht wirklich etwas entgegenzusetzen wissen.
- Als positiver Abschluss des Briefes könnte Ihnen ein gut formulierter Absatz dienen, der einen neuen, zusätzlichen Kompetenzaspekt in Bezug auf die angestrebte Position beinhaltet und im Vorstellungsgespräch noch nicht von Ihnen herausgestellt werden konnte.

Aus gutem Grund wollen wir Ihnen hier nur *einen* detaillierten Formulierungsvorschlag für den Nachfassbrief machen. Sie sollten aber Ihrer Fantasie und Kreativität freien Lauf lassen, ansonsten müssen Sie befürchten, dass Mitbewerber ähnliche Texte aufsetzen. Versuchen Sie also, Ihren eigenen Stil zu entwickeln.

CAROLINE KESSLER   BACHSTRASSE 11   52066 AACHEN   (02 41 / 678 13 77)

Internationale Liegenschaftsbank
Personalabteilung
Herr Werner Tatje
Richard-Wagner-Platz 12
10585 Berlin

Aachen, 10.3.2004

Vorstellungsgespräch am 08.3. 2004
Meine Bewerbung als Organisationsentwicklerin

Sehr geehrter Herr Tatje,

vielen Dank für das informative Gespräch. Besonders die offene, herzliche
Gesprächsatmosphäre und Ihre Erläuterungen über Aktivitäten und Ziele bis hin
zur Unternehmenskonzeption der ILG fand ich äußerst spannend. Dies alles be-
stärkt mich in meinem Wunsch, bei Ihnen tätig sein zu dürfen, mein Wissen und
Engagement für die Optimierung der Organisation voll einzubringen.

In einem so kurzen Zeitraum des Sichkennenlernens, wie es das Vorstellungsgespräch nun einmal ist, fällt es mir nicht leicht, die Eigenschaften herauszustellen,
die mich besonders für die zu besetzende Position qualifizieren. Im Nachhinein
möchte ich gern hinzufügen, dass meine
    – fundierten kaufmännischen Kenntnisse als Groß- und Außenhandelskauffrau
    – Erfahrungen in der Projektarbeit (Studium, Diplomarbeit)
    – Kommunikations- und Lernfähigkeit
    – mein persönliches Organisationstalent
    – sowie meine Eigenschaft, Ziele nicht aus dem Auge zu verlieren

gute Voraussetzungen für die Organisationsentwicklung darstellen.

Nachdem Sie mir eine Hotelunterkunft für den Start in Aussicht gestellt haben,
bin ich gern bereit, meinerseits alles Erforderliche zu tun, um am 02. Januar 2001
bei Ihnen anfangen zu können.

Ich freue mich darauf, von Ihnen zu hören, und verbleibe
mit freundlichen Grüßen

Caroline Kessler

Eichborn. **berufsstrategie**

Liebe Leserin, lieber Leser,

bitte helfen Sie uns, Qualität und Nutzwert unserer Reihe berufs**strategie**
weiter zu verbessern. Unter allen Einsendern, die uns mit dieser Karte mitteilen,
wie ihnen dieses Buch gefallen hat, **verlosen wir monatlich eine Buchprämie.**
Der Rechtsweg ist ausgeschlossen.

Sie haben die Karte aus folgendem Buch der Reihe berufs**strategie entnommen:**

Autor: _____ Titel: _____

Hat das Buch Ihre Erwartungen erfüllt?

	sehr gut	gut	mittel	weniger gut	schlecht
Praktischer Nutzwert	☐	☐	☐	☐	☐
Verständlichkeit	☐	☐	☐	☐	☐
Übersichtlichkeit	☐	☐	☐	☐	☐
Preis/Leistung	☐	☐	☐	☐	☐

Wie sind Sie auf das Buch aufmerksam geworden?

☐ Persönliche Empfehlung   ☐ Zeitungsbericht
☐ In der Buchhandlung entdeckt   ☐ Werbung
☐ Empfehlung in der Buchhandlung   ☐ Sonstiges: _____

Wo haben Sie das Buch gekauft?

_____ Buchhandlung   _____ Stadt

Zu welchen Themen würden Sie gerne mehr lesen?

_____

✳ Eichborn. **berufsstrategie**

Name, Vorname

Straße, Nr.

PLZ, Ort

Alter   Beruf

Telefon

E-Mail

Ich möchte bitte kostenlos und unverbindlich informiert werden über:

☐ neue Bücher zum Thema Beruf und Karriere
☐ neue Bücher aus dem Eichborn Verlag

Besuchen Sie uns im Internet:

www.eichborn.de

**Mehr Informationen
zu individueller Beratung:**

www.berufsstrategie.de

Antwortkarte

berufsstrategie

**Eichborn Verlag
Vertrieb
Kaiserstraße 66**

60329 Frankfurt am Main

Bitte
ausreichend
frankieren

Weiter geht's:
Das zweite Vorstellungsgespräch

Das Vorstellungsgespräch ist gut verlaufen, Sie haben das Gefühl, sich überzeugend präsentiert zu haben, die Atmosphäre war angenehm – und nun? Möglicherweise folgt auf dieses erste Gespräch ein zweites, manchmal sogar noch ein drittes. Es geht darum, offen gebliebene Fragen ausführlich abzuklären, noch einen besseren persönlichen Eindruck zu bekommen und Sie Ihren potenziellen Kollegen vorzustellen, um gegebenenfalls auch deren Meinung mit zu berücksichtigen. Hinzu kommt spätestens jetzt die Gehaltsverhandlung. In diesem Kapitel zeigen wir Ihnen auch, wie es bei einer Essenseinladung zugehen kann.

Ziel eines zweiten Vorstellungsgesprächs ist es, in der reduzierten Gruppe von Bewerbern (in der Regel zwei bis vier Kandidaten) durch intensives Fragen noch mehr Informationen zu bekommen. Dabei geht es um die Überprüfung, ob der Sympathiebonus, den sich der Bewerber im ersten Gespräch erworben hat, standhält und verstärkt wird. Eine gezielte Hinterfragung kann den Bewerber durchaus in Verlegenheit bringen, sodass er sich in dieser Stresssituation dann eventuell von einer besonderen, negativen Seite zeigt. Seien Sie also auf diese Aspekte eingestellt und auf der Hut.

Geschickte Gesprächsführung Ihrerseits, neue interessante Fragen, Ihre angemessen zunehmende Bereitschaft, etwas mehr von Ihrer Privatseite zu zeigen, können Ihre Position im kleinen Kreis der wichtigsten Bewerber stärken. Jetzt geht man schon mehr in die wirklichen Details, und sehr bald ist auch der Zeitpunkt erreicht, an dem die Gehaltsfrage intensiver erörtert wird.

Die Gehaltsverhandlung

Oftmals werden erst jetzt in dieser zweiten Runde die Arbeitsbedingungen und Gehaltswünsche richtig verhandelt. Seien Sie also informiert, was man für die Position, für die Sie sich bewerben, in der Regel an Gehalt erwarten kann. Je nachdem welche Qualifikation, vielleicht sogar Vorerfahrung, Sie einbringen und welche zukünftige Leistung Sie glaubwürdig in Aussicht stellen, werden sich Ihre Gehaltswünsche realisieren lassen.

Zeigen Sie aber auch bei den Gehaltsverhandlungen Besonnenheit, und vermitteln Sie nicht den Eindruck, dass es Ihnen nur ums Geld geht. Beide Seiten – Arbeitgeber und Arbeitnehmer – müssen einen tragbaren Kompromiss in der Gehaltsfrage finden. Vereinbaren Sie z.B., dass nach einer Einarbeitungsphase (halbes/dreiviertel Jahr) Ihr Gehalt automatisch um x Prozent angehoben wird.

Verdeutlichen Sie sich und Ihrem Arbeitgeber in jedem Fall: Sie sind nicht bereit, Ihre Arbeitsleistung unter Wert zu »verkaufen«. Den richtigen Preis für Ihre Leistung zu bestimmen ist eine Aufgabe, die mit zu den wichtigsten Vorüberlegungen gehört. Dass es da unterschiedliche Auffassungen geben kann, liegt in der Natur der Sache.

Sicherlich ist es nicht ganz leicht für Sie, den Wert Ihrer Arbeitskraft realistisch einzuschätzen, wenn Sie z.B. als Bewerberin nach einer längeren Familienpause wieder in den Beruf einsteigen.

Als Wiedereinsteigerin sollten Sie sich Informationen über die aktuellen Tarifgehälter und Sonderleistungen von den jeweiligen Gewerkschaften, Industrie- und Handelskammern, Verbänden oder Interessengemeinschaften besorgen.

Wenn Sie Ihre Stelle wechseln möchten, haben Sie es einfacher: Etwa zehn bis maximal 20 Prozent mehr als Ihr derzeitiges Gehalt sollten Sie von Ihrem neuen Arbeitgeber verlangen. Begehen Sie dabei nicht den Fehler, bei der konkreten Nachfrage nach Ihrem aktuellen Gehalt zu sehr zu mogeln – Personalchefs wissen in der Regel, was woanders gezahlt wird.

»Was verdienen Sie zurzeit?«

Verhandeln Sie immer über das Jahresgehalt, und verdeutlichen Sie sich, bevor Sie in die Verhandlung gehen, durch eine präzise Aufstellung sämtlicher Neben- und Sonderleistungen, wie sich Ihr Gehalt in Ihrer alten Firma zusammengesetzt hat. Nur so können Sie wirklich einen genauen Vergleich anstellen und sich entsprechend finanziell verbessern.

»Wie hoch ist denn Ihr jetziges Einkommen?«, fragt der Personalchef den Bewerber nach etwa 45 Minuten Gesprächsdauer. Dieser hatte sich auf das Stellenangebot eines Hochbaukonzerns beworben. Gesucht wurde ein Bauingenieur mit spezieller Erfahrung im Brückenbau. Im Anzeigentext wurden als Jahresanfangsgehalt 45 000 Euro angeboten. Nicht zu Unrecht befürchtet der Bewerber, dass bei Nennung seines jetzigen Gehalts – knapp 30 000 Euro, also gut ein Drittel weniger als das Angebot dieses potenziellen Arbeitgebers – Zweifel an ihm als Kandidaten für die neue gehobene Position auftauchen würden.

Die 30 000 Euro Jahresgehalt waren für den Bewerber dann auch mit ein wichtiger Grund, sich nach einer neuen, besser bezahlten Position umzuschauen. Damals, vor dreieinhalb Jahren, noch quasi als Berufsanfänger, ein Jahr nach dem Hochschulabschluss, schien ihm die Bezahlung nicht so wichtig. Insbesondere das Aufgabengebiet bei der jetzigen Firma fand er seinerzeit attraktiv und den Einstieg wert. Aufgrund verschiedener Einflüsse und Entwicklungen war für ihn jetzt der Zeitpunkt gekommen, sich nach einer neuen Position in einem anderen Unternehmen umzusehen. Dem Bewerber war klar, dass er sich mit der Frage auseinander zu setzen hatte, wieso er bisher für lediglich 30 000 Euro Jahresgehalt (auch abgekürzt mit p. a. = pro anno) gearbeitet habe. Er befürchtete nicht ohne Grund, dass die Konsequenz daraus bedeuten könnte, mit etwa 37 500 Euro bei einem Wechsel »eingekauft« zu werden. 45 000 Euro lagen also sehr deutlich über dem, was neue Arbeitgeber in der Regel in Relation zum vorherigen Gehalt zu zahlen bereit sind.

»Unzulässig ist ... die Frage nach der früheren Arbeitsvergütung (sie dient ja unter anderem dazu, eventuelle Lohnansprüche des Bewerbers zu dämpfen)«, so Eckehart Stevens Bartol, Richter am Bayerischen Landessozialgericht. Die Realität sieht leider meistens anders aus.

Auch ein Gehaltsabstieg ist erklärungsbedürftig!

Aber nicht nur bei einer größeren Differenz zwischen dem aktuellen Gehalt des Bewerbers und einer deutlichen Gehaltsverbesserung bei einer neuen Position gibt es Probleme, sondern besonders im umgekehrten Fall: Wenn also ein Bewerber gegenwärtig z. B. 35 000 Euro im Jahr verdient, sich nun aber, aus welchem Grund auch immer, neu orientieren möchte und sich auf ein Stellenangebot meldet, das pro Jahr 30 000 Euro in Aussicht stellt, also 5000 Euro weniger, tauchen ganz besondere Probleme auf.

Der potenzielle Arbeitgeber wird sich über diesen freiwilligen Gehaltsverzicht wundern und den Bewerber möglicherweise nicht in die engere Wahl ziehen, da er davon ausgeht, dass bei einer Gehaltsverschlechterung die Motivation des Arbeitnehmers zu wünschen übrig lassen könnte.

Nun mag es sowohl für den Arbeitnehmer als auch für den Arbeitgeber gute Gründe geben, die diese Annahme bestätigen. Verallgemeinern sollte man sie jedoch besser nicht. Sind Sie als Arbeitnehmer in der schwierigen Situation, wechseln zu wollen, und bereit, auch einen gewissen Gehaltsabschlag dafür in Kauf zu nehmen, gehen Sie davon aus, dass man Ihnen mit Misstrauen begegnet. Ein so genannter Gehaltsabstieg ist unbedingt erklärungsbedürftig.

Es gibt also gute Gründe, einem potenziellen neuen Arbeitgeber sein derzeitiges Gehalt nicht sofort und ganz detailliert zu offenbaren.

»Wie hoch ist Ihr Einkommen zurzeit?«, fragt der Personalchef den Bewerber.

»Ich kann mir gut vorstellen, mit den von Ihnen im Inserat angebotenen 45 000 Euro p. a. zunächst auszukommen«, antwortet der Bewerber.

»Wie darf ich das verstehen, wie meinen Sie das?«, fragt der Personalchef, der das »zunächst« nicht überhört hat.

»Wenn ich gesagt habe ›zunächst‹, dann gehe ich davon aus, dass sich im Laufe der Zeit vielleicht Gehaltserhöhungen ergeben werden.«

»Aber sicher doch, selbstverständlich«, bemerkt der Personalchef, »wenn Sie die Leistung bringen«, und setzt noch einmal nach: »Wie sieht denn Ihr aktuelles Monatseinkommen aus?«

»Nun also, meine Jahresbezüge bei meinem jetzigen Arbeitgeber unterscheiden sich schon etwas von dem, was Sie in Ihrem Angebot benannt haben. Gibt es bei Ihnen im Hause bereits Vorstellungen, wann Sie bereit wären, über eine Gehaltsverbesserung – z. B. im Anschluss an die Einarbeitungszeit – nachzudenken?«

Wieder ist der Personalchef beschäftigt und hoffentlich abgelenkt. Es ist nicht unwahrscheinlich, dass es dem Bewerber auf diese Weise gelingen könnte, das Gespräch von der Frage nach seinen aktuellen Bezügen wegzuführen, ohne sich offenbart zu haben bzw. lügen zu müssen (vgl. S. 265).

Damit soll aufgezeigt werden, dass es durchaus ohne größere Schwierigkeiten gelingen kann, sich beim Thema »aktuelles Gehalt« in Relation zum potenziellen neuen Gehalt nicht sofort in alle Karten schauen zu lassen.

Natürlich kann man sich als Bewerber auf die direkte Frage nach den aktuellen Bezügen nur sehr schlecht verweigern, sozusagen hier den »stummen Fisch« markieren. Andererseits sitzt Ihnen weder ein Finanzbeamter der Steuerfahndung gegenüber noch Ihr Steuerberater, sodass Sie sehr wohl etwas großzügiger und weniger präzise auf- bzw. abrunden können und gegebenenfalls auf weitere Vergünstigungen, Sozialleistungen besonderer Art, Extras usw. hinweisen dürfen oder diese überschlägig mit einrechnen können, um den Jahreseinkommensbetrag schön gerundet zu präsentieren.

»Ich erwarte im Jahr mindestens 45 000 Euro«, wäre auch eine Antwortmöglichkeit auf die Frage nach den konkreten Jahresbezügen.

Sind Sie Ihr Geld wert?

Wer dagegen gleich zwei oder mehr Stufen auf einmal nehmen will und einen Wechsel anstrebt, der mehr als 20 Prozent einbringt, provoziert Überlegungen seines potenziellen neuen Arbeitgebers, ob er das Geld auch wirklich wert ist bzw. ob nicht etwas weniger auch ausreichend wäre. Dies wird dann schnell gerechtfertigt durch Argumente wie Alter, Erfahrung, Einarbeitungszeit u. Ä. Auf jeden Fall lassen sich immer Gründe ins Feld führen, warum Sie nicht der richtige, der ideale Kandidat für diese Position sind. Oftmals finden diese Überlegungen bereits beim Bewerber selbst statt, der mit 30 000 Euro Jahresgehalt vor Anzeigen zurückschreckt, die ihm 40 000 Euro anbieten, obwohl der beschriebene Arbeitsplatz durchaus seiner Qualifikation entspricht. Hier verhindert die »Schere im eigenen Kopf« bereits bei vielen Bewerbern eine deutlichere Gehaltsweiterentwicklung.

Zur Vorbereitung auf das Bewerbungsverfahren gehört unbedingt eine Marktanalyse unter dem Aspekt: »Was wird gezahlt – was ist meine Arbeitsleistung wert?« Informationen dazu erhalten Sie bei Berufs- und Interessenverbänden, Gewerkschaften und in Wirtschaftszeitungen bzw. -zeitschriften (z.B. *Capital, Wirtschaftswoche, Handelsblatt*, die regelmäßig Übersichten abdrucken, was in den verschiedenen Branchen und Positionen verdient wird). Nun liegt es bei Ihnen, die eigenen Fähigkeiten, Ihren Erfahrungsschatz zu »taxieren« und ein Preismarketing für Ihre »Ware« Arbeitskraft vorzunehmen.

Ob Sie nach der Maxime handeln: Qualität ist kein Zufall und hat ihren Preis (»Es war schon immer etwas teurer, einen besonderen Geschmack zu haben…«) oder: Bescheidenheit ist eine Zier – das bestimmen zunächst einmal Sie selbst. Erfahrungen zeigen: Wer sich als Bewerber eindeutig unter Wert anbietet, wird nicht geschätzt. Wer sich überschätzt, hat es sicher auch nicht leicht, aber Sie wissen ja: Es ist oftmals leichter, einen Kredit über 5 Millionen Euro zu bekommen als einen über 50 000 Euro.

Gute Manieren? – Die Essenseinladung

Bisweilen findet das zweite Vorstellungsgespräch nicht mehr in nüchterner Büroatmosphäre statt, sondern man lädt Sie zu einem Essen ein. Kein Grund für Sie, sich bei Ihrem Gegenüber für so viel Freundlichkeit überschwänglich zu bedanken. Denn auch dies ist ein Test, und Sie stehen auch hier auf dem Prüfstand. Bei einer solchen Gelegenheit werden Ihre Manieren, Ihr Verhalten bei Tisch, ja, insgesamt Ihre soziale Kompetenz unter die Lupe genommen. Es wird sehr darauf geachtet, wie Sie sich in einer scheinbar ungezwungenen Umgebung und Runde verhalten. Wie ist Ihr gesellschaftliches Auftreten und was verraten Sie in gemütlicher Atmosphäre nach einigen Gläsern Wein?

Man achtet darauf, wie Sie gegebenenfalls mit Speisekarte, Messer, Gabel und den Kellnern umgehen. Und: Was essen Sie? Darf man sich für das teuerste Gericht entscheiden? Es ist empfehlenswert, sich preislich im Mittelfeld zu orientieren oder noch besser, sich nach dem zu richten, was Ihr Gegenüber empfehlen kann bzw. selbst wählt.

Grundsätzlich ist es nicht schlecht, lieber zweimal über die Bestellung nachzudenken: Suppe? Könnte problematisch werden: Wenn man sehr aufgeregt ist, wird es unter Umständen schwierig, mit ruhiger Hand den Löffel zum Mund zu führen.

Für Fisch entscheiden Sie sich besser nur, wenn Sie entsprechende Übung haben. Nicht immer lassen sich die Gräten leicht lösen.

Übrigens: Wenn es Salat gibt – der Ihrige steht links (so wäre es jedenfalls richtig) von Ihrem Teller. Picken Sie also nicht nach den Tomaten auf dem Teller rechts von Ihnen, das könnte Ihr Nachbar gar nicht komisch finden… Und denken Sie daran, falls die Salatblätter noch recht groß sind, zerschneiden Sie sie vorsichtig, sonst landet das Dressing womöglich auf Ihrem oder, noch schlimmer, auf dem Jackett des Nachbarn.

Nicht nur was, sondern auch wie Sie essen, wird beobachtet. Kann man Sie auf Geschäftspartner loslassen oder wirkt Ihr Verhalten eher abschreckend? Schlingen Sie alles in sich hinein, aus Angst, zu kurz zu kommen, oder warten Sie ab, bis alle versorgt sind? Grundsätzlich sollten Sie mit dem Essen erst beginnen, wenn auch alle anderen oder bei einem Zweiergespräch Ihr Gegenüber sein Gericht vor sich hat. Steht Ihr Essen schon eine ganze Weile da und droht es, kalt zu werden, können Sie anfangen – aber am besten erst, wenn Ihr Gegenüber Sie dazu auffordert. Auch wenn Sie sich ganz entspannt und wie zu Hause fühlen, sollten Sie sich nicht so benehmen. Die Serviette also bitte nicht in den Kragen stopfen.

Interessant für Ihr Gegenüber ist auch, ob Sie sich als schwieriger Vegetarier entpuppen, dem man selbst mit einer Gemüseplatte nichts recht machen kann, oder ob Sie sorglos Ihr Pfeifchen stopfen, nachdem Sie als Vorspeise ein Bauernomelette verputzt haben. (Halten Sie sich unbedingt mit dem Rauchen zurück. Auf gar keinen Fall zwischen den Gängen, und hinterher nur, wenn Sie vorher gefragt haben.) Was machen Sie mit dem Rotweinfleck, den Sie versehentlich beim Einschenken eines Glases verursacht haben? Überhaupt: Was tun Sie, wenn Sie etwas verschütten? Fangen Sie bloß nicht an, hektisch herumzutupfen, bitten Sie am besten sofort das Personal um Hilfe.

Stimmt Ihr Outfit?

Man prüft ebenso, ob Sie passend gekleidet sind. Ziehen Sie auch zum piekfeinen Abendessen den legeren Freizeitlook vor? Haben Sie sich vorher frisch gemacht oder transportiert Ihre Kleidung die Transpiration eines langen Tages und der Aufregung vor dem Gespräch?

Apropos Kleidung: Ihr Jackett bzw. Ihren Blazer hängen Sie besser nicht über den Stuhl, denn erstens berührt die Jacke möglicherweise den Boden und zweitens sollte man die Form wahren, sprich Jackett/Blazer anbehalten. Ausnahme: Es ist Hochsommer und der Schweiß fließt in Strömen. In der Regel bietet der Einladende dann an, die Jacke auszuziehen.

Denken Sie auch daran, das Handy auszuschalten. Es ist sehr unhöflich, bei Tisch zu telefonieren.

Die dicksten Patzer

Sie sehen schon, mit netter Konversation bei Tisch ist es nicht getan. Viele Faktoren fließen mit in die Bewertung ein. Folgende Fauxpas sollten Sie bei einer Essenseinladung unbedingt vermeiden:

- als Erster wild zugreifen;
- den Teller überhäufen;
- Schmatz- und Rülpsgeräusche;
- Alkohol – es sei denn, der Interviewpartner möchte unbedingt Wein, Sekt oder ein Bier trinken. Halten Sie aber unbedingt Maß. Nichts ist peinlicher, als leicht angeheitert ins Plaudern zu geraten und womöglich Dinge zu verraten, die man doch eigentlich für sich behalten wollte;
- den Alleinunterhalter spielen und einen derben Witz nach dem anderen reißen;
- andere nicht ausreden lassen;
- nicht richtig mit Messer und Gabel essen können;
- mit dem Besteck in der Hand gestikulieren;
- zu Boden gefallenes Besteck weiter benutzen;
- das Essen kritisieren;
- nachwürzen, bevor man überhaupt gekostet hat;
- mit vollem Mund sprechen;
- das Messer ablecken;
- Zahnstocher am Tisch benutzen;
- quer über den Tisch greifen, weil man eine Schüssel, ein Gewürz etc. möchte;
- Gläser beim Einschenken anheben oder schräg halten (Ausnahme: Sekt/Champagner);
- das Glas, obwohl es einen Stiel hat, am Kelch halten;
- Kork im Glas mit den Fingern statt mit einem unbenutzten Besteckteil herausfischen;
- mit vollem Mund trinken;
- Kaffee-/Teetassen mit beiden Händen halten;
- die Bedienung unfreundlich behandeln.

Zum Schluss

Frustrationstoleranz – Vom Umgang mit Absagen

Sie hatten eine Einladung zu einem oder sogar mehreren Vorstellungsgesprächen und die Gelegenheit, das Unternehmen und seine Repräsentanten kennen zu lernen. Auch auf Unternehmensseite wollte man Sie kennen lernen. Für den Fall, dass das Ergebnis eine Absage beinhaltet – egal von welcher Seite –, bedenken Sie bitte Folgendes:

Bewerbungssituationen und insbesondere Vorstellungsgespräche sind klassische Prüfungssituationen. Prüfungen sind Rituale, in denen eine Anpassungsleistung gefordert wird. Meistens handelt es sich um Initiationsriten, deren erfolgreiches Über- und Bestehen mit der Prämie eines Ein- und/oder Aufstiegs honoriert wird (z. B. von der Auszubildenden zur Angestellten, von der Sachbearbeiterin zur Abteilungsleiterin, vom Arbeitsplatzsuchenden zum Mitarbeiter).

Prüfungen und Initiationsriten sind Ausdruck des ewigen Kampfes der Generationen (laut E. Stengel) und der Auseinandersetzung zwischen den Mächtigen und den Machtlosen in der Gesellschaft (vgl. O. Fenichel, *Aufsätze*, Bd. II, Olten, Freiburg 1981, S. 166). Bei Frauen, die sich in der Mehrzahl in der Bewerbungssituation mit Männern als Arbeitsplatzvergebern konfrontiert sehen, kommt noch der »Kampf der Geschlechter« hinzu.

Wer Bewerbungsrituale, Auswahlprozeduren und Vorstellungsgespräche »erfolgreich« überstanden hat, bietet gute Gewähr, an die herrschenden Normen angepasst zu sein und auch in Zukunft nicht aufzumucken.

Wir möchten nochmals zu bedenken geben, dass jeder für sich selbst überprüfen und entscheiden muss, wie weit er in seiner Anpassungsbereitschaft und damit auch Anpassungsleistung in einer Bewerbungssituation gehen will. Diese muss sich um der Zielerreichung willen lohnen. Lohnt sie sich wirklich? Dies ist die Frage, die Sie sich selbstkritisch immer wieder stellen müssen.

Was immer die Gründe für eine etwaige Absage sein mögen: Es muss nicht an Ihnen liegen. Bedenken Sie, was Ihnen bei dem Unternehmen vielleicht erspart geblieben ist. Bewerben Sie sich weiter, geben Sie auf keinen Fall auf, und verdeutlichen Sie sich immer:

Wir sind nicht auf der Welt, um so zu sein, wie andere uns haben wollen.

Im Überblick:
Die wichtigsten Punkte zum Vorstellungsgespräch

- Es geht um Werbung in eigener Sache, um Ihr »Produkt« Arbeitskraft.

- Selbstdarstellung will geübt sein. Auch ein Schauspieler muss seine Rolle gut einstudieren, muss sich vorbereiten und üben, ggf. mit professioneller Hilfe.

- Die Fragen des Vorstellungsgesprächs stehen vorher bereits fest. Überlegen Sie sich vorab Ihre Antworten und die Tendenz Ihrer Präsentation.

- Bereiten Sie sich gezielt auf Ihr Gegenüber vor (Person, Institution, Aufgabe).

- Als Bewerber sollten Sie wissen, was und wie Sie etwas sagen wollen. Insbesondere aber muss Ihnen klar sein, was Sie nicht sagen wollen und wie Sie mit Worten schweigen.

- Es geht im Vorstellungsgespräch primär um Sympathie, Leistungsmotivation und Kompetenz. Sympathie müssen Sie gewinnen, Leistungsmotivation und Kompetenz werden Ihnen attribuiert.

- Verdeutlichen Sie sich: Sie bestimmen den Verlauf des Vorstellungsgesprächs weitestgehend mit.

- Angemessene, selbstbewusste Gelassenheit und höfliche Konzentration kennzeichnen einen erfolgreichen Bewerber.

- Das per Grundgesetz geschützte Persönlichkeitsrecht setzt dem Fragerecht des Arbeitgebers Grenzen. Wo er es überschreitet, dürfen Sie ungestraft lügen.

- Es gibt keine unangenehmen Fragen im Vorstellungsgespräch, wenn Sie die richtige Einstellung haben, gut vorbereitet sind und somit angemessen antworten können.

- Was immer man in der Gesprächssituation gegen Sie einwendet, es kommt darauf an, wie Sie damit umgehen.

- Sprechen Sie nie negativ über ehemalige Vorgesetzte, KollegInnen oder Arbeitsplatzbedingungen.

- Versuchen Sie nicht, perfekt zu erscheinen, räumen Sie auch ruhig mal ein, etwas nicht zu wissen, getan oder bedacht zu haben. Präsentieren Sie sich auf keinen Fall rechthaberisch oder kleinkariert.

- Hören Sie aufmerksam und konzentriert zu.

- Halten Sie angemessenen Blickkontakt.

- Überlegen Sie, bevor Sie antworten, nehmen Sie sich die Zeit.

- Scheuen Sie sich nicht nachzufragen.

- Warten Sie ab, stehen Sie auch mal eine kleine Gesprächspause durch.

- Seien Sie lieber etwas zu zurückhaltend als zu forsch.

- Beherrschen Sie Ihre Gestik und Mimik.

- Bleiben Sie immer sachlich, ruhig, geduldig und gelassen.

- Aber vergessen Sie auch nicht: Wir sind nicht auf der Welt, um so zu sein, wie andere uns haben wollen.

»Vom Bücherwurm zum Werbeassistenten« – Protokoll eines erfolgreichen Vorstellungsgesprächs

Hier das (geringfügig gekürzte), sehr akribisch angefertigte Gedächtnisprotokoll eines Vorstellungsgesprächs. Es ging um die Position als erster Assistent des Leiters im Bereich Werbung/Verkaufsförderung/PR in einem mittelständischen Industrieunternehmen in Süddeutschland mit rund 600 Mitarbeitern (Spezialmaschinenbau).

Das Gespräch dauerte etwa eine Stunde.

Der Kandidat, Herr K., ist 32 Jahre, unverheiratet und hat eine Ausbildung als Industriekaufmann sowie ein Sprachenstudium als Übersetzer absolviert (Französisch, Englisch). Zudem verfügt er über eine gerade abgeschlossene Zusatzausbildung im Bereich Industrie-PR. Er bewirbt sich aus ungekündigter Position heraus und berichtet.

Die Gesprächsteilnehmer:
Der Firmeninhaber, Herr Dr. H.,
Herr D., Leiter der Werbeabteilung – mein eventueller zukünftiger Vorgesetzter,
Herr Sch., Leiter der Personalabteilung,
Herr V., Gruppenleiter Personalbeschaffung und Vertragswesen.

Zunächst Händeschütteln, man stellt sich vor. Herrn Dr. H. habe ich sofort namentlich angesprochen, weil ich wusste, er ist der Chef.
Auf sein Drängen hin erfolgt zunächst einmal die Reisekostenerstattung. Ich erhalte 50 Euro in einem Briefumschlag und unterschreibe den Beleg, ohne das Geld im Briefumschlag geprüft zu haben. (Es ist eigentlich zu wenig, das Bahnticket war teurer, aber ich thematisiere das nicht.)

Herr Sch. (Personalchef): Bei uns laufen Vorstellungsgespräche immer so ab: Sie erzählen zunächst etwas über sich, dann stellen wir Ihnen Fragen.

Zunächst einmal vielen Dank für Ihre Einladung. Gern erzähle ich etwas über mich: Also, ich bin am 30. Oktober 1965 in München geboren...

Ich merke eine leichte Unruhe, man macht sich auf das Übliche gefasst.

... das heißt, ich bin vom Sternzeichen her Skorpion, und die gelten bekanntlich als besonders leidenschaftliche Menschen. Meine Leidenschaften haben sich schon früh entwickelt. Angefangen hat es mit der Literatur. Ich habe schon immer gern gelesen, war ein richtiger Bücherwurm. Diese Leidenschaft für Bücher wurde bei uns zu Hause sehr gefördert, ich bekam laufend Bücher geschenkt. Daraus entstand meine zweite Leidenschaft: das Schreiben. Diese Liebe verdanke ich meiner Mutter, die sich die Mühe gemacht hat, jedes Buch, das wir in der Schule gelesen haben, auch zu lesen, um mit mir zusammen meine Aufsätze zu schreiben. In der Klasse habe ich auch immer gern vorgelesen und konnte meine Klassenkameraden oft zum Lachen bringen durch Beiträge in Diskussionen, die hintergründig witzig waren. Und das ist meine dritte Leidenschaft: Ich bin kommunikationsfreudig und diskutiere gern, weil ich die Erfahrung gemacht habe, dass Diskussionen, Gespräche überhaupt, einen bei Problemen wirklich weiterbringen können.

Herr Sch.: Darf ich Sie fragen: Was machen Ihre Eltern beruflich?

Meine Mutter war von Beruf Bibliothekarin, mein Vater war bis vor kurzem Entwicklungsleiter in einer Stahlbaufirma.
    (Der Personalchef macht sich eifrigst Notizen.)
Zurück zu meinen Leidenschaften?
    (Alle grinsen.)
Die beschriebenen Leidenschaften waren dann wohl auch dafür verantwortlich, dass ich meine Leistungskurse in der Schule entsprechend wählte, aber auch nach der Ausbildung das Sprachenstudium. Im Studium gesellte sich dann eine vierte Leidenschaft hinzu: die Technik – was mich selber zunächst überraschte. Auf dem Markt für ausgebildete Übersetzer sind Techniker ganz besonders gefragt. Aber dass Technik richtig spannend ist, habe ich meinen Dozenten zu verdanken, die den Funken überspringen lassen konnten.
    Während meines Studiums kamen mir Zweifel. Denn Übersetzen heißt, Texte von einer Sprache in die andere zu transformieren, ich aber wollte ja auch selbst schreiben. Richtige Einblicke in den Alltag eines Übersetzers im Übersetzungsbüro bekam ich während meines Auslandssemesters. Die meiste Zeit saßen die Übersetzer wie hypnotisierte Kaninchen vor den Bildschirmen und hatten wenig Kontakt zu anderen Menschen. Übersetzen macht mir zwar Spaß – nach wie vor –, aber der Kontakt zu Menschen würde mir als kommunikativem Mensch doch sehr fehlen – dies wusste ich sehr schnell.

Herr Sch.: Warum haben Sie eigentlich ausgerechnet in Frankfurt studiert?

Nun, zu meiner Zeit – ich sage meine Zeit, weil ich ja nun auch nicht mehr so jung bin – mein Studium liegt also schon einige Jahre zurück.
(Der Chef und der Werbeleiter lachen.)
Also, zu meiner Zeit konnte man »Übersetzen« nur an drei Universitäten in Deutschland studieren: in Heidelberg, Saarbrücken und Frankfurt. Und weil ich ja ausgebildeter Industriekaufmann bin und einen Bezug zur Wirtschaft habe, dachte ich, Frankfurt wäre nicht schlecht. Und später hat sich das auch bewahrheitet, denn in meiner PR-Arbeit für eine Industriebank spiegeln sich mein Hintergrundwissen zur Wirtschaft und mein Interessengebiet Technik gut wider.

Herr Dr. H. (der Firmeninhaber): Machen Sie die ganze Pressearbeit allein?

Die englischen und französischen Texte schon, da wird mir lediglich der Rahmen vorgegeben, aber wie ich das sprachlich umsetze, bleibt mir überlassen; die deutschen Pressetexte nur zum Teil.

Herr Dr. H.: Richten Sie sich bei den englischen und französischen Texten nach dem deutschen Original?

Sicher, ich habe ja gesagt, der Rahmen ist mir vorgegeben, ich weiß also genau, welche Sachinformationen ich in den Pressetexten vermitteln muss.
Während meiner Berufstätigkeit für die Industriebank habe ich mir wiederholt die Frage gestellt, ob wir nicht im Verbund eine bessere Öffentlichkeits- aber auch Pressearbeit betreiben könnten und welche Alternativen sich hier anbieten würden. Also habe ich angefangen, Fachliteratur zu lesen, und bin auf Fortbildungsprogramme gestoßen.
Dann habe ich mich für die Fortbildung bei der Deutschen Akademie für Public Relation entschieden, weil mir dies am sinnvollsten erschien, auch aufgrund der Tatsache, dass ich diese Ausbildung berufsbegleitend machen konnte.

Herr Dr. H.: Wie lief denn diese Fortbildung konkret ab?

Es gibt eine offene und eine geschlossene Ausbildung. Die geschlossene Ausbildung ist primär für Akademiker gedacht, die im angestrebten Beruf noch keine Anstellung gefunden haben. Die offene Ausbildung kann man berufsbegleitend machen. Man braucht aber Berufserfahrung, speziell um Sachverhalte auch beurteilen zu können. Zum Beispiel ging es um Fragen wie: Ein Unternehmen hat eine negative Presse erhalten. Wie kann man reagieren? Was ist möglich, was nicht? Warum sollte man sich unter bestimmten Rahmenbedingungen so und nicht anders verhalten?

Herr Sch. (Personalchef): Warum wollen Sie eigentlich die Stelle wechseln?

Weil meine jetzige Stelle für mich kein weiteres Entwicklungs-Potenzial mehr hat. Das Betriebsklima ist zwar gut, die Kollegen sind sehr nett, mit meinem Chef komme ich prima klar, die Arbeit macht auch noch Spaß, aber sie stellt schon eine gewisse Zeit lang für mich keine wirkliche Herausforderung mehr dar.

Herr Sch.: Was verstehen Sie unter Entwicklungs-Potenzial, und warum ist Ihre derzeitige Aufgabe für Sie keine Herausforderung mehr?

Entwicklungs-Potenzial bedeutet für mich, mehr Verantwortung übertragen zu bekommen. Und was die Herausforderung anbetrifft, kann ich sagen, dass die Position, die ich jetzt innehabe, mit mir mitgewachsen ist. Ich habe aktiv dazu beigetragen, dass dieser Bereich für wichtig gehalten wird. Aber ich weiß wohl auch, dass es da Grenzen gibt. Und wenn ich nach der Arbeit merke, ich habe noch so viel Kraft und Ideen und meine Leistungsgrenze noch nicht erreicht, dann finde ich das irgendwie schade.

Herr V.: Wo liegen denn die Grenzen Ihrer Belastbarkeit?

Nun, Sie könnten ja die Gelegenheit wahrnehmen, dies bald selbst auszuloten, wenn Sie sich für mich entscheiden!

Herr Sch.: Was versprechen Sie sich eigentlich von einem Wechsel zu uns?

Ich verbinde damit die Vorstellung und Hoffnung, mein sprachliches Repertoire voll ausschöpfen zu können. Ich verspreche mir weiter die Möglichkeit, mich technisch weiter zu qualifizieren – gerade durch die enge Zusammenarbeit mit den technischen Experten in Ihrem Haus. Und dass Sie wirkliche Experten sind auf Ihrem Gebiet, habe ich bereits bei der Vorbereitung auf dieses Vorstellungs-gespräch in Erfahrung bringen können. Die Wirtschaftsredaktion der »Süd-deutschen Nachrichten« hat mir freundlicherweise Archivmaterial zur Verfügung gestellt, und in einem persönlichen Telefonat mit dem Ressortleiter wurde Ihr Unternehmen als innovatives und technisch flexibles Spezialmaschinenbauunternehmen gelobt. Das ist für mich aus Sicht der Öffentlichkeitsarbeit natürlich ganz besonders interessant.

Herr V.: Wo sehen Sie sich beruflich, sagen wir, in einem Jahr, in fünf und in 20 Jahren?

In 20 Jahren – das kann ich mir schwer vorstellen. Zunächst aber suche ich eine interessante Aufgabe, die mich weiterbringt, und in einem Jahr möchte ich noch eine zusätzliche Prüfung für den PR-Bereich absolvieren. Mein langfristiges Ziel ist es, Pressesprecher für ein Unternehmen zu sein, das technisch anspruchsvolle Produkte herstellt.

Herr V.: Was nun aber, wenn wir in fünf Jahren keinen Pressesprecher brauchen? Würden Sie dann die Stelle wechseln?

Lassen Sie mich klarstellen: Ich habe mir für mein Ziel, Firmenpressesprecher zu werden, keinen absolut konkreten Zeitrahmen gesteckt. Es gibt ja auch andere interessante Aufgaben im Bereich der Presse- und Öffentlichkeitsarbeit. Da bin ich schon flexibel.

Herr Sch.: Apropos flexibel: Wie lange haben Sie eigentlich studiert? Zwölf Semester?

Nein, acht Semester plus ein Semester für die Diplomarbeit. Und dann habe ich noch zwei zusätzliche Auslandsemester in Paris und London gemacht.

Herr Sch.: Technische Übersetzungen, da muss man sich auch sehr gut in die Materie einarbeiten. Wie gehen Sie da vor?

Die Basis bringe ich vom Studium mit, da gab es acht Stunden in der Woche technische Vorlesungen. Außerdem habe ich viel gelesen, um meine Kenntnisse zu vertiefen. Aber Sie haben ganz Recht, technische Übersetzungen erfordern einen intensiven Umgang mit der Materie, um die es geht. Insofern ist der Unterschied zwischen Übersetzen und PR-Arbeit gar nicht so groß. In beiden Fällen muss man wissen, wovon man redet. Und in beiden Fällen ist auch die Recherche von ganz essenzieller Bedeutung.

Herr Sch.: Nun, Herr K., erzählen Sie uns doch einmal etwas über Ihre Stärken.

Wissen Sie, die liegen immer auch im Auge des Betrachters. Ich persönlich würde meine Stärken so charakterisieren: Ich bin neugierig und aufgeschlossen und kann mich leicht in neue Themengebiete einarbeiten. Außerdem kann ich klar und logisch denken. Ich habe ein Interesse an Technik und verfüge über Sensibilität. Pressearbeit bedeutet für mich, dass man abstrahieren können muss vom eigenen Wissensstand und sich auf das Gegenüber richtig einstellt.

Herr V.: Das klingt ja interessant. Aber nun zu Ihren Schwächen.

Ich bin vielleicht etwas ungeduldig. Nicht immer, aber bisweilen. Ich glaube, das liegt daran, dass ich selbst sehr motiviert und einsatzstark bin und versuche, meine Arbeit so gut wie möglich zu machen. Mein größtes Problem ist dann Unprofessionalität, aber lassen Sie mich erklären: Ich habe ein Problem mit Menschen, die sich nicht richtig bemühen, ihr Bestes zu geben. … (Es folgt eine Anekdote von der Anreise.)

Herr V.: Sie scheinen schon einen gewissen Hang zum Perfektionismus zu haben. Wie würden Sie reagieren, wenn Ihr Vorgesetzter einmal einen schlechten Tag hat?

Nein, perfektionistisch bin ich, glaube ich, nicht. Jeder von uns hat einmal einen schlechten Tag, keiner von uns ist perfekt, Fehler passieren uns allen, das ist zwar nicht schön, man bemüht sich, aber sie passieren eben doch. Wenn ich mit einer Entscheidung meines Chefs nicht einverstanden bin, gehe ich zu ihm, lege meinen Standpunkt klar, begründe ihn und zeige Konsequenzen auf, die sich aus meiner Sicht ergeben könnten. Die Entscheidungskompetenz ist klar geregelt, und das kann ich auch akzeptieren. Aber gute Argumente hat sich mein Chef schon immer angehört, und manchmal hat er sich auch überzeugen lassen. Oft ist es natürlich umgekehrt.

Herr Sch.: Haben Sie zurzeit auch noch andere Bewerbungsverfahren laufen?

Zurzeit nicht, aber vor einer Woche hatte ich ein Gespräch bei Kienbaum, die suchten aber ganz schnell jemanden und da konnte ich nicht mithalten. Ich kann die Bank nicht Knall auf Fall verlassen. Das wäre nicht fair, so etwas mache ich nicht.

Herr Dr. H.: Was war denn Ihr größter Erfolg bisher und was Ihr größter Miss-erfolg?

Nun, fangen wir mal mit dem Misserfolg an: Ich denke da zunächst an das Thema, das Sie schon angesprochen haben, das Studium hat etwas zu lange ge-dauert, und auch der Abschluss hätte besser sein können.

Als einen meiner größten Erfolge betrachte ich – auch vor dem Hintergrund, dass ich genau da meine berufliche Zukunft sehe – die kürzlich absolvierte Prü-fung zum PR-Assistenten. Das Besondere an dem Erfolg ist auch: Meine Kon-kurrenz bestand aus Mitarbeitern von PR-Agenturen und großen PR-Abteilun-gen.

Herr Sch.: Wir möchten Sie auch von Ihrer privaten Seite kennen lernen. Was machen Sie in Ihrer Freizeit?

Wie ich vorhin schon kurz angedeutet habe: Ich bin ein Bücherwurm. Diese Lei-denschaft ist mir geblieben. Ganz besonders gern lese ich Siegfried Lenz und Max Frisch. Und in letzter Zeit habe ich auch ein Faible für gute psychologische Krimis entdeckt, wie zum Beispiel von Ruth Rendell. Außerdem treibe ich Sport: Joggen und Radfahren. Ich wandere auch sehr gern und bewege mich gern an frischer Luft.

Herr Sch.: Können Sie sich eigentlich vorstellen, hier nach … (Kleinstadt) zu zie-hen? Glauben Sie, dass Sie hier leben könnten, oder ist dieser Job hier bei uns nur ein Einstieg für Sie?

Meinen Einstieg in den Beruf, auch in die Presse- und Öffentlichkeitsarbeit, habe ich doch eigentlich schon hinter mir. Ich arbeite ja schon seit fünf Jahren bei der XY-Industriebank. Und wenn ich mich hier so umschaue, dann glaube ich schon, dass ich mich hier in dieser Stadt wohl fühlen kann. Die Umgebung hat doch einiges zu bieten.

Herr D. (der Werbeleiter und potenzielle direkte Vorgesetzte): Jetzt möchte ich Sie mal etwas fragen. Ihr Lebenslauf zeigt schon eine Menge unterschiedlicher Stationen. Sind Sie eigentlich wechselhaft?

Stimmt, mein Lebenslauf zeigt unterschiedliche Stationen, auch an unter-schiedlichen Orten. Aber wie gesagt, die Wechsel waren studienbedingt. Außerdem zeigt Ihnen mein Lebenslauf auch ein großes Stück Kontinuität, denn ich bin seit fünf Jahren bei der XY-Industriebank. Aber ich kann schon von mir sagen, dass ich flexibel bin.

Jetzt kommen Informationen über das Unternehmen. Mein Eindruck: Die Rollenverteilung ist klar festgelegt, denn jetzt übernimmt Herr D., der Chef der Werbeabteilung, das Wort. Er philosophiert auch über das Problem der Abgrenzung zwischen Werbung und PR. Vielleicht hätte ich hierzu persönlich Stellung nehmen können, denn mit den feinen Unterschieden hatte ich mich in meiner Ausbildung sehr intensiv auseinander gesetzt. Die Arbeitsplatz- und Aufgabenbeschreibung fällt eher mager aus.

Herr D.: Ist Ihnen klar, dass Sie bei uns den ganzen Bereich Text abdecken müssen, von der Pressemitteilung über den Expertenbericht bis hin zur Anzeige?

Ja sicher, aber das ist genau einer der Gründe, warum ich mich auf Ihre Anzeige hin beworben habe. Das macht ja die Sache für mich so spannend.

Der Werbechef, der eher versucht, mich abzuschrecken, muss jetzt zustimmend lächeln. Aber er hat schon wieder einen neuen Einwand:

Sie müssten hier aber bei uns alle Storys selbst recherchieren. Da gibt es keinen, der Sie unterstützen kann.

Ja natürlich, mir ist schon klar, dass diese Aufgabe anspruchsvoll ist. Aber das traue ich mir zu. Und sicherlich stehen Sie mir doch auch hin und wieder für einen Rat zur Verfügung.
(Der Chef lacht und schnauft.)
Herr D.: Selbstverständlich. Eigentlich pflegen wir hier ein sehr offenes Klima. Die Türen stehen für Fragen immer weit offen. Auch über Hierarchiegrenzen hinweg.

Der Werbechef guckt den Firmenchef verunsichert an. Dieser:
Jetzt können Sie uns etwas fragen.

Warum geben Sie als Unternehmen eine Hauszeitschrift heraus? Ich kenne das eigentlich nur aus der Versicherungsbranche, wo viele Mitarbeiter außerhalb des Unternehmens arbeiten.

Herr D.: Die eigentlichen Empfänger unserer Hauszeitschrift sind unsere Kunden. Wir finden das nicht so ungewöhnlich für ein Unternehmen wie das unsrige.

Ich verkneife mir, ihn darauf hinzuweisen, dass es sich dann aber nicht um eine Hauszeitschrift, sondern um eine Kundenzeitschrift handelt, und frage:
Wird diese Position, um die ich mich hier bewerbe, neu geschaffen?

Herr D.: Nein, gar nicht, diese Position hat in der einen oder anderen Weise schon immer existiert...

Er erklärt weitschweifig. Ich frage noch nach den Fort- und Weiterbildungsmöglichkeiten und wie die Einarbeitungsphase geplant ist. Auf beide Fragen bekomme ich keine ausreichenden Informationen, gebe mich aber zufrieden. Dann werde ich gefragt, wann ich frühestens verfügbar bin und wie meine Kündigungsfristen aussehen.

Herr Sch.: Nun kommen wir mal zur Gehaltsfrage. Was verdienen Sie denn jetzt?

Ich darf Ihnen auf diese Frage keine detaillierte Antwort geben, denn in unserer Bank ist vertraglich festgelegt, dass ich mich über das Gehalt ausschweigen muss. Es bewegt sich aber auf die 50 000 Euro zu, und das ist auch die Vorstellung, die ich für den Einstieg bei Ihnen habe.

Herr V.: Auch bei uns gibt es solche Klauseln im Vertrag, aber etwas genauer würden wir es schon gern wissen, wenn wir Sie einstellen sollen.

Sicher, das verstehe ich, aber bitte haben Sie auch Verständnis dafür, dass ich mich an Vertragsvereinbarungen halte. Wie glaubwürdig wäre ich, wenn wir hypothetisch davon ausgehen, dass ich bei Ihnen einen Arbeitsvertrag unterschreibe?

Herr V.: In Ordnung, Sie haben uns ja schon die grobe Richtung genannt. Also, ich habe Ihnen ja eingangs bereits gesagt: Dies ist nur eine erste Gesprächsrunde, um Sie kennen zu lernen. Wenn Sie in die engere Wahl kommen, sehen wir uns wieder. Für heute vielen Dank...

Im Anschluss an das Gespräch habe ich das Mittel des Nachfassbriefes (vgl. S. 259) eingesetzt. Hier mein Text:

Sehr geehrter Herr Sch.,

auf diesem Wege möchte ich mich für das interessante Gespräch mit Herrn Dr. H., Herrn D., Herrn V. und Ihnen am vorigen Montag bedanken. Die entspannte, offene und besonders freundliche Gesprächsatmosphäre hat mir gut gefallen.

Ganz besonders die von Herrn D. so eindrucksvoll skizzierte Bandbreite, die es bei der Textgestaltung abzudecken gilt, und die Möglichkeit, ein unternehmenseigenes Medium – Ihre Kundenzeitschrift – journalistisch zu gestalten, reizen mich an der von Ihnen angebotenen Aufgabe.

Aus meiner Sicht spricht für mich als den richtigen Kandidaten, dass ich die notwendige Neugier mitbringe, um interessante Storys aufzuspüren, und dass ich bei der Informationsrecherche einen sicheren Blick für das Wesentliche habe. Ich kann mich beim Schreiben flexibel auf die Erwartungshaltung unterschiedlicher Leser einstellen. Komplexe technische Sachverhalte angemessen zu vermitteln, sehe ich für mich als positive Herausforderung. Meine Kommunikationsstärke sowie meine Verbindlichkeit sind sicherlich ein großes Plus bei der Pflege von Kontakten zur Regional- und Fachpresse.

Die enge Zusammenarbeit mit der Werbeabteilung empfinde ich – speziell vor dem Hintergrund der unterschiedlichen Zielsetzung bei sich überschneidenden Zielgruppen – als sehr reizvoll. Sollten Sie aufgrund unseres Gesprächs den Eindruck gewonnen haben, dass ich als Großstädter vielleicht eine längere Eingewöhnungsphase für Ihren Standort in ... brauche, dann seien Sie versichert, dass ich als naturverbundener Mensch die landschaftlich reizvolle Lage und den hohen Erholungswert sehr zu schätzen weiß.

Ich bin an der von Ihnen angebotenen Aufgabe wirklich sehr interessiert und freue mich über eine Fortsetzung unseres Gesprächs.

Mit freundlichen Grüßen aus Frankfurt

xxxxxx

PS: Ihren Artikel im *Handelsblatt* zur Entwicklung des Maschinenspezialbaus habe ich gestern mit großem Interesse gelesen.

Was Sie noch wissen sollten ...

In diesem Buch lasen Sie immer wieder Hinweise auf weiterführende und vertiefende Titel aus der Reihe der HESSE/SCHRADER-Ratgeber zum Themenkomplex Bewerbung.

Das Autorenteam HESSE/SCHRADER ist seit über 18 Jahren auf dem Sektor der Bewerbungsratgeber sowie zu weiteren Themen aus der Arbeitswelt publizistisch tätig und hat im Laufe dieser Zeit mehr als 80 Bücher veröffentlicht. Viele davon liegen auch als Taschenbuchausgabe vor. Am Anfang stand die erstmalige Veröffentlichung aller gängigen so genannten Intelligenztests und deren kritische Reflexion in dem Buch *Testtraining für Ausbildungsplatzsucher* (1985). Ebenfalls Neuland zum Bereich »Überleben in der Arbeitswelt« erschloss ihr Buch *Die Neurosen der Chefs – die seelischen Kosten der Karriere*. Von besonderem Interesse für den Leser dieses Buches ist die Reihe *Die perfekte Bewerbungsmappe*, Bücher im DIN-A4-Format, die Bewerbungsunterlagen erfolgreicher Kandidaten originalgetreu präsentieren. Auch die Bücher *Die überzeugende Initiativbewerbung, Das erfolgreiche Stellengesuch* sowie *Bewerbung und Stellensuche im Internet* behandeln Themen, die Bewerbungsvorhaben innovativ unterstützen.

Beide Autoren verfügen über eine langjährige Erfahrung als Seminarleiter bei Bewerbungstrainings. Ein besonderes Interesse gilt der gewerkschaftlichen Bildungsarbeit in Form von Anti-Mobbing- und Konfliktmanagement-Seminaren. 1992 gründeten sie in Berlin das *Büro für Berufsstrategie*, das ausschließlich Arbeitnehmer in allen erdenklichen beruflichen Fragen berät und unterstützt (Telefonnummer vorne im Buch).

Seit 2000 gibt es u.a. auch in Frankfurt a.M. ein Büro für Berufsstrategie, und Sie können sich im Internet unter *www.berufsstrategie.de* zu wichtigen Themen der Arbeitswelt informieren.

Register

Haben Sie innerlich schon
gekündigt?

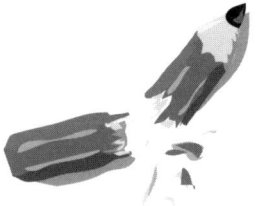

Vorsicht
Bewerbungsfalle!

Danke Herr Müller, Sie
hören von uns.

Kein Respekt
mehr vor Ihrem Boss?

Mit uns macht Ihr Können Karriere.

Das Büro für Berufsstrategie Hesse/Schrader bietet Ihnen individuellen Rat und Unterstützung in allen Fragen zum Thema Beruf und Karriere. Wir sagen Ihnen, worauf es ankommt und trainieren Sie für Tests oder Assessment Center. Darüber hinaus checken wir Ihre Bewerbungsunterlagen und Arbeitszeugnisse oder bereiten Sie auf Vorstellungsgespräche und Gehaltsverhandlungen vor.

Weitere Informationen unter info@berufsstrategie.de oder

www.berufsstrategie.de oder in unseren Filialen:

berufsstrategie.de	berufsstrategie.de	berufsstrategie.de	berufsstrategie.de	berufsstrategie.de
Hesse/Schrader	Hesse/Schrader	Hesse/Schrader	Hesse/Schrader	Hesse/Schrader
Oranienburger Str. 4-5	Niddastr. 52	Sophienstraße 41	Heidenkampsweg 45	Landshuter Allee 43
10178 Berlin	60329 Frankfurt/M.	70178 Stuttgart	20097 Hamburg	80637 München
Fon 030 / 28 88 57-0	Fon 069 / 74 30 48 70	Fon 0711 / 6 15 49 41	Fon 040 / 23 60 88 58	Fon 089/ 13 01 57 35
Fax 030/ 28 88 57-36	Fax 069/ 74 30 48 79	Fax 0711/ 6 66 23 23		Fax 089/ 13 01 57 40

■■■■■■■ **berufsstrategie.de**

Die Karrieremacher.

Aus der Praxis – für die Praxis!

Hesse/Schrader
Die perfekte Bewerbungsmappe
144 Seiten · broschiert
€ 14,90 · sFr 27,50
ISBN 3-8218-3864-7

Hesse/Schrader
Praxismappe für die perfekte schriftliche Bewerbung
144 Seiten · broschiert
€ 14,90 · sFr 27,50
ISBN 3-8218-3865-5

Hesse/Schrader
Die perfekte Bewerbungsmappe für Führungskräfte
144 Seiten · broschiert
€ 19,90 · sFr 38,–
ISBN 3-8218-3867-1

Hesse/Schrader
Die perfekte Berwerbungsmappe für Ausbildungsplatzsuchende
96 Seiten · broschiert
€ 12,90 · sFr 23,90
ISBN 3-8218-3866-3

Hesse/Schrader
Die perfekte Bewerbungsmappe für Hochschulabsolventen
112 Seiten · broschiert
€ 15,90 · sFr 28,90
ISBN 3-8218-3868-X

Hesse/Schrader
Die perfekte Bewerbungsmappe für die Initiativbewerbung
128 Seiten · broschiert
€ 15,90 · sFr 28,90
ISBN 3-8218-3869-8

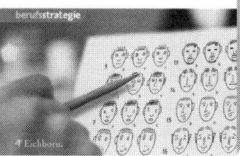